TWILIGHT SECRET

DU MÊME AUTEUR

Mutations pop & crash culture, Le Rouergue/Jacqueline Chambon, 2004.
Vampyres. Quand la réalité dépasse la fiction, Flammarion, 2006.

LAURENT COURAU

Twilight secret

Le phénomène de A à Z

éditions du
ROCHER

Collection V I N T A G E
dirigée par Laurent Chollet

ISBN : 978-2-268-06864-0

Histoire(s) de vampires

Au commencement étaient les crocs, les pieux et les cimetières… Une campagne reculée, la silhouette d'un château sous la neige, un alignement de pierres tombales, la lumière sépulcrale d'une pleine lune, un vol de chauves-souris, le hululement d'une chouette et la sensation d'une présence hostile, venue du plus profond de la nuit.

Mon premier face-à-face avec les vampires remonte à mon onzième anniversaire, un mois de novembre du début des années 1980. Je m'en souviens comme si c'était hier, un après-midi brumeux et maussade, typique du climat parisien en automne. Les arbres de la place Saint-Michel, au centre du quartier Latin, avaient déjà revêtu leurs habits d'hiver, la cathédrale Notre-Dame trônait au loin sur les quais de la Seine et le soleil nous paraissait bien lointain derrière l'épaisse couche de nuages qui flottait comme une chape de plomb au-dessus de nos têtes. Stratocumulus, pluies récurrentes et absence prolongée de soleil, un temps que n'auraient pas renié Edward et les vampires de la famille Cullen depuis leurs lointaines forêts de l'État de Washington, au nord-ouest des États-Unis. Hasard du calendrier et des programmations des salles d'art et d'essai de la rive gauche, mon parrain avait décidé de m'emmener au cinéma en lieu et place des traditionnelles bougies et gâteau à la crème. Objet de cette sortie, une projection du *Bal des vampires* (*The Fearless Vampire Killers*, 1968), film culte du réalisateur franco-polonais Roman Polanski et redoutable parabole tragi-comique sur les traces du *Dracula* de Bram Stoker, cercueils et châteaux abandonnés à l'appui. Un choix de séance dont je n'aurais alors pu imaginer qu'il se révélerait aussi annonciateur de ce qui suivrait quelques décennies et de longues aventures plus tard[1], tant les figures blafardes des buveurs de sang occupent maintenant une place centrale dans mes activités éditoriales et audiovisuelles.

Mais revenons à ce onzième anniversaire et à ma première rencontre avec les « sangs froids », comme les surnomment Jacob Black et les membres de la tribu Quileute, avec le résumé du scénario écrit par Roman Polanski et Gérard Brach… Émérite savant de l'université de Koenigsberg, le professeur Abronsius parcourt en compagnie de son assistant Alfred le fin fond de la Transylvanie subcarpatique, une des régions les plus reculées d'Europe centrale, à la recherche de vampires. Une quête ésotérique qui les mène jusqu'à une auberge de campagne reculée, perdue au milieu des massifs enneigés, où la présence de gousses d'ail éveille les soupçons des deux hommes. Des doutes bientôt confirmés, lorsque le sinistre comte von Krolock, voisin de l'auberge et vampire de son état, enlève Sarah, la splendide fille rousse de l'aubergiste, sous le regard d'Alfred qui se rinçait l'œil à la dérobée, en l'observant se baigner par le trou de serrure de la salle d'eau. Une tentation voyeuriste qui scelle définitivement le destin des deux hommes, embarqués dans une aventure qui les mènera droit dans le repaire et les griffes des morts-vivants. Construit à partir d'une trame parfaitement classique, *Le Bal des vampires* emprunte aux classiques du genre que sont les productions britanniques de la Hammer des années 1950 et 1960 pour mieux en détourner et en casser les codes. Les gags s'enchaînent dans une grande partie de montagnes russes, où se suivent les rires et les frissons. Pourtant loin de goûter l'humour (néanmoins excellent) de ce fleuron du septième art, je me souviens de ma terreur face à la vision du comte Krolock en lévitation au-dessus d'une Sharon Tate perdue dans ses volutes de bain moussant. Le surnaturel de la scène m'avait frappé de plein fouet. Je ne riais pas et me terrais au fond de mon fauteuil, seul au monde face aux

1. Laurent Courau, *Vampyres, quand la réalité dépasse la fiction*, Flammarion, 2006.

déferlantes de vampires en chasse d'Alfred et du professeur Abronsius dans les couloirs d'un inquiétant château des Carpates. De quoi alimenter mes cauchemars durant de longues semaines.

Près de trois décennies se sont écoulées depuis cette séance fondatrice et les vampires envahissent aujourd'hui tous les registres de la culture populaire… omniprésents au cinéma, où il ne se passe plus une semaine sans que l'on apprenne la sortie ou la mise en route d'une nouvelle production sanguinolente, en littérature avec un succès jamais démenti depuis les aventures de Lestat sous la plume de l'écrivain Anne Rice. Mais aussi sur le petit écran qu'ils n'ont plus quitté depuis les grandes heures de *Buffy contre les vampires* (*Buffy the Vampire Slayer*) et sa série dérivée *Angel*, jusqu'à *True Blood* et aux tribulations de Sookie, une jolie serveuse blonde et télépathe, dans des bayous de Louisiane hantés par le bestiaire fantastique de la série de romanesque de Charlaine Harris, *La Communauté du Sud*. Chaque écrivain, chaque artiste, chaque réalisateur y va de son interprétation du mythe… Sombre et violente pour *30 Jours de nuits* du Britannique David Slade, qui met actuellement en scène le troisième volet des aventures de Bella et d'Edward, étrange et dérangeante dans le film suédois *Morse*, transgressive et outrancière pour *Thirst* du Coréen Park Chan-wook, ou baroque et délirante dans le cas de la bande dessinée *Requiem, Chevalier Vampire*, scénarisée par Pat Mills et dessinée par Olivier Ledroit. Un véritable raz-de-marée dont il serait d'ailleurs impossible de dresser une liste exhaustive. Il est loin le temps de la clandestinité, des caveaux putrides et des caves infestées de rats de la campagne roumaine. Les vampires sont sortis de l'ombre et n'hésitent plus à s'afficher au grand jour sur les écrans de Times Square. Montages d'images choc, de crocs et de gorges offertes, la recette n'a pas beaucoup changé. On troque les vieux décors, comme dans *Blade*, pour le sommet des gratte-ciel de Manhattan. Les crucifix et les pieux de bois sont remplacés par un arsenal des plus modernes. De nouveaux adversaires, plus forts, plus puissants, leur sont opposés, mais rien n'y fait. Érotiques et ténébreuses, les créatures de la nuit attirent les foules. Les descendants de Dracula caracolent au sommet des charts. Ils font vendre et dopent le box-office, jusqu'au coup de tonnerre éditorial de la saga *Twilight* et l'impressionnante envolée des ventes des romans de Stephenie Meyer. Au point de soutenir le cours de bourse des actions du groupe Lagardère dans un secteur pourtant durement frappé par la crise, comme en témoigne un communiqué de presse daté du 3 août 2008 :

> « Hachette Book Group USA a annoncé aujourd'hui que *Breaking Dawn*, le quatrième et dernier roman de la saga *Fascination*, le best-seller international n° 1 de Stephenie Meyer, a fait voler en éclats le record de l'éditeur pour le premier jour de ventes. HBG estime que les ventes enregistrées le 2 août, la date de mise en vente, ont dépassé les 1,3 million d'exemplaires. La nuit du vendredi, des milliers de librairies et de bibliothèques ont organisé des événements dans tout le pays, qui ont permis d'atteindre ces chiffres impressionnants. Submergé par la demande pour ce titre, Little, Brown Books for Young Readers, une marque d'Hachette Book Group USA, a lancé une deuxième impression de 500 000 exemplaires avant la sortie, ce qui porte à 3,7 millions le chiffre actuel des exemplaires disponibles en librairie.
> "Ces chiffres qui battent tous les records prouvent que Stephenie Meyer est un véritable phénomène de culture populaire, explique David Young, le directeur général d'Hachette Book Group USA. Depuis des années que je suis dans ce secteur, je n'ai jamais assisté à une ascension aussi rapide à la célébrité dans l'univers des best-sellers. Stephenie a créé un monde extraordinaire qui a conquis des lecteurs de tous âges et nous ne pouvons qu'être très heureux d'être associés à ce phénomène *Fascination*."

[...] *Breaking Dawn* est le quatrième livre de la saga de vampires de Stephenie Meyer, qui a commencé avec son premier roman *Fascination* (*Twilight*), suivi de *Tentation* (*New Moon*) et *Hésitation* (*Eclipse*). Little, Brown Books for Young Readers a annoncé une première impression de 3,2 millions d'exemplaires pour *Breaking Dawn*, ce qui constitue un record pour l'éditeur. Les trois titres précédents se sont déjà vendus à 8,5 millions d'exemplaires au total aux États-Unis. Stephenie Meyer se produit actuellement dans une série de concerts *Breaking Dawn* dans quatre villes, avec Justin Furstenfeld de Blue October.

En l'espace de trois ans seulement, Stephenie Meyer est devenue un phénomène de l'édition au niveau mondial. *Fascination* a été l'un des romans dont on a le plus parlé en 2005 et les droits de traduction ont été vendus dans trente-sept pays. La suite, *Tentation*, a été publiée en septembre 2006, et est restée plus de trente semaines en tête de la liste des meilleures ventes du *New York Times*. *Hésitation*, le troisième livre de la série, publié le 7 août 2007, a été catapulté à la première place des meilleures ventes avec 150000 exemplaires vendus le jour de sa mise en vente. Summit Entertainment a porté *Fascination* sur grand écran le 12 décembre 2008, avec une mise en scène de Catherine Hardwicke (*Thirteen*, *Les Seigneurs de Dogtown*) et dans lequel on trouve à l'affiche Kristen Stewart (*Into the wild*) et Robert Pattinson (*Harry Potter et la coupe de feu*)[2]. »

Quel chemin parcouru entre les premières apparitions de brutes impitoyables, assoiffées de sang, et les interrogations métaphysiques d'un Edward Cullen qui vit sa condition comme

2. Source : http://www.lagardere.com/centre-presse/communiques-de-presse/communiques-de-presse-122.html&idpress=3790

une forme de damnation. Certes, les vampires du monde de Bella ne sont pas tous des modèles de vertu et certains membres de la famille Cullen doivent encore lutter contre leur instinct sanguinaire, mais on ne peut que constater l'évolution de l'archétype. Quand l'ennemi(e) implacable d'hier devient l'ami(e) ou mieux encore l'élu(e) de votre cœur. Une métamorphose qui n'est certainement pas étrangère à leur actuelle popularité. En effet, qui ne rêverait d'avoir pour ami(e), compagne ou compagnon, une créature de grande beauté, quasi immortelle, d'une force surhumaine et capable de se déplacer à la vitesse de la lumière ? Un cocktail bien attirant, relevé d'une pincée d'angoisse à l'idée de la dangerosité qui le sous-tend. Un(e) ami(e) qui vous veut du bien, mais peut néanmoins vous détruire sans effort en l'espace d'un instant ou encore au contraire vous faire don de la vie éternelle selon ses humeurs et son bon vouloir. Toute une série de paradoxes qui constitue l'essence même de la relation que Bella entretient avec Edward : attirance et sentiments mutuels, mépris du danger pour l'une et inquiétude de l'autre devant le mal qu'il pourrait faire, le tout dans un jeu de chassé-croisé amoureux qui se poursuit au fil des volumes de la tétralogie.

Et pourtant, une leçon d'histoire (déconseillée aux âmes sensibles) semble utile pour nous remémorer ce qu'ont représenté les vampires pendant de longs siècles dans l'inconscient populaire, soit une incarnation de l'horreur la plus absolue. Ce dont témoignent encore aujourd'hui les rubriques de faits divers où il est régulièrement question de crimes qualifiés de « vampiriques ». Les archives de la presse sensationnaliste regorgent de dizaines de « vampires » issus des profondeurs de l'histoire criminelle récente : Richard Trenton Chase – le Vampire de Sacramento, un tueur en série californien responsable de la mort de six personnes dont il but le sang avant de se livrer à des actes de cannibalisme –, Franz Haarmann – le Vampire de Hanovre, accusé des meurtres de vingt-quatre jeunes garçons –, ou Peter Kürten – le Vampire de Düsseldorf, exécuté en 1931 pour les assassinats sanglants de huit prostituées. Plus loin de nous et bien que son cas soit encore sujet à débats, les historiens ne se privent pas de faire référence au vampirisme pour qualifier le cas de

Gilles de Rais au XVe siècle. Ce maréchal de France, qui lutta durant la guerre de Cent Ans aux côtés de Jeanne d'Arc contre les Anglais, fut accusé par l'évêché d'avoir violé, torturé et assassiné plus de cent quarante enfants au cours de rites sataniques. Jugé en octobre 1440, il sera pendu puis brûlé le lendemain dans les environs de Nantes. On ne peut non plus manquer d'évoquer Vlad Tepes, un prince roumain contemporain de Gilles de Rais, dont l'écrivain Bram Stoker s'inspirera pour son personnage de Dracula. Réputé pour sa cruauté, dont il usait comme d'une arme psychologique, ce guerrier redoutable faisait empaler par milliers les envahisseurs turcs qui avaient le malheur de se faire capturer par son armée. Une pratique qu'il convient néanmoins de replacer dans le contexte historique d'une période déchirée par les guerres incessantes qui opposaient les populations des Balkans à l'Empire ottoman. Un siècle plus tard, c'est au tour d'Erzsébet Báthory, une comtesse hongroise de marquer les mémoires en faisant enlever des dizaines de jeunes filles qu'elle torture avant de les mettre à mort pour se baigner dans leur sang. Les chroniqueurs de l'époque relatent qu'elle sera épargnée de la peine capitale en raison de son rang, condamnée à être murée dans une chambre de son château où elle survivra quatre ans, nourrie par des serviteurs au moyen d'une petite ouverture. Laissé à l'abandon, son château tombera en ruine. Il se dit encore aujourd'hui que le lieu est maudit et que la comtesse sanglante revient à la nuit tombée pour se livrer à de nouvelles orgies. À ce sujet, il est intéressant de rappeler que Jean-Jacques Rousseau, éminent philosophe du siècle des Lumières dont les travaux ont grandement influencé l'esprit révolutionnaire, croyait lui-même à l'existence des vampires comme en témoigne l'une de ses correspondances : « S'il y a dans le monde une histoire attestée, c'est celle des vampires ; rien n'y manque ; procès-verbaux, certificats de notables, de chirurgiens, de curés, de magistrats ; la preuve juridique est des plus complètes ; avec cela, qui est-ce qui croit aux vampires ? »

Plus généralement, l'histoire des vampires à travers les mythologies et les cultures se perd dans la nuit des temps, tout comme elle se confond avec les débuts du cinématographe depuis *Le Manoir du diable* réalisé en 1896 par le Français Georges Méliès. On retrouve des êtres légendaires dotés de caractéristiques similaires dans toutes sortes de folklores à travers le monde. Et à l'instar de Bella qui se lance dans des recherches sur Internet après que Jacob l'eut alertée de la vraie nature d'Edward, toute personne désireuse de s'informer sur ces créatures de légende trouvera largement de quoi assouvir sa soif de connaissance sur Internet. Il suffit ainsi d'une simple requête sur un moteur de recherche pour accéder à l'équivalent du contenu de plusieurs bibliothèques universitaires entièrement dédiées à ce thème. On ne compte d'ailleurs plus les essais et les ouvrages d'études qui analysent et dissèquent leur place dans la littérature victorienne, le cinéma de genre, les mythes de l'Égypte antique ou encore l'inconscient collectif de ce début de XXIe siècle. Un siècle avant Bram Stoker et son *Dracula* qui définira pour de longues décennies le vampire comme un aristocrate immortel, originaire des Carpates, le poète allemand Goethe aborde dans *La Fiancée de Corinthe* le cas d'une jeune fille récemment décédée, qui vient se nourrir du sang du fiancé qu'on lui avait promis. Les Britanniques reprennent le flambeau en 1810 avec un premier texte de John Stagg, *The Vampyre*, suivi dès 1819 par une longue nouvelle de John William Polidori dont la paternité fut sujette à d'âpres querelles.

La genèse de cette nouvelle, au cours de la soirée la plus célèbre de la littérature fantastique moderne, mérite d'être racontée. Le poète anglais Lord Byron, grande figure décadente, l'un des instigateurs du dandysme, et son médecin personnel, John William Polidori, passent l'été en Suisse, dans une luxueuse villa qui surplombe le lac Léman à quelques kilomètres de Genève. Les deux hommes y sont rejoints par un groupe d'amis au nombre desquels figurent un autre poète, Percy Bysshe Shelley, et sa future épouse, une certaine Mary Wollstonecraft Shelley. Cloîtrée à l'intérieur des murs par un temps épouvantable, la petite troupe s'ennuie et cherche des palliatifs à son enfermement. Inspiré par ses lectures, Lord Byron lance l'idée d'un concours de nouvelles fantastiques. Une proposition accueillie avec enthousiasme par les convives : Mary Shelley s'attaque pour sa part à la rédaction d'un conte d'horreur gothique inspiré par la mythologie grecque et les dernières découvertes scientifiques de ce début de XIXe siècle. Publié quelques années plus tard sous le nom de *Frankenstein ou le Prométhée moderne*, ce texte est toujours considéré comme le premier roman de science-fiction. De son côté, Lord Byron fait honneur à sa réputation chaotique en entamant une nouvelle qu'il délaisse rapidement. C'est Polidori qui en reprendra plus tard les ébauches en décidant dans un éclair de génie de s'inspirer de son employeur pour construire son personnage de mort-vivant. Plutôt qu'un personnage du folklore traditionnel d'Europe centrale, condamné à une errance nocturne dans les campagnes, il choisit d'en faire un aristocrate décadent qui traque ses proies dans les rangs de la haute société de l'époque. La nouvelle *The Vampyre* sera publiée en avril 1819 dans le *New Monthly Magazine* qui l'attribue à Lord Byron, point de départ d'une polémique qui suivra John William Polidori jusqu'à la fin de sa vie.

Il reste que cette nuit d'anthologie aura accouché de deux des monstres les plus incontournables du panthéon gothique, le vampire moderne et la créature du docteur Frankenstein. Elle inspirera par ailleurs *Gothic*, un film de Ken Russell sorti en 1987. À partir de là, on dira simplement que l'épidémie vampirique est lancée et que rien ne l'arrêtera plus. Sheridan Le Fanu s'inspire en 1872 de *The Vampyre* pour *Carmilla,* une intrigue sombre et sensuelle teintée de lesbianisme, suivie un quart de siècle plus tard par le roman d'un autre écrivain irlandais, Bram Stoker, qui assoit définitivement l'archétype dans la culture populaire avec son comte Dracula. Il sera repris, adapté, copié et plagié un nombre incalculable de fois, dans le monde entier et sur tous les supports possibles, du cinéma au jeu vidéo, en passant par la littérature, la bande dessinée et la télévision, jusqu'à donner naissance à un sous-genre à part entière dans le registre fantastique. Nous pourrions consacrer des chapitres et même un livre entier aux multiples incarnations de Dracula et de sa progéniture dans la culture populaire du XXe siècle. Il y aurait par exemple beaucoup à dire sur l'âge d'or des productions de la Hammer Film entre les années 1950 et 1970, époque durant laquelle le studio londonien enchaîne une longue série de succès en adaptant les classiques des films d'horreur réalisés deux décennies plus tôt dans les studios américains Universal, comme *Dracula* (1931) de Tod Browning, *Frankenstein* (1931) de James Whale, *La Momie* (*The Mummy*, 1932) de Karl Freund… ou *Le Loup-Garou* (*The Wolf Man*, 1941) de George Waggner. Une réussite souvent assurée par la présence des deux acteurs phares de la firme anglaise, Peter Cushing et Christopher Lee (considérés à juste titre comme des figures mythiques du cinéma de genre), ainsi que la profusion des détails horribles (tortures, dissections, présence du sang à l'écran, érotisme plus que fortement suggéré) qui galvanisent les foules en bouleversant les codes de la censure. Mais c'est au tournant des années 1970 et 1980 que l'on note la grande évolution de la fiction vampirique qui nous rapproche encore un peu plus des futurs écrits de Stephenie Meyer. Déjà humanisée par la littérature et le cinéma, la figure du vampire entame une nouvelle métamorphose au travers d'une série qui conquiert le cœur de millions de lecteurs à travers le monde : les fameuses *Chroniques des vampires* de l'écrivain Anne Rice. Née à La Nouvelle-Orléans en octobre 1941, celle-ci rencontre le succès dès son premier roman, *Entretien avec un vampire*, qui met en scène le vampire Lestat et ses compagnons buveurs de sang. Il s'ensuivra une vingtaine d'ouvrages et deux adaptations sur grand écran, dont le film éponyme de Neil Jordan (*Interview with the Vampire : The Vampire Chronicles*, 1994) avec Tom Cruise, Brad Pitt et Antonio Banderas dans les rôles principaux, suivi quelques années plus tard par une version plus discutable de *La Reine des damnés* (*Queen of the Damned*, 2002) de Michael Rymer avec la chanteuse Aaliyah dans le rôle-titre. Celle-ci connaît malheureusement une fin tragique dans un accident d'avion à quelques jours de l'issue du tournage, mais Anne Rice a déjà contribué à l'évolution de l'archétype en détaillant les tourments de ses personnages tenaillés entre les aspects les plus sombres de leur nature et des doutes finalement très humains.

Mais la vraie scission verra le jour au travers de deux films des années 1980, *Génération perdue* (*The Lost Boys*) de Joel Schumacher et *Aux frontières de l'aube* (*Near Dark*) de Kathryn Bigelow, dans lesquels les vampires sont pour la première fois des teenagers nord-américains auxquels le public adolescent peut réellement s'identifier. Un détail qui n'a pas échappé aux aficionados, comme en témoignait Maven Lore à l'occasion d'une interview publiée dans *Vampyres, quand la réalité dépasse la fiction*[3] : « J'avais sept ou huit ans lorsque j'ai vu *Dracula* pour la première fois. J'étais déjà fan de comics. Tout change en 1987 à la sortie du film *Génération perdue.* Ça a vraiment été un tournant majeur pour moi, comme pour beaucoup d'autres. Je m'intéressais déjà aux vampires mais les capes et les accents européens, c'était pas trop mon truc. Et cette fois-ci, les vampires étaient des kids comme nous. *Génération perdue* a vraiment joué un rôle majeur dans la création d'un archétype vampirique moderne. » L'action du film se déroule, en ces années 1980, dans la ville côtière de Santa Clara en Californie. Un décor de carte postale, idéal pour un *teenage-movie*, dont le futur réalisateur de *Batman Forever* et de *Phone Game* sait parfaitement tirer parti. Même son de cloche du côté du scénario qui reprend à son compte tous les poncifs des comédies adolescentes et cite des œuvres de référence comme *La Fureur de vivre* (*Rebel Without a Cause*) de Nicholas Ray qui fit exploser la carrière de James Dean au milieu des années 1950. *Génération perdue* démarre très classiquement, comme dans *Twilight*, avec l'emménagement de Lucy Emmerson et de ses deux enfants, Michael et Sam, dans la petite ville de Santa Clara. Lors d'un tour à la fête foraine, Michael tombe amoureux d'une jeune fille qui fait partie d'un groupe de jeunes motards. Michael est prêt à tout pour la séduire : faire une course de motos en bordure de précipice, goûter à une boisson mystérieuse et même devenir membre du clan des créatures de la nuit. *Génération perdue* connaît un succès important, en donnant par la même occasion une nouvelle stature à l'acteur Kiefer Sutherland précédemment repéré dans

3. *Op. cit.*

Stand By Me, et sert de point de repère à une nouvelle génération de teenagers qui s'approprie le mythe. Grande nouveauté, le vampire n'est plus l'adversaire. Ce n'est plus le croque-mitaine qui s'attaque aux jeunes filles dans les allées sombres des faubourgs, une incarnation fictionnelle du violeur, du pédophile ou du tueur en série, mais une nouvelle forme d'anti-héros doté de super-pouvoirs. Un modèle certes discutable, car animé de motivations peu orthodoxes, mais dans lequel on peut apprécier de se reconnaître. Et après tout, quel adolescent n'a jamais été emporté par des pulsions rebelles que l'on imagine dopées par les talents surnaturels d'un petit-fils de Dracula ? D'autant que le film surfe sur la première vague gothique du début des années 1980. Un timing quasi parfait, juste le temps nécessaire pour que les échos d'une scène initiée par une petite élite underground londonienne résonnent dans les mégapoles américaines et atteignent le public des drive-ins. On est loin de la Batcave, club gothique légendaire de la capitale anglaise, mais reste que le coup fait mouche.

D'autres avaient déjà tenté ce rapprochement, comme Tony Scott avec son adaptation du roman *Les Prédateurs* de Whitley Strieber – (*The Hunger*, 1983) – qui lui donna l'occasion de diriger Catherine Deneuve dans le rôle de Myriam Blaylock, une vampire qui traque ses victimes dans les clubs londoniens en compagnie de son époux, joué par David Bowie. Dans une séquence d'introduction passée à la postérité, Bauhaus, le groupe phare du rock gothique des années 1980, y interprète son hymne, *Bela Lugosi's Dead*, en hommage à l'acteur d'origine hongroise du *Dracula* de Tod Browning en 1931. Arrivé sans doute trop tôt, Tony Scott devra attendre trois années de plus, malgré un fort succès d'estime, pour obtenir la reconnaissance populaire avec l'inénarrable *Top Gun*, dont Tom Cruise occupe le rôle principal. Après *Génération perdue*, c'est *Aux frontières de l'aube* de la réalisatrice Kathryn Bigelow qui rafle la mise en 1988. Cette fois, c'est au tour de Caleb, un jeune fermier de l'Oklahoma, de croiser la route des buveurs de sang et de la jolie Mae. Fasciné, il tente de séduire la belle qui lui concède un baiser, bientôt transformé en morsure. Un premier contact qui l'entraînera dans le monde des vampires, où il doit apprendre à survivre en tuant et en s'abreuvant du sang de ses victimes. Deuxième film et premier grand succès de Kathryn Bigelow qui enchaînera sur une voie de plus en plus virile avec *Blue Steel*, *Point Break* et *Strange Days*, *Aux frontières de l'aube* était censé connaître une nouvelle vie avec la mise en chantier d'un remake chez Rogue Pictures, mais le projet avorta suite au succès de... *Twilight* au cinéma, le studio ayant été refroidi par le triomphe de ce dernier et les nombreuses similarités entre les deux projets. Un signe indicateur de plus pour soutenir la thèse d'un sous-genre fantastique à part entière, bien répertorié dans les livres de recettes à fort potentiel de succès des sociétés de production et des éditeurs américains, celui du *vampire teenage movie*. Prenez des adolescents représentatifs de leur tranche d'âge, de manière que le principe d'identification fonctionne à plein régime, ajoutez une bonne louche de surnaturel, faites entrer au moment opportun un ou plusieurs vampires dont le physique se doit de correspondre aux canons de beauté de l'époque, et saupoudrez d'une touche finale de romance et d'érotisme. C'est un succès quasi assuré. Vous avez entre les mains une bombe à retardement, capable des meilleures performances en termes d'entrées dans les salles obscures ou de ventes de livres et d'artefacts pop culturels sur les rayonnages des grandes surfaces.

Mais le cinéma et la littérature ne sont plus les seuls supports de l'engouement vampirique. Les jeux vidéo et les jeux de rôle se sont à leur tour engouffrés dans le train en marche. Ainsi le jeu *Vampire : la Mascarade*, conçu par l'Irlandais Mark Rein-Hagen pour le compte de la compagnie californienne White Wolf Inc. au début des années 1990, qui s'inspire à la fois des romans d'Anne Rice et du renouveau cinématographique des années 1980. À la différence de jeux de rôle comme *Donjons et dragons*, le jeu ne se déroule pas sur une table par l'intermédiaire de figurines peintes, mais en grandeur nature à l'occasion de soirées thématiques. Les joueurs incarnent leurs personnages, en poussant la personnification jusque dans leur habillement et leur maquillage. C'est précisément dans ces cercles qu'apparaîtront les premiers *fangsmiths*, des prothésistes dentaires dédiés à la fabrication de crocs sur mesure pour les mordus du jeu. Rejeton hybride, fruit des expériences de la décennie précédente, *Vampire: la Mascarade* fonctionne comme un fourre-tout multiple, à la croisée des esthétiques punk et gothique. Le jeu se déroule dans un univers proche du nôtre, marqué par une noirceur très contemporaine, où la magie et le surnaturel sous-tendent la réalité consensuelle. Aveuglée par son orgueil, l'espèce humaine cohabite sans s'en douter avec d'autres espèces, dont les vampires qui se sont ligués en puissantes confréries. Ils sont nombreux, intelligents et organisés sous forme de sociétés secrètes régies par des codes inspirés de la franc-maçonnerie et d'ordre ésotériques comme les Illuminés de Bavière de l'Allemand Adam Weishaupt. Deux grandes sectes de morts-vivants ont rallié à leur cause les treize principaux clans de vampires (Brujahs, Gangrels, Nosferatus, Toréadors, Tremeres et autres Ventrues) qui luttent pour imposer leur vision du monde de l'autre côté du miroir. Des structures occultes héritées en droite ligne des *Chroniques des vampires* d'Anne Rice, que l'on retrouve chez Stephenie Meyer au travers des Volturi, ces aristocrates tout-puissants qui gouvernent le monde surnaturel depuis leur palais de Toscane avec un but immuable, celui de dissimuler leur existence aux yeux des mortels. Une problématique identique à celle de *Vampire: la Mascarade* où l'affrontement entre la Camarilla et le Sabbat porte précisément sur ce point. La Camarilla craint la réaction des humains s'ils en venaient à découvrir leur existence, alors que le Sabbat proclame la supériorité des vampires sur la race humaine et son asservissement dans une philosophie fortement imprégnée de darwinisme social.

Le succès du jeu est immense et connaît un pic de popularité au milieu des années 1990 en surfant sur la renaissance de la scène gothique nord-américaine. Selon la légende, c'est en novembre 1992 que Father Sebastiaan aurait participé pour la première fois à une partie de *Vampire: la Mascarade*. Un événement en apparence anodin qui sert de révélateur pour cet adolescent du New Jersey, au point de donner naissance à une subculture à part entière. On sait aujourd'hui que Manhattan servait depuis le milieu des années 1970 de terrain de jeu à une poignée d'initiés touchés par la grâce de Dracula. Les rumeurs font état de l'existence de cercles d'adeptes du vampirisme dont les origines remonteraient à l'époque de la Factory, l'atelier-galerie d'Andy Warhol où des membres de la jet-set venaient s'encanailler au contact de la faune interlope qu'affectionnait la diva de l'art contemporain. Certains évoquent même l'existence de *bloodbars*, des bars clandestins où il aurait été possible de consommer du sang humain avant les années sida. Difficile de dissocier la réalité de la fiction dans une ville comme New York où les extrêmes ont toujours trouvé un terreau favorable, mais on rencontre encore des tracts témoignant d'un éphémère réseau téléphonique secret, la Vampire Access Line, qui reliait les amateurs durant cette période préhistorique. Histoire de parfaire la légende, son fondateur Steven Lessing a disparu sans que personne ait jamais pu le rencontrer. De quoi alimenter les fantasmes les plus fous. Et c'est donc porté par ce folklore local et l'enthousiasme engendré par *Vampire : la Mascarade* que Father Sebastiaan se lance en fondant le clan Sabretooth en 1994 et en organisant les premières soirées vampiriques ouvertes au club The Bank, dans le Lower East Side. Un quartier mal famé, berceau de la scène punk dans les années 1970, qui ne sera réhabilité qu'à la fin des années 1990 sous le feu de la politique de tolérance zéro mise en place par le maire Rudolph Giuliani. De cette initiative est née une culture souterraine, proche de la culture gothique et de l'esthétique fétichiste, dont les acteurs se reconnaissent à différents degrés dans l'archétype vampirique et arborent ses principaux signes de reconnaissance, notamment les fameux crocs de résine dentaire apparus en marge des jeux de rôle. Selon les individus, la motivation peut se situer à un niveau ludique, festif et même rituel. Quinze années ont passé depuis les premières soirées. La poignée d'adeptes du début a proliféré, s'est multipliée et l'on dénombre actuellement plus de 15 000 vampyres sur l'ensemble des États-Unis, généralement regroupés sous forme de chapelles ou de clans pour célébrer une forme de syncrétisme occulte et pop culturel. Une culture souterraine désormais bien ancrée qui profite d'Internet pour se répandre sur l'ensemble de la planète, depuis les ruelles pavées de la vieille Europe jusqu'aux favelas du Brésil et aux mégapoles du Soleil Levant.

Le début des années 1990 et l'émergence de cette scène coïncident parallèlement avec une énième mutation de la créature vampirique sous la plume d'une nouvelle génération d'écrivains marqués par le mouvement gothique et la scène punk, notamment Poppy Z. Brite dont les romans repoussent les limites en matière de violence, de sexe et de drogues. Ses personnages ne reculent plus devant aucune perversion ou forme de débauche, en bravant tous les interdits du puritanisme américain. Un « malheur » n'arrivant jamais seul, c'est à la même époque que le chanteur Marylin Manson prend son envol en signant en 1993 sur le label Nothing Record, point de départ d'une carrière fulgurante, émaillée de vidéoclips et d'apparitions scéniques où les références aux codes vampiriques sont trop nombreuses pour être citées. Un lien évident qui trouve sa quintessence en 2007 avec l'album *Eat Me, Drink Me* (*Mange-moi, bois-moi*), dont le premier morceau s'intitule sobrement *If I Was Your Vampire* (*Si j'étais ton vampire*). La dernière décennie du XXe siècle est le théâtre de tous les excès, de tous les extrêmes pour l'expression du vampirisme dans la culture populaire. Une tendance présente jusque dans le *Dracula* (1992) de Francis Ford Coppola, où le réalisateur du *Parrain* (*The Godfather*, 1972) et d'*Apocalypse Now* (1979) n'hésite pas à mêler le sexe, la violence et la drogue dans un long-métrage destiné au grand public. Les amateurs se souviennent de la fameuse scène de triolisme avec Monica Belluci qui fait ici sa première apparition dans un film international. La coupe est bue jusqu'à la lie, pour reprendre l'expression consacrée, au risque de pousser trop loin et de provoquer une inversion de tendance, comme l'histoire nous le prouvera quelques années plus tard avec le succès de Stephenie Meyer et le personnage d'Edward Cullen, vampire sentimental, tout en retenue. La réalité n'étant toutefois jamais simple et unilatérale, on assiste en parallèle à l'émergence d'une seconde vague, plus respectueuse des conventions et mieux adaptée à un public de jeunes adolescents, avec la série *Buffy contre les vampires* qui démarre en 1997 sur la chaîne Warner Brothers Network. Et de nouveau, on assiste à la mise en place d'une convention fictionnelle que l'on retrouvera plus tard chez Stephenie Meyer, mais aussi dans la série *True Blood* d'après l'œuvre de Charlaine Harris, avec une très jeune femme qui s'éprend d'un buveur de sang. Qu'il s'agisse d'une tueuse de vampires se révélera au final accessoire, comme le démontre l'évolution du scénario au fil des années, en se recentrant progressivement sur des questionnements propres au passage à l'âge adulte, pour ne conserver l'extermination des créatures nocturnes que comme simple toile de fond.

Succès après succès, le vampire s'ancre dans la culture de masse. Il est définitivement sorti de la littérature et du cinéma de genre, aussi populaires soient-ils, pour toucher tous les publics. Ce qui n'échappe pas aux producteurs qui font désormais feu de tout bois et traquent la moindre occasion de thésauriser sur ce phénomène de mode. Ainsi le chasseur noir hybride incarné par Wesley Snipes dans les trois films de la série *Blade*, adaptations d'une bande dessinée créée en 1973 par Marv Wolfman et Gene Colan pour le compte de la société Marvel, déjà désireuse de surfer sur l'émancipation des Noirs américains. Comme pour tout produit de grande consommation, il en faut pour tous les goûts, pour toutes les tranches d'âge et pour toutes les nuances de la grande mosaïque ethnique qui compose la population des États-Unis. Une offre renforcée par l'arrivée massive sur le marché occidental de mangas japonais et de films fantastiques asiatiques en provenance de Hong-Kong, mais aussi de Corée ou de Thaïlande. Dans un autre registre, on pourrait aussi évoquer *Le Petit Vampire* de Joann Sfar, une série de bande dessinée, de romans et de dessins animés, principalement destinée aux enfants. Et on passera sur les œuvres de fiction de qualité parfois très inégale, du film *Bloodrayne* d'Uwe Boll à la trilogie *Underworld*, en passant par le roman *The Historian* d'Elizabeth Kostova (un million d'exemplaires vendus aux États-Unis durant les trois mois qui ont suivi sa sortie), qui ont occupé tous les supports possibles et imaginables durant la première moitié des années 2000.

À ce stade, on peut désormais affirmer que les vampires sont passés du statut de prédateur à celui de proie, en se voyant à leur tour consommés à (presque) toutes les sauces. Presque, car il restait néanmoins une ombre au tableau de chasse, pourtant déjà bien fourni, de l'industrie du divertissement… celle du roman à l'eau de rose ! Une niche peu relayée par les médias culturels, mais bien vivante et certainement profitable aux auteurs et aux sociétés d'édition qui s'y risquent. On estime qu'il se vend chaque année deux cents millions de romans d'amour dans le monde pour un public « captif » de cinquante millions de femmes, dont douze millions dans l'Hexagone où les lectrices seraient près de trois millions. De quoi attiser quelques convoitises et susciter bien des vocations parmi les plumitifs des cinq continents. La méthode est bien rodée, millimétrée jusqu'à la moindre virgule, avec des modèles de scénarios stéréotypés et maîtrisés depuis des décennies par des spécialistes comme les éditions Harlequin, une société canadienne leader dans ce domaine, fondée en 1949 à Toronto et dotée d'une filiale française depuis la fin des années 1970. Les sentiments y sont inaltérables et les mœurs irréprochables, les caractéristiques des protagonistes vantent les vertus attribuées à leur sexe, douceur et faiblesse pour l'héroïne, virilité et humour pour le héros. Et il n'est bien évidemment pas question d'autre chose, malgré les obstacles, que d'une fin heureuse, promesse d'un bonheur éternel. Répartis par collections thématiques (« Audace » pour l'érotisme, « Blanche » pour les récits qui se déroulent en milieu hospitalier, « Red Dress Ink » pour ceux qui surfent sur le succès du *Journal de Bridget Jones*, etc.), les ouvrages sont essentiellement vendus en grande surface et dans la chaîne des librairies Relay, elles-mêmes situées sur des points de passage importants comme les gares et les aéroports. Il se murmure qu'un millier d'auteurs travailleraient pour Harlequin, qui vient de fêter son soixantième anniversaire à l'hôtel Ritz-Carlton de Washington

DC et se lance maintenant avec des résultats encourageants dans l'édition numérique.

Bien que méprisée par la critique littéraire, la littérature sentimentale est aussi vieille que l'édition moderne. Les premières collections consacrées à ce genre immensément populaire, destiné à une clientèle presque exclusivement féminine, datent du début du XXe siècle. Les spécialistes notent son avènement à la Belle Époque, entre la fin du XIXe siècle et les prémices de la Première Guerre mondiale en 1914, à l'heure où naissent de multiples collections destinées à un public féminin, de plus en plus indépendant des lectures familiales... On retiendra ensuite l'année 1923 qui vit la parution de *Jigsaw*, le premier livre de Barbara Cartland dont la carrière a battu tous les records avec un total de ventes qui dépasserait le milliard d'exemplaires pour 723 romans (chiffre sur lequel s'accordent la plupart des experts). Réputée pour son excentricité, ses couches de maquillage outrancier et son penchant légendaire pour la couleur rose, Barbara Cartland n'en est pas moins entrée dans le Guinness Book en 1983 pour son record du nombre de livres vendus, juste derrière la Bible qui fut par ailleurs le premier livre à sortir des presses de Gutenberg à 180 exemplaires durant l'été 1456. Les chiffres les plus récents donnent le vertige. Selon un communiqué d'Hachette Livre, le premier groupe d'édition français et le second au niveau mondial avec un chiffre d'affaires annuel de deux milliards d'euros, qui possède la chaîne des librairies Relay et 50 % des éditions Harlequin, « Un livre de poche vendu sur trois en 2007 est un livre Harlequin, avec plus de 800 titres publiés dans l'année et une moyenne de vente de 10 000 exemplaires. » Détail amusant, on notera qu'Hachette Livre, qui fait partie de Lagardère Media, la branche médias du groupe industriel Lagardère, est aussi l'éditeur de la saga *Twilight* par l'intermédiaire de son département jeunesse Hachette dont la branche anglaise, Hachette UK, n'est autre que la maison mère de Little Brown Books, l'éditeur de Stephenie Meyer.

Nonobstant ces jeux de fusions-acquisitions complexes, la rencontre entre le roman à l'eau de rose et la figure du vampire était inévitable. Une friction dont on pouvait prévoir qu'elle ferait des étincelles, comme ce fut finalement le cas en 2005 avec la sortie de *Fascination* de Stephenie Meyer, le premier tome des aventures de Bella et d'Edward. Une publication qui a ouvert à elle seule un nouveau volet dans la longue marche des vampires vers la lumière et la métamorphose d'un monstre autrefois honni en gendre idéal et en modèle de vertu, objet des rêves de millions de jeunes filles à travers la planète.

Stephenie Meyer, des portes du désert aux sombres forêts de Forks

Les spectateurs les plus attentifs auront repéré le visage souriant de Stephenie Meyer dans *Fascination*, une jeune femme brune assise au comptoir d'un restaurant où Bella déjeune avec son père, Charlie. De longs cheveux bruns, un visage lisse, juvénile, une présence à la fois douce, rassurante et énigmatique. Une apparition fugitive, qui dure tout au plus quelques secondes, mais n'en dégage pas moins une aura particulière, intrigante, en nous donnant envie d'en savoir plus sur la personnalité de cette femme dont les traits sont passés à la postérité, suite à son incroyable succès, mais dont la vie en apparence tranquille conserve tous ses secrets, loin des flashes des paparazzis. Quels mystères se dissimulent derrière les traits d'une mère de famille américaine sans histoires dont la prose enchante des millions de lecteurs à travers le monde ? Une réussite qui l'a propulsée du jour au lendemain sous les feux des projecteurs, dans l'une de ces fameuses success-story à l'américaine dont il y a fort à parier qu'Hollywood tirera tôt ou tard la trame d'un blockbuster qui défraiera à son tour le box-office. Une notoriété qui se chiffre en dizaines de millions d'exemplaires vendus sur les cinq continents, sans pour autant payer le lourd tribut infligé aux célébrités par les mercenaires de la presse à sensation. Comment expliquer cette retenue médiatique dans une Amérique désormais accoutumée aux frasques de ses célébrités, depuis les premiers pas de Madonna jusqu'aux récents scandales de Britney Spears ou de Paris Hilton qui ont fait de leur vie privée un outil de marketing à part entière ? Ou, au contraire, cette discrétion ne participerait-elle pas à l'aura d'une romancière qui a su s'effacer au profit de ses personnages ? Au point d'attirer des milliers de lectrices et de lecteurs à chacune de ses apparitions publiques… Bien qu'il semble *a priori* impossible de déflorer un secret aussi bien gardé, on peut au moins tenter de remonter le fil de l'histoire.

Scottsdale, ses cactus et ses zones pavillonnaires. Une banlieue chic de Phoenix, aux portes du désert du Sonora, la plus grande zone désertique d'Amérique du Nord qui s'étend jusqu'au nord du Mexique. Une des communes les plus prisées des États-Unis, lieu de villégiature pour de riches retraités, paradis des joueurs de golf et refuge pour nombre de millionnaires californiens qui s'expatrient vers l'intérieur du pays, poussés par la crainte de *The Big One*. Ce tremblement de terre dévastateur, terreur de tous les habitants de San Francisco et de Los Angeles, qui doit survenir un jour sur la côte ouest des États-Unis, le long de la faille géologique de San Andreas, à la jonction des plaques tectoniques du Pacifique et de l'Amérique[1]. Une véritable épée de Damoclès qui flotte sur l'État le plus riche de la république fédérale. Scottsdale et ses galeries marchandes d'un luxe incomparable, recouvertes de marbres rares, parsemées de jets d'eau et de jardins intérieurs, hauts lieux d'un shopping érigé en art de vie, parmi lesquels le fameux Scottsdale Fashion Square Mall, site de tous les records qui compte plus de 180 000 m^2 de surface de vente pour une moyenne annuelle de 12 millions de visiteurs[2]. Une « petite » ville de 240 000 habitants à l'échelle nationale[3], qui compte l'une des concentrations les plus denses de concessionnaires de grandes marques de voitures et dont les prix de l'immobilier figurent parmi les plus élevés d'une contrée pourtant déjà réputée pour sa démesure. Mais il y a plus intéressant pour nous que cet étalage de luxe et de frivolité, car Scottsdale a aussi bénéficié par le passé de la présence d'une écolière de marque en la personne de Stephenie Meyer, alors tout juste débarquée des brumes glaciales de la côte atlantique.

1. http://www.futura-sciences.com/fr/news/t/geologie-1/d/un-grand-seisme-peut-ebranler-des-failles-lointaines_20651/
2. http://www.fashionsquare.com/leasing.asp
3. http://www.scottsdaleaz.gov/economics.asp

Stephenie Meyer est née une veille de Noël, le 24 décembre 1973, à Hartford, la capitale du Connecticut, un État aisé du nord-est des États-Unis qui fut l'une des premières colonies européennes sur le continent nord-américain. L'une des villes les plus anciennes du pays, forte de plus d'un million d'habitants et surnommée la « capitale mondiale de l'assurance » pour le nombre impressionnant de grandes compagnies qui ont choisi d'y établir leurs quartiers généraux. Et pourtant, malgré les nombreux avantages qu'offre Hartford, les parents de Stephenie optent pour un changement radical d'environnement en déménageant vers le sud-est du pays et la ville de Phoenix alors qu'elle n'est âgée que de quatre ans. C'est là qu'elle grandit, entourée de ses cinq frères et sœurs, Seth, Emily, Jacob, Paul et Heidi, dont les prénoms ne manqueront pas d'évoquer quelques (bons) souvenirs aux lecteurs de *Twilight.* Elle étudie à la Chaparral High School de Scottsdale, l'une des meilleures écoles de la région avec un taux de réussite de 98 % aux examens d'entrée en université, bardée d'honneurs et de récompenses, mais aussi spécialement réputée pour la qualité de ses cours d'anglais[4]. Une période dont elle se souvient avec humour dans l'une de ses biographies accessibles sur Internet : « C'est le genre d'endroit où des filles reviennent avec un nouveau nez à chaque rentrée scolaire et où l'on trouve des Porsche dans le parking attribué aux étudiants (et j'en profite pour souligner que j'ai toujours mon nez d'origine et que je n'ai jamais possédé de voiture avant d'atteindre la vingtaine). » On notera néanmoins le fort penchant de l'auteur pour les automobiles, une passion qu'elle véhicule dans sa *Saga du désir interdit* au travers du personnage de Jacob, le loup-garou mécanicien, rival d'Edward et amoureux transi de Bella jusqu'à... un dénouement dont on ne vous dira rien au cas où vous n'auriez pas encore lu la tétralogie complète.

Sérieuse et travailleuse, Stephenie obtient une bourse à la fin de ses années de collège, la National Merit Scholarship, qui lui permet de financer la suite de ses études à la Brigham Young University, une université mormone située à Provo, dans l'Utah.

4. http://susd.chaparral.schoolfusion.us/

De nouveau, un changement radical pour la jeune femme qui quitte le giron familial et les vallées ensoleillées de l'Arizona pour l'une des régions les plus sauvages de l'Ouest des États-Unis. On ne manquera d'ailleurs pas de s'interroger sur la part de vécu dans le récit du déménagement de Bella depuis la région de Phoenix vers les forêts profondes de Forks, qui dans leur dénuement doivent se valoir avec l'environnement estudiantin de Stephenie. Les statistiques officielles annoncent notamment que 88 % des habitants de l'Utah vivent dans la zone urbaine de Salt Lake City, en laissant de vastes étendues inhabitées[5]. Une région sauvage et inhospitalière, d'une grande variété de paysages, depuis ses montagnes enneigées jusqu'à ses déserts arides. On y trouve entre autres curiosités le Grand Lac salé, vestige d'un vaste lac qui s'étendait sur toute la partie occidentale de l'État durant la préhistoire. D'une superficie[6] moyenne de 4400 km^2, ses larges étendues planes et salées servent aujourd'hui de pistes pour de nombreux records du monde de vitesse.

Bien que déconcertant au premier abord, le choix de Stephenie n'est cependant aucunement dû au hasard et tient principalement à sa foi religieuse. L'Utah est en effet réputé pour son importante communauté mormone, dont la présence influence très largement la politique locale depuis leur installation au milieu du XIXe siècle. Chassés de l'Ohio, du Missouri, puis de l'Illinois, les premiers pionniers mormons sont finalement venus s'établir dans la vallée du Grand Lac salé dès 1847. Un choix difficile, puisque plus de six mille d'entre eux ont péri au cours du voyage, motivé par l'ordre d'extermination signé à leur encontre par Lilburn Boggs, le gouverneur du Missouri de l'époque, après l'incendie de leur temple de Nauvoo et le meurtre de Joseph Smith, fondateur de l'Église de Jésus-Christ des Saints des Derniers Jours en 1830, tué par la foule au cours d'une garde à vue. Des faits qui peuvent paraître aujourd'hui ahurissants, mais qui témoignent de la dureté des mœurs à l'époque du Far West,

5. http://www.utah.gov/index.html
6. http://ut.water.usgs.gov/greatsaltlake/

des guerres indiennes et des chasseurs de primes, telle qu'elle est célébrée dans de nombreux westerns.

Mouvement surprenant d'un point de vue européen, relativement peu répandu dans l'Hexagone, l'Église de Jésus-Christ des Saints des Derniers Jours se considère comme le rétablissement de l'église originelle, telle qu'elle fut établie par le Christ. Outre la Bible, ses membres se distinguent par leur révérence au Livre de Mormon, un ouvrage rédigé par Joseph Smith qui affirmait avoir reçu d'un messager céleste, nommé Moroni, la révélation d'une cachette contenant des tablettes prophétiques gravées sur des plaques d'or. Selon les autorités de l'Église, le Livre de Mormon aurait été publié à 140 millions d'exemplaires et dans 107 langues[7]. Un chiffre impressionnant, toutefois à relativiser lorsque l'on sait que le nombre de bibles distribuées chaque année dans le monde est estimé à près de 40 millions, dont 280000 uniquement en France[8]. Bien que critiquée sous de nombreux aspects, l'Église mormone est maintenant reconnue comme religion à part entière dans un grand nombre de pays, dont les États-Unis en premier lieu. Ce qui n'est pas le cas en France où elle bénéficie du statut particulier d'association cultuelle. Il s'agirait actuellement de la quatrième religion aux États-Unis, l'Église comptant 13 millions de membres dans le monde, dont trente mille en France. Son siège officiel se trouve toujours à Salt Lake City, non loin du Grand Lac salé qui vit l'établissement de la première colonie mormone.

C'est donc à Provo, une ville située à 80 kilomètres de Salt Lake City que Stephenie Meyer poursuit des études littéraires avec l'obtention d'un diplôme en 1997, non sans s'être mariée auparavant avec « Pancho », le père de ses trois enfants. Elle le côtoyait depuis son enfance dans le cadre de leurs activités religieuses sans pour autant se reconnaître d'affinités particulières durant cette période. Ce n'est qu'à l'âge de vingt ans que

7. http://www.eglisedejesuschrist.fr/actualites/vue-d-un-article/archive/2008/august/article/140-millions-dexemplaires-du-livre-de-mormon.html

8. http://www.la-bible.net/page.php?ref=rapportabu

les deux jeunes gens se rapprocheront, plutôt rapidement selon les normes actuelles, puisqu'il ne leur faudra que neuf mois depuis leur premier véritable échange jusqu'à la date de leur mariage. Une union que l'auteur de *Twilight* protège avec une efficacité rare, tant il est difficile de trouver la moindre information sur le reste de sa famille. On peut tout au plus découvrir un portrait du couple lors d'une soirée en effectuant une requête sur le moteur de recherche Google et encore moins de photographies de ses trois fils, Gabe, Seth et Eli. Une décision parfaitement compréhensible à son niveau de notoriété. De même, il n'existe plus à ce jour de profil officiel de Stephenie Meyer sur les principaux réseaux sociaux, tels que FaceBook, MySpace ou Twitter. Les pages et les comptes existants ayant tous été supprimés.

La suite de la biographie de Stephenie Meyer fait maintenant partie de l'histoire « officielle », telle qu'elle est connue de tous ses fans et publiée sur des blogs et des sites Internet du monde entier. Confortablement installée dans sa vie de femme au foyer en Arizona, Stephenie s'occupe paisiblement de sa famille jusqu'en juin 2003. Le grand tournant de sa vie, où elle se décide enfin à appliquer ce qu'elle a appris lors de ses années d'université dans l'Utah, sous l'impulsion d'un rêve intervenu dans la nuit du 2 au 3 juin 2003 : « Une jeune fille et un vampire se tiennent dans une clairière, située au milieu des bois. Ils sont amoureux l'un de l'autre, mais il s'inquiète de son attirance pour le sang de sa compagne, en se mortifiant des moments où il lui fallut se retenir de la tuer[9]. » Un songe qui constitue le premier point de départ pour la romancière, alors en herbe, qui le retranscrit dans ce qui constitue maintenant le treizième chapitre de *Fascination*, un passage bien connu des aficionados. Inspiration d'autant plus impromptue que la romancière se défend de s'être jamais intéressée à la littérature fantastique et aux vampires avant de se mettre à l'ouvrage, et encore moins au cinéma d'horreur ou d'épouvante. Comme elle l'a répété lors de

9. http://stepheniemeyer.com/bio.html

nombreuses interviews, la simple vision de passage d'*Entretien avec un vampire* aurait suffi à lui glacer le sang et ses seules vraies recherches sur le sujet auraient eu lieu au moment où elle écrivait la scène durant laquelle le personnage de Bella fait des recherches sur les vampires après que Jacob lui eut révélé la vraie nature d'Edward. Recherches ou pas, on est forcé d'admettre que les histoires de buveurs de sang ne font sans doute pas bon ménage avec la stricte observance des règles de vie mormones.

Et c'est néanmoins en partant de cette scène sylvestre, à la fois tendre et inquiétante, que Stephenie Meyer développe la trame générale de son premier roman, le fruit de réflexions et d'efforts d'imagination qu'elle poursuit secrètement pendant qu'elle s'occupe de ses enfants, avant de s'isoler pour retranscrire le fruit de ses pensées, lorsque la maison est calme après la tombée de la nuit. Il ne lui faut que trois mois pour rédiger le premier jet de ce qui constituera le premier tome des aventures de Bella et d'Edward. Une véritable performance dont Emily, sa sœur aînée, est initialement la seule à avoir connaissance. Le secret est jalousement gardé, comme c'est souvent le cas chez les écrivains. Le travail de la plume et les doutes qu'il engendre requièrent une forme de confidentialité. Emily l'encourage dans ses efforts, avant de l'enjoindre d'envoyer son manuscrit terminé aux maisons d'édition. Une décision d'autant plus difficile que cet univers lui est encore totalement inconnu. Finalement, après une première série de réponses négatives, le manuscrit trouve sa place chez Writer's House, une agence littéraire new-yorkaise qui représente de nombreux auteurs à succès opérant dans le genre fantastique comme Neil Gaiman ou Laurell K. Hamilton[10]. Une étape décisive qui donnera naissance à un véritable conte de fées.

Writer's House défend le manuscrit qui se voit accepté par la maison d'édition anglaise Little Brown Book Group, filiale d'Hachette UK, au travers d'un accord comprenant trois livres et une option sur les droits d'adaptation cinématographiques, en

10. http://writershouse.com/content/bestsellers.asp

contrepartie d'une avance de 750 000 dollars. Un contrat considérable pour une romancière inconnue, de quoi laisser songeurs beaucoup d'auteurs. *Fascination* sort en 2005 aux États-Unis et défraie rapidement la chronique. Il atteint la cinquième place dans la catégorie des livres pour adolescents de la *New York Times Best Seller List*, une revue hebdomadaire des meilleures ventes effectuée par le quotidien d'après un sondage auprès de libraires sélectionnés[11]. Les honneurs pleuvent, malgré une critique mitigée qui lui reproche des longueurs. Une véritable consécration renforcée par d'autres récompenses : « meilleur livre de l'année 2005 » dans le *Publishers Weekly*, la revue américaine de référence, numéro 1 de la « Hot List » dans le magazine *Teen People*, « Best Book of the Decade… So Far » (traduction : « Meilleur livre de la décennie… jusque-là ») sur le site Amazon.com.

Le pari est très largement gagné pour Stephenie Meyer, ses agents et sa maison d'édition. Et il ne lui reste plus qu'à poursuivre son travail d'écriture, pour le plus grand plaisir d'un lectorat qui dépasse les clivages comme elle s'en explique elle-même au fil de ses interviews, avec l'humour qui la caractérise : « Je n'ai pas eu l'idée d'écrire ces livres spécifiquement pour un public adolescent. Je les ai avant tout écrits pour moi. Je ne saurais expliquer la raison pour laquelle ils traversent si bien les tranches d'âge, mais il me semble rassurant qu'un nombre important de trentenaires avec enfants, comme moi, répondent de manière si favorable. Quelque part, ça me rassure de savoir que je ne suis pas une adolescente de quinze ans enfermée dans un corps d'adulte. »

Tentation est publié en 2006 et se place cette fois dès sa sortie en cinquième place de la *New York Times Best Seller List*. Il accède au sommet du classement dès la semaine suivante où il se maintiendra durant près de trois mois, avant le nouveau record établi par *Hésitation* qui trônera durant cent quarante-trois semaines dans la fameuse liste. Le succès de Stephenie Meyer ne

11. http://www.publishersweekly.com/article/CA6559505.html

connaît plus de limites. Les critiques ne tarissent plus d'éloges. *Entertainment Weekly* la sacre « nouvelle reine de la littérature vampirique après Anne Rice ». Le quotidien britannique *The Guardian* la décrit comme « une conteuse d'histoire imaginative, un auteur prolifique et une nouvelle puissance du marché de l'édition », et le *Times* parle d'elle comme d'une « nouvelle superstar de la littérature adolescente ». On la compare désormais à J. K. Rowling, l'auteur de *Harry Potter* dont les livres se sont vendus à plus de 400 millions d'exemplaires. Bien que de nombreux commentateurs pensent de les opposer, on trouvera peut-être plus opportun de noter que les deux femmes partagent un goût commun pour une vie tranquille, loin des fastes médiatiques, des caméras et des objectifs d'appareils photos.

Aussitôt après avoir achevé *Révélation*, le quatrième volet des aventures de Bella et d'Edward, Stephenie Meyer annonce qu'il s'agit de son dernier roman écrit du point de vue de Bella. Un coup de massue pour les fans. Le livre sort aux États-Unis le 2 août 2008, avec un tirage de 3,7 millions d'exemplaires dont 1,3 million part dans les 24 heures qui suivent sa mise en vente[12]. Un record absolu pour Hachette Book Group USA. Hachette France qui avait fait imprimer 100 000 exemplaires du livre se trouvera en rupture de stock au bout de deux jours. Au total, la série aurait été traduite dans 37 langues et vendu plus de 70 millions d'exemplaires dans le monde. Un succès qui ne tarit pas. Les quatre tomes de la saga occupaient encore les quatre premières places du classement des ventes de *USA Today* en 2008[13], encore un exploit inédit pour la mère de famille de l'Arizona et certainement pas le dernier au vu de la suite des événements et du succès de l'adaptation de son premier roman sur grand écran par la réalisatrice Catherine Hardwicke.

Trajectoire désormais classique dans les arcanes hollywoodiens, le projet de premier film tiré de la série est d'abord

---

12. http://moviesblog.mtv.com/2008/08/04/breaking-dawn-sells-13-million-copies-in-one-day

13. http://www.usatoday.com/life/books/news/2009-08-03-twilight-series_N.htm

passé chez Paramount Pictures qui en avait optionné les droits en avril 2004. Ces moments de flottement durant lesquels un projet est maintenu sous perfusion, sans que rien n'avance véritablement, font partie des cauchemars récurrents des auteurs et des réalisateurs. Les studios de production acquièrent régulièrement le droit d'adapter une œuvre littéraire, une bande dessinée, un jeu vidéo ou plus simplement un scénario de film pour une période déterminée, au terme de laquelle les droits sont à nouveau disponibles si le projet n'est pas concrétisé. Il en existe de très nombreux exemples dans l'histoire du cinéma. Dans le cas qui nous occupe, la solution viendra de Summit Entertainement qui reprend le flambeau en 2007 en commandant une réécriture du scénario à Melissa Rosenberg, connue dans la profession pour avoir travaillé sur la série *Dexter*. Un travail effectué par la scénariste d'après des directives très précises de Stephenie Meyer qui a toujours mis un point d'honneur à ne pas laisser dénaturer son œuvre initiale. Rosenberg aurait ainsi travaillé à partir d'un document stipulant point par point ce qui pouvait ou ne pouvait pas être modifié dans le cadre du film à partir de la trame existante dans le roman. Une volonté de contrôle permanent, qui ne s'arrête pas au cinéma mais touche tous les produits dérivés de *Twilight*, depuis les couvertures de livre jusqu'aux posters et aux calendriers, en passant par tout le merchandising possible et imaginable. À l'exception des cas de contrefaçon, il est inimaginable qu'un produit puisse sortir sur le marché sans avoir au préalable subi l'épreuve de ses fourches caudines de l'auteur.

La production du film se déroule étonnamment vite sous la houlette de Catherine Hardwicke, une ancienne chef décoratrice qui ne compte jusque-là que trois films à son palmarès (*Thirteen*, *Les Seigneurs de Dogtown* et *La Nativité*), avec un tournage entamé début 2008 sur la côte nord-ouest des États-Unis pour une sortie nationale annoncée au mois de novembre de la même année (janvier 2009 en France). Une efficacité qui ne laisse pas de place au doute et à l'amateurisme. Et pourtant, le pari est risqué. Ce sont Robert Pattinson, un acteur londonien de vingt-deux ans, jusque-là vaguement connu pour avoir joué le rôle de

Cedric Diggory dans *Harry Potter et la Coupe de Feu*, et une jeune Californienne, Kristen Stewart, fille d'une scénariste et d'un producteur de télévision pour la chaîne Fox, repérée dans le film *Panic Room* avec Jodie Foster, qui sont sélectionnés pour les rôles phares d'Edward et de Bella. Deux comédiens peu connus du grand public, qui ne pourra que mieux les identifier aux personnages des romans. Comme c'est désormais une habitude avec Stephenie Meyer, le film est un immense succès et engendre une recette de 35,7 millions de dollars durant sa première journée d'exploitation. Un chiffre plus que décuplé à l'échelle mondiale avec une recette cumulée de 383 520 177 dollars, à laquelle il convient encore d'ajouter la somme de 164 millions de dollars pour les ventes de DVD sur le territoire américain[14]. Kristen Stewart et Robert Pattinson gagnent quasi instantanément le statut d'icônes mondiales et voient leurs visages s'afficher sur des centaines de millions de pages sur Internet. Une position qui n'est pas toujours facile à assumer comme en témoigne un message récent, transmis par un fan-club de Robert Pattinson, qui demande aux fans d'arrêter de le traiter comme un morceau de viande. Des difficultés appuyées par une traque incessante des paparazzis qui semblent se venger sur les deux comédiens de leur manque à gagner chez Stephenie Meyer. Il ne se passe plus une semaine sans qu'une nouvelle rumeur annonce une liaison, une séparation, voire un projet de mariage entre les deux stars.

Confiante dans la réussite du projet avant même la sortie en salle, la direction du studio Summit Entertainment a annoncé publiquement au début du mois de novembre 2008 qu'elle venait d'acquérir les droits d'adaptation des trois romans suivants. Une déclaration rapidement suivie de faits, avec une seconde annonce confirmant que le deuxième volet était en chantier avec les mêmes acteurs dans les rôles principaux, mais un nouveau réalisateur en la personne de Chris Weitz, responsable du très potache *American Pie* et d'une précédente adaptation de roman fantastique avec *À la croisée des mondes : La Boussole d'or*, d'après l'œuvre de Philip Pullman. On notera à ce sujet que ce n'est pas

14. http://www.the-numbers.com/movies/2008/TWLIT-DVD.php

la compagnie Summit Entertainment qui a décidé de se séparer de Catherine Hardwicke, mais que c'est la réalisatrice qui n'a pas souhaité poursuivre l'aventure, préférant se consacrer à d'autres projets. De nouveau, la production du film se déroule à une vitesse impressionnante avec un tournage qui débute en mars 2009 à Vancouver, avant de passer par l'Italie et la ville de Montepulciano pour les séquences mettant en scène les Volturi, le tout pour une sortie annoncée le 18 novembre 2009 en France et le 20 novembre aux États-Unis et au Canada. Entre-temps, la nouvelle est tombée en avril 2009 que la réalisation du troisième film, d'après *Hésitation*, serait confiée au Britannique David Slade[15]. Un choix surprenant, peut-être même révélateur d'une nouvelle direction qui s'orienterait vers une ambiance plus adulte et tirerait vers l'horreur, si l'on se réfère au curriculum vitae du nouvel élu. La question mérite en tout cas d'être posée. Réalisateur de vidéoclips pour des artistes alternatifs comme Aphex Twin ou System of a Down, puis de long-métrages avec l'excellent thriller *Hard Candy*, suivi de *30 Jours de nuit*, un film de vampires sans concessions, David Slade n'affiche pas de prime abord un profil à même de rassurer les fans. De quoi susciter de nombreuses interrogations, relayées sur des forums de discussion où l'on perçoit nettement que les opinions sont partagées pour ne pas dire hostiles chez certains après que Slade eut laissé échapper des commentaires désobligeants sur *Twilight* à l'occasion d'un festival de cinéma à Washington DC et par l'intermédiaire de son profil sur Twitter. Quoi qu'il en soit, à chacune et chacun de ronger son frein en attendant la sortie prochaine d'un deuxième volet qui ne manquera pas de faire couler de l'encre et d'enflammer les écrans de très nombreux ordinateurs. Ce que l'on aura déjà constaté d'après les déchaînements de commentaires à chaque nouvelle mise en ligne de bande-annonce ou d'extraits du film.

Car l'angoisse est tangible, doublée d'un phénomène de manque redoutable. Stephenie Meyer ayant déjà rendu publique

15. http://www.summit-ent.com/news.php?news_id=111

sa décision de ne pas donner de suite à l'univers de *Twilight* depuis le point de vue de Bella, les spéculations vont bon train sur ses futurs projets éditoriaux. Premier signe d'une reprise d'activité après une légère pause, *Nuits d'Enfer au Paradis*, un recueil de cinq nouvelles par Meyer, Meg Cabot, Kim Harrisson, Michele Jaffe et Lauren Myracle, consacrées à des bals de fin d'année scolaire qui se terminent mal pour cause d'interventions surnaturelles, sort en avril 2007 en Amérique du Nord (avril 2008 en France). Dans sa nouvelle *L'Enfer sur terre*, un bal de fin d'année manque d'être intégralement détruit par des démons. Malgré le surnaturel inhérent au sujet et la proximité avec les thèmes lycéens et adolescents de *Twilight*, *L'Enfer sur terre* ne semble pas contenter les fans si l'on s'en tient aux critiques publiées sur les forums de discussion. Il importe toutefois de minorer la portée de certaines critiques à la mesure de l'orthodoxie de lectrices et de lecteurs qui supportent mal de voir leur auteur favori s'éloigner de leurs personnages préférés. Mais Stephenie Meyer est loin d'avoir dit son dernier mot. C'est ensuite au tour des *Âmes vagabondes*, un roman dit de « science-fiction pour adultes », de paraître en mai 2008 (octobre 2008 en France, avec le décalage obligatoire, résultant du délai de traduction). Le roman décrit les tribulations d'une jeune femme, Mélanie Stryder, dont le corps et l'esprit se trouvent envahis par un parasite extra-terrestre. Une situation qui donne lieu à un étrange triangle amoureux, quelque part dans le désert.

Encore une fois, on a presque envie de dire « comme à l'accoutumée », le roman se positionne à la tête du classement des ventes du *New York Times* dans lequel il se maintient durant vingt-six longues semaines[16]. Une suite serait presque terminée, avec la possibilité de poursuivre sur un troisième volet selon le succès remporté par la série. D'autres projets ayant été parallèlement évoqués, notamment une histoire de fantômes dont le titre de travail serait *Summer House* (*Résidence d'été* dans la langue de Molière) et deux romans portant respectivement sur un voyage à travers le temps et les créatures mythologiques que sont

16. http://www.publishersweekly.com/article/CA6559505.html

les sirènes. Comme si ça ne suffisait pas à remplir l'emploi du temps de toute personne normalement constituée, on a appris au mois d'août 2008 que Stephenie Meyer venait d'écrire et de réaliser une vidéo pour le groupe californien Jack's Mannequin[17], actuellement visible en ligne sur les sites de partage vidéo, puis enfin en 2009 qu'elle s'associait avec la marque Hobo Skate Company pour produire une ligne de vêtements et de planches de skateboard inspirée de son roman *Les Âmes vagabondes*.

Bien qu'il y ait là matière à occuper les rayonnages des librairies, des magasins de skateboard et les playlists des chaînes musicales, les fans de *Twilight* restaient pendant tout ce temps sur leur faim. Mais c'était sans compter sur la boulimie de travail de la romancière qui s'attelait parallèlement à l'écriture de *Midnight Sun* (titre français inconnu), une nouvelle incursion dans les aventures de Bella et d'Edward, rédigée cette fois-ci du point de vue du beau vampire. Un travail à l'état d'ébauche dont Catherine Hardwicke et Robert Pattinson furent les premiers bénéficiaires durant le tournage, afin de les aider à mieux ressentir les sentiments qui animent le personnage d'Edward au début de la saga. L'occasion de se réjouir pour toutes celles et tous ceux qui attendaient une telle nouvelle, mais un bonheur de courte durée suite à la diffusion non consentie et par conséquent illégale sur Internet des douze premiers chapitres du livre[18]. De quoi provoquer une colère bien compréhensible chez Stephenie Meyer qui prit le soin d'annoncer elle-même sur son site officiel au mois d'août 2008 qu'elle arrêtait de travailler sur *Midnight Sun* pour une période indéterminée: « Si j'essayais d'écrire *Midnight Sun* aujourd'hui, dans l'état d'esprit qui est le mien, James gagnerait la bataille et les Cullen mourraient, ce qui correspondrait mal à l'histoire originale. Quoi qu'il en soit, je suis trop triste de ce qui s'est passé pour continuer à travailler sur *Midnight Sun* et je considère ce projet en pause pour une durée indéterminée. »

---

17. http://www.jacksmannequin.com/
18. http://www.stepheniemeyer.com/midnightsun.html

Une déclaration qui n'était certes pas de nature à réjouir les fans de la *Saga du désir interdit*, néanmoins tempérée par une interview du mois de novembre 2008 où l'auteur tente d'expliquer sa décision. Le point invoqué étant que tout le monde peut dorénavant donner son avis sur le travail en cours, une situation inconfortable pour un auteur : « Je ne me sens plus seule face au manuscrit. Et je ne peux pas écrire lorsque je ne me sens pas seule. » En concluant néanmoins de manière plus réjouissante, qu'elle se donnait deux années pour s'occuper de sa famille et d'autres projets, avant de revoir éventuellement sa décision si elle se sentait de nouveau libre, en espérant que tout le monde aurait oublié de quoi il s'agissait. Une manière élégante de se garder une porte de sortie, en laissant entrevoir une lueur d'espoir. Car il y a sans doute fort à parier que les attentes d'un grand nombre d'entre nous seront comblées d'ici la sortie du dernier long-métrage tiré des aventures de Bella et d'Edward.

Le dictionnaire de *Twilight*, un bazar de l'étrange et du merveilleux

Comme toutes les personnes attentives l'auront noté, l'œuvre de Stephenie Meyer est parsemée de références littéraires, géographiques, culturelles, folkloriques et cinématographiques : depuis les citations de la Bible et du panthéon littéraire anglo-saxon qui ouvrent chaque tome de la saga, voire certains chapitres, jusqu'aux romans et aux films que lisent et visionnent Bella et ses amis, en passant par la musique qu'Edward et les membres de la famille Cullen écoutent ou jouent, les voitures et les motos qu'ils conduisent, les lieux qu'ils fréquentent, ou encore les contes et les figures mythologiques que l'auteur invoque au fil de sa prose.

Un vrai bazar de l'étrange et du merveilleux qui fait voyager les lecteurs de *Twilight* à travers tout le continent nord-américain, des glaces de l'Alaska jusqu'aux déserts de l'Arizona, des hauts lieux de la guerre de Sécession sur le golfe du Mexique jusqu'aux immenses forêts pluvieuses de la région de Seattle, mais aussi dans la vieille province italienne de Toscane, en Amazonie, dans les hautes montagnes des Andes aux côtés du peuple Mapuche ou encore dans les sombres montagnes des Carpates au travers de l'intervention de vampires venus du plus profond de l'Europe centrale dans le dernier tome de la série.

Stephenie Meyer ne se lasse pas de raconter que l'inspiration lui est originellement venue d'un songe, dont le déroulement est pour l'essentiel retranscrit dans le treizième chapitre de *Fascination*. Ce dont il est largement question dans son autobiographie, disponible sur son site officiel (www.stepheniemeyer.com). Ce serait précisément de ce rêve qu'elle serait partie pour rédiger le premier tome des aventures de Bella et d'Edward, en effectuant la plupart de ses recherches sur Internet et en travaillant à ses rares heures perdues, entre l'éducation de ses enfants et ses tâches ménagères, généralement la nuit après que la maisonnée se fut endormie.

On ne peut cependant manquer de s'interroger devant la pertinence, la précision et l'érudition de ses emprunts et de ses citations. Une sélection que l'on devine méticuleuse, comme par exemple dans le choix de la ville de Forks pour son haut taux de pluviométrie et sa proximité avec la tribu Quileute, dont les traditions offrent elles aussi certaines spécificités bien pratiques dans un cadre mystérieux et surnaturel : notamment ses liens avec la figure totémique du loup, ses origines qui remonteraient à l'arrivée des premiers hommes en Amérique du Nord par le détroit de Béring ou encore sa langue qui ne ressemble à aucun autre dialecte dans le monde.

Certes, les moteurs de recherches sur Internet permettent aujourd'hui d'aller vite en besogne et d'arriver en quelques minutes à l'essentiel, là où des recherches en bibliothèque auraient pris des heures. Mais le doute subsiste et on ne peut s'empêcher d'envisager un surcroît de modestie chez Meyer, qui dissimulerait par la même occasion un vrai travail approfondi sur l'histoire de son pays, notamment celle de la guerre civile américaine entre l'Union et les États confédérés, sur les mythologies grecque et romaine, ou sur une littérature fantastique qu'elle dit ne pas connaître mais dont elle prend avec beaucoup de justesse les codes à rebrousse-poil (de loup-garou).

Et c'est donc cette érudition qui nous a donné l'idée de vous proposer ce dictionnaire, une excellente opportunité de plonger encore plus profondément dans l'univers de la romancière. Sans non plus prétendre à être exhaustifs, car nous sommes aussi limités par la place, nous avons répertorié un nombre important d'entrées qui vous permettront de préciser vos connaissances, voire de combler des lacunes que nous possédons toutes et tous, et par ce biais d'approfondir votre compréhension de l'univers de *Twilight*. Un inventaire par essence généraliste, qui n'aurait cependant pas été complet sans l'addition d'une galerie de portraits des personnages de la saga et le rappel des biographies des principaux acteurs et des réalisateurs des trois premiers opus.

Bon voyage à toutes et à tous.

A

Abstinence

Catégorie : références, culture générale
Mots-clés : contraception, religion, chasteté

Par abstinence sexuelle, on entend le fait de se refuser à avoir une activité sexuelle. Une décision dont le sens peut varier selon qu'il s'agisse d'un principe moral, d'une méthode de contraception ou d'un principe religieux.

Les paramètres de ce choix sont variables, de la simple abstinence de coït génital sans qu'il y ait nécessairement abstinence d'autres pratiques sexuelles, notamment à des fins contraceptives, à l'abstinence totale d'intentions sexuelles, y compris purement mentales dans certains environnements religieux où l'objectif est de transcender les pulsions associées.

Dans certaines religions, dont les catholiques romains, le célibat et l'abstinence sont requis des prêtres et des moines. Les membres de l'Église de Jésus-Christ des Saints des Derniers Jours (couramment appelés mormons), à laquelle appartient Stephenie Meyer, doivent s'abstenir de relations sexuelles prémaritales et extraconjugales. Ils obéissent à la loi de la chasteté qui interdit toute activité sexuelle en dehors du mariage.

Cette question de l'abstinence est essentielle, voire au centre même de *Twilight* où Edward Cullen se refuse à toute promiscuité, de crainte que sa soif de sang ne l'emporte. Ce qui l'amènerait à mettre les jours de Bella en danger. Certaines associations de prévention ont critiqué Stephenie Meyer pour l'absence de toute référence aux préservatifs dans une série de romans essentiellement destinés à un public adolescent, à une époque de recrudescence des infections sexuellement transmissibles.

Adamantin

Catégorie : références, culture générale
Mots-clés : Edward, apparence, peau

Adamantin, couleur. L'adjectif « adamantin » que Stephenie Meyer utilise pour décrire l'éclat de la peau d'Edward fait référence au diamant : dureté adamantine (qui a la dureté du diamant), éclat adamantin (qui a l'éclat du diamant).

Cet adjectif a donné naissance à l'adamantium, un alliage de métal imaginaire présent dans de nombreuses bandes dessinées américaines (les comics de Marvel notamment), dans certains romans, jeux de rôles ou jeux vidéo. Réputé comme l'alliage le plus résistant au monde, l'adamantium ne s'oxyde pas, ne rouille pas et peut résister à des températures dépassant les 3 000 °C. Il est parfois décrit comme étant un alliage à base de nitrure de bore cubique (NBC + titane + molybdène + aluminium).

ADN

Catégorie : références, culture générale
Mots-clés : génétique, hérédité, biochimie

L'acide désoxyribonucléique ou ADN est une molécule retrouvée dans toutes les cellules vivantes. L'ADN renferme l'ensemble des informations nécessaires au développement et au fonctionnement d'un organisme, et c'est aussi le support des caractéristiques héréditaires transmises lors de la reproduction, de manière intégrale ou non.

La question de l'ADN est évoquée par le Dr Carlisle à l'occasion d'une discussion avec Jacob Black dans le quatrième tome de la saga.

Alaska

Catégorie : références, culture générale
Mots-clés : géographie, Amérique du Nord

Les archéologues estiment que les premiers êtres humains à avoir colonisé l'actuel territoire de l'Alaska sont passés par le détroit de Béring vingt mille ans avant notre ère. Ce qui ramène la présence de l'homme blanc, installé en Alaska depuis près de deux cent soixante ans, à de plus justes proportions à l'heure où les indigènes ne représentent plus que 15 % de la population du plus grand État des États-Unis d'Amérique. Déjà en usage à l'époque russe, le nom de la région vient du terme aléoute (peuple rattaché à l'ensemble culturel inuit) « alaxsxaq » qui signifie « continent » ou plus exactement « objet en direction duquel se dirige l'action de la mer ».

L'incorporation de l'Alaska aux USA remonte au mois de mars 1867, lorsque le Sénat américain approuva l'achat de cette zone désertique à l'Empire russe pour la somme de 7,2 millions de dollars de l'époque. Une décision dont les politiciens actuels ne peuvent que se féliciter tant le sous-sol de l'État regorge de richesses naturelles et plus particulièrement de ressources énergétiques, entre de vastes champs pétrolifères et des réservoirs de gaz naturel dont une part importante reste à exploiter.

Très peu peuplé pour des raisons climatiques évidentes, l'Alaska concentre la moitié de ses habitants dans la région d'Anchorage. Une ville forte de 278 700 habitants que l'on compare étonnamment à Los Angeles pour son architecture et son art de vivre, une particularité qui s'analyse probablement par la présence massive de populations venues d'autres régions d'Amérique du Nord et de l'étranger en amenant avec elles leur folklore et leur mode de vie. Ce qui explique la présence d'éléments culturels espagnols, scandinaves, russes et britanniques.

Une bonne manière de rompre l'isolement de cet État, séparé du reste des USA par le Canada et condamné à des hivers éminemment longs et rigoureux. Des conditions climatiques qui expliquent la présence croissante de vampires dans la région, comme ce fut déjà le cas dans le film *30 Jours de nuit* de David Slade qui réalise le troisième volet de la saga *Twilight* au cinéma ou encore les membres du clan de Denali qui seraient recherchés par une nouvelle espèce de touristes, fans de l'univers de Stephenie Meyer.

Alpha, mâle

Catégorie : références, culture générale
Mots-clés : biologie, loup-garou, meute

En biologie traditionnelle, comme chez les loups-garous de La Push, le mâle alpha est le mâle dominant. Ce qui signifie qu'il est le membre du groupe que les autres membres suivent, auquel ils obéissent ou se soumettent. Chez certaines races d'animaux, le mâle dominant a l'exclusivité des femelles et donc de la reproduction. Chez d'autres, à l'instar des hyènes, l'individu dominant est une femelle. On parle dans ce cas de femelle dominante.

Cette dominance est souvent déterminée par des joutes, plus ou moins violentes, durant lesquelles la puissance physique prédomine. Cependant, chez certains animaux plus évolués comme le bonobo ou l'homme, le mâle dominant ne doit pas toujours son statut à sa seule force, mais aussi à des méthodes indirectes telles que l'habileté à constituer des alliances politiques.

Aston Martin

Catégorie : véhicules
Mots-clés : automobile, Edward, James Bond

Voiture d'Edward Cullen, mais également de l'agent 007 dans le film *Meurs un autre jour*, ce magnifique coupé britannique de la marque de voitures anglaise Aston Martin Lagonda Ltd est peu répandu sur le marché de l'automobile. L'aile emblématique de la marque fait référence à l'insigne porté par les aviateurs de la Royal Air Force, le nom Aston Martin provenant pour sa part de la course de côtes d'Aston Clinton, remportée en 1913 par le créateur de la marque, Lionel Martin.

Les caractéristiques de l'Aston Martin V12 Vanquish sont un moteur V12 de 466 chevaux, un passage de 0 à 100 km/h en 4,7 secondes et une V-max de 306 km/h. Assez de puissance sous le capot pour laisser sur place les loups-garous loin derrière, en profitant au passage d'une ambiance cossue et luxueuse signée Aston Martin.

Atlantide

Catégorie : références, culture générale
Mots-clés : île, mythologie, légende

L'Atlantide est une île légendaire à laquelle Bella fait référence lors de la traversée qui l'emmène avec Edward à l'occasion de leur lune de miel vers l'île privée d'Esmée. L'Atlantide aurait été engloutie lors d'un cataclysme dans la pré-Antiquité.

Bien qu'il s'agisse d'une légende et que l'existence de l'Atlantide n'ait jamais été démontrée scientifiquement, ce mythe a étonnamment traversé toutes les grandes civilisations connues. On trouve l'Atlantide mentionnée pour la première fois par Platon dans le *Timée*, puis dans le *Critias*. Son histoire a soulevé et continue de soulever de nombreuses questions. Elle a aussi été l'objet de milliers d'ouvrages, ce qui en fait l'un des plus grands mystères de tous les temps.

L'Atlantide a inspiré de nombreux artistes et auteurs de fiction. Jules Verne la fait apparaître lors d'une promenade sous-marine organisée par le capitaine Nemo dans son roman *Vingt Mille Lieues sous les mers*. Pierre Benoit prend ensuite quelques libertés avec le mythe d'origine en situant le berceau de cette civilisation en plein cœur du Sahara dans son roman *L'Atlantide*. Arthur Conan Doyle, le père de Sherlock Holmes, envoie les héros de son *Monde perdu sous la mer* explorer les fonds de l'océan au moyen d'un caisson d'acier. Attaqués par un monstre, ils sont sauvés par le peuple atlante qui les emmène dans leur cité engloutie.

On peut également citer *L'Énigme de l'Atlantide*, septième volume des *Aventures de Blake et Mortimer,* la bande dessinée d'Edgar P. Jacobs. Ou encore *Stargate Atlantis*, un dérivé de la série *Stargate* qui déplace le mythe dans la galaxie de Pégase. Construite à l'origine sur Terre, la cité aurait été conçue de manière à pouvoir voyager dans l'espace comme un vaisseau spatial et à être déplacée sur une nouvelle planète.

Ateara, Quil

Catégorie : personnages
Mots-clés : Indien Quileute, loup-garou, meute

Quil Ateara est le bras droit de Jacob. Occupant un rôle mineur au début de la série, il gagne en importance dans le second volume. Contrairement à d'autres membres de la meute, ce jeune Indien doté d'une musculature impressionnante est heureux de se transformer en loup-garou, ce qui lui permet de retrouver ses amis et de comprendre la raison pour laquelle il était précédemment tenu à distance.

Quil fait partie des cinq loups de la meute à s'être imprégnés. Bien que son penchant pour Claire cause quelques soucis, car la nièce d'Emily n'est âgée que de deux ans, Quil maintient que son attrait n'a rien de romantique et qu'il jouera le rôle de grand frère, d'ami, de protecteur et enfin d'amoureux en fonction des besoins et de l'âge de celle-ci.

Le personnage de Quil est interprété au cinéma par l'acteur Tyson Houseman.

Austen, Jane

Catégorie : références, culture générale
Mots-clés : littérature, sources d'inspiration

Femme de lettres anglaise, Jane Austen (1775-1817) est régulièrement citée par Stephenie Meyer comme l'une de ses principales sources d'inspiration. La petite Jane voit le jour dans une famille déjà nombreuse du Hampshire. Son père est recteur anglican, elle a six frères et une sœur, Cassandra, avec laquelle elle partagera une véritable complicité tout au long de sa vie. La famille vit modestement, mais elle fait néanmoins partie de la « gentry ». Les enfants sont élevés dans l'amour des arts et lettres répartissant leur temps entre leurs études et des plaisirs divers. Les deux sœurs de la fratrie sont envoyées en pension pour parfaire leur éducation. Quand elles rentrent chez elles, elles ont accès sans aucune restriction à l'importante bibliothèque familiale, plus de cinq cents livres, un privilège fort rare à l'époque pour des filles. Jane, encouragée par ses parents, se met très vite à écrire. Elle s'essaie tout d'abord aux parodies de romans sentimentaux et aux récits épistolaires. Dès vingt et un ans, elle rédige une ébauche d'histoire, qui deviendra plus tard la base du manuscrit d'*Orgueil et Préjugés* (*Pride and Prejudice*). Ses premières œuvres ne sont pas particulièrement remarquées par les éditeurs, mais en 1811 son livre *Raison et Sentiment* (*Sense and Sensibility*) connaît un premier succès littéraire. Ce sera ensuite *Orgueil et Préjugés* en 1813 et deux ans plus tard *Emma*.

Deux autres de ses écrits seront publiés à titre posthume en 1818, *Northanger Abbey* et *Persuasion*. Elle laissera également un manuscrit inachevé *Sanditon*.

Elle disparaît à l'âge de quarante et un ans, après une vie tranquille, surprotégée par sa famille, qui refusa de divulguer après sa mort des informations la concernant. Cassandra détruira même une partie des lettres qu'elles échangèrent. Publiée de son vivant à titre anonyme, comme cela se pratiquait pour les femmes à l'époque, son œuvre connaît un nouveau succès à la fin du XIXe siècle, et deviendra extrêmement célèbre au XXe siècle, faisant l'objet de nombreuses adaptations cinématographiques et télévisées. Son humour typiquement britannique, son talent pour croquer les défauts et les mœurs de la société provinciale anglaise, son ironie mordante, en font une des femmes de lettres les plus appréciées de la littérature anglo-saxonne.

Avortement/Interruption volontaire de grossesse

Catégorie : références, culture générale
Mots-clés : contraception, religion

Beaucoup d'encre a déjà coulé sur les positions anti-avortement de Stephenie Meyer. En effet, dans le quatrième tome, *Révélation*, l'hypothèse d'un avortement oppose Edward à Bella, qui préfère pour sa part mourir en portant sa fille qui la dévore de l'intérieur, plutôt que d'avorter.

Revenons sur la question de l'interruption volontaire de grossesse qui désigne un avortement provoqué. Cette expression est généralement employée pour désigner un avortement décidé pour des raisons non médicales. *A contrario*, lorsque l'intervention est motivée par des raisons médicales, que la poursuite de la grossesse soit dangereuse pour la mère ou que l'embryon soit atteint de malformations graves et incurables, on parle plus souvent d'interruption médicale de grossesse (IMG) ou d'interruption thérapeutique de grossesse (ITG).

L'interruption volontaire de grossesse est légale en France depuis 1975 et fait toujours l'objet de débats dans la plupart des sociétés modernes. Les partisans du droit à l'avortement considèrent ainsi que sa condamnation légale est immorale puisqu'elle conduit à des avortements clandestins, causes de fortes souffrances humaines, tant psychologiques que biologiques. Et à l'inverse, ses adversaires veulent revenir sur les lois actuelles en invoquant des raisons religieuses ou éthiques, comme la défense de la dignité de la personne dès l'instant de sa conception. Un débat qui ne cesse de faire rage.

B

Bal de promo, écoles USA

Catégorie : références, culture générale
Mots-clés : mœurs, coutumes, vie scolaire

Sujet de dispute entre Bella et Edward, le bal de promo (également appelé bal de fin d'année ou bal de finissants au Québec) est une des soirées les plus importantes de la vie d'un(e) étudiant(e). Il se tient à la fin de la dernière année scolaire de l'équivalent du cycle secondaire, avant l'entrée à l'université. Non seulement celle-ci restera à jamais gravée dans leur mémoire, mais elle représente également le passage de la fin de l'adolescence vers la vie adulte.

Les tickets sont vendus dans l'enceinte de l'école, comme dans le cas d'autres événements scolaires. La tradition étant de se rendre au bal de promo en couple et vêtus de sa plus belle tenue, ces tickets sont généralement achetés par les garçons. Il n'est pas inhabituel que des groupes d'étudiants se cotisent pour la location d'une limousine et que la soirée soit couronnée par l'élection d'une reine de beauté.

Base-ball

Catégorie : références, culture générale
Mots-clés : sport, USA, famille Cullen

Tous les fans de *Twilight* gardent en mémoire la fameuse partie de base-ball jouée par la famille Cullen à l'occasion d'un orage, dont le tonnerre permet de masquer les impressionnantes frappes de balle des vampires. Une partie qui se trouve aussi être le théâtre de la première rencontre entre les Cullen et le trio de vampires nomades comprenant Laurent, Victoria et James, avec les conséquences dramatiques que l'on connaît au travers de James, puis de Victoria.

Méconnu car très peu pratiqué en France où le football reste le sport collectif populaire de référence, le base-ball est un sport d'origine britannique qui se joue entre deux équipes de neuf joueurs avec une balle dure que l'on frappe au moyen d'une batte, dite batte de base-ball, et de gants imposants spécifiques à ce sport. Les deux équipes jouent à tour de rôle en attaque et en défense, le but étant d'envoyer la balle le plus loin possible pour effectuer le tour d'une surface de jeu pendant que l'autre équipe récupère la balle.

Toute la subtilité du jeu tourne autour de trois pièces maîtresses, le lanceur, le frappeur et le receveur. Le lanceur et le receveur font partie de la même équipe, leur rôle est de déjouer le frappeur. Le receveur, reconnaissable à son équipement de protection (plastron, grille devant le visage, gant renforcé et jambières) est accroupi et doit rattraper les balles du lanceur, en déjouant les attentes du frappeur installé entre les deux hommes dont le but est de propulser la balle le plus loin possible.

Le base-ball a obtenu le statut de sport national aux USA, comme à Cuba ou encore au Japon qui fournit certains de leurs meilleurs éléments aux équipes américaines (voir la fiche consacrée à l'équipe des Mariners de Seattle). Il figure au répertoire des sports olympiques et se trouve à ce titre pratiqué dans plus de quatre-vingts pays dans le monde, notamment en Italie, en Espagne et en Russie. Thème de nombreux block-busters américains, le base-ball fait toujours des records d'audience aux USA où il ne connaît qu'un seul concurrent, le football américain dont le Super Bowl est, sans discussion, un des événements sportifs majeurs de l'année, au même titre que les grandes finales de base-ball.

Black, Ephraïm

Catégorie : personnages
Mots-clés : Indien Quileute, loup-garou, meute

Ephraïm Black, l'arrière-grand-père de Jacob, fut le dernier grand chef de la tribu Quileute. Lui-même loup-garou et leader alpha de sa meute, il est l'instigateur du traité signé avec la famille Cullen. Un accord de paix selon lequel les loups-garous amérindiens n'attaqueront pas les membres du clan de vampires, du moins tant que ceux-ci ne toucheront pas aux humains.

Un équilibre fragile, menacé par l'irruption de Bella à Forks et la rivalité amoureuse qui en découle entre Edward Cullen et Jacob Black.

Black, Billy

Catégorie : personnages
Mots-clés : Indien Quileute, La Push, ami de Charlie Swan

Billy Black est le père de Jacob. Il est né et a grandi à La Push, ce qui fait de lui un membre du conseil de la tribu Quileute. Plutôt massif et déjà âgé au moment de l'arrivée de Bella à Forks, Billy est contraint, en raison de son diabète, à se déplacer en chaise roulante. Outre Jacob, sa famille comprend ses deux filles, Rachel et Rebecca. Il a perdu Sarah, sa femme, la mère de ses enfants.

Billy descend directement d'Ephraïm Black, le dernier chef de la tribu qui n'était autre que son grand-père. Il compte au nombre de ses amis les plus proches Charlie Swan, le père de Bella. C'est Billy qui vend à Charlie son vieux camion, dont ce dernier fait cadeau à Bella. Tout comme Jacob, Billy s'inquiète de l'amour qu'éprouve Bella pour Edward et fait son possible pour l'éloigner des vampires.

Le personnage de Billy Black est interprété par l'acteur Gil Birmingham.

Black, Jacob

Catégorie : personnages
Mots-clés : Indien Quileute, loup-garou, ami de Bella

Jacob Black est le meilleur, voire le seul véritable ami de Bella durant la période difficile qu'elle traverse après le départ d'Edward. Ce jeune Amérindien de la tribu locale des Quileute subit sa première transformation au cours de *Tentation*, le deuxième volume de la série, et rejoint la meute de loups-garous qui, depuis plusieurs générations, protège la région de Forks des attaques des vampires.

Jacob joue au départ un rôle mineur : celui d'un vague ami d'enfance, partiellement oublié, que Bella retrouve en emménageant auprès de son père, lui-même proche du père de Jacob. C'est pourtant Jacob qui révèle à Bella la légende indienne des Sang-Froid, la mettant ainsi sur la piste de la vraie nature de la famille Cullen, jusqu'à faire des recherches sur Internet sur les mythes vampiriques à travers le monde, depuis les Philippines jusqu'en Pologne, en Italie et bien sûr… en Roumanie, le pays d'origine du comte Dracula.

Mécanicien hors pair et grand amateur de motocyclettes, le jeune Indien prend grand soin de Bella durant sa dépression. Et c'est durant cette période qu'il s'éprend d'elle, développant des sentiments qu'elle ne partage pas entièrement et qui seront la source d'une rivalité féroce au retour d'Edward. Mais cet antagonisme prendra fin dans le dernier tome de la série avec la naissance de Renesmée, en laquelle Jacob reconnaît sa promise, selon une tradition propre à sa tribu de loups-garous.

Le personnage de Jacob est joué au cinéma par Taylor Lautner.

Blagues de blondes

Catégorie : références, culture générale
Mots-clés : humour, blague, Internet

Que dit une blonde quand on lui annonce qu'elle est enceinte ? « Tu es sûr qu'il est de moi ? »

Utilisée par Jacob à l'encontre de Rosalie Hale qui le traite de cabot, la blague de blondes apparaît au début du millénaire, prenant la succession des « M. et Mme... » et autres « Ta mère... » La blonde, supposée pas très futée, est donc la cible des blagues machistes, souvent au-dessous de la ceinture, qui transitent sur Internet. On en fait des livres qui expliquent le phénomène en citant des exemples : Que fait une blonde... ? Mais pourquoi les blondes... ?

Selon une explication américaine, il s'agirait des ravages du politiquement correct. Puisqu'il devient de plus en plus dur sous peine d'ostracisme ou même de poursuites de sortir des blagues douteuses sur les Juifs, les Arabes, les gays, les nains et les Noirs ; les blondes, en qualité de symbole de la féminité vulgaire, seraient devenues la cible des vannes de beauf. Ce qui est politiquement correct, puisque la blonde n'est qu'une esclave des normes imposées par la publicité et donc de la société de consommation aliénante.

Burke, Billy

Catégorie : comédiens
Mots-clés : Charlie Swan, père de Bella

Billy est né le 25 novembre 1966 et a grandi à Bellingham, dans l'État de Washington. Il éprouve très jeune une attirance pour la scène.

Il commence à chanter à neuf ans et rejoint son premier groupe à quinze ans. Il continue à jouer dans des groupes pendant des années et participe au programme dramatique de la Western Washington University. Il joue à Seattle à l'Annex Theater, au théâtre AHA et au festival New City. Billy Burke apparaît brièvement dans des séries TV comme *Star Trek, Deep Space Nine*, *Party of Five* et *Gilmore Girls*.

On le voit aussi dans des films: *Without Limits* en 1998 et *Along Came a Spider* en 2001, avant qu'il ne tienne le rôle de Gary Matheson dans *24 Heures Chrono*, qui lui amène une certaine reconnaissance lui permettant de jouer le pompier de *Ladder 49* en 2004. En 2007, il incarne un détective aux côtés d'Anthony Hopkins dans *Fracture*, puis il est le père de Bella dans *Twilight*. Rien qu'en 2009, on le voit dans *Twilight: New Moon*, dans *Ticket Out* et dans le film musical *Baby O*.

La fille de Billy est née pendant le tournage de *Twilight* et il espère qu'il en sera plus proche que son personnage Charlie ne l'est de Bella, ces deux personnages étant assez distants l'un avec l'autre.

C

Call, Embry

Catégorie : personnages
Mots-clés : Indien Quileute, loup-garou, meute

Doté d'une fourrure grise marquée de taches noires, Embry fait lui aussi partie des proches de Jacob. Il apparaît brièvement dans *Tentation* et *Hésitation*, où il traite Bella de vampire parce qu'elle fréquente la famille Cullen.

Sa mère appartenait aux Makah, pas aux Indiens Quileute. La condition lycanthrope se transmettant par le père, il n'en fait pas moins partie de la meute. Mais on ne connaît pas l'identité de son géniteur, ce qui cause quelques tensions dans le groupe puisqu'il est obligatoirement le demi-frère caché de Quil, de Jacob ou de Sam Uley.

Bien que le rôle ne soit pas crédité, on a pu reconnaître l'acteur Krys Hyatt dans le personnage d'Embry. Il est incarné par Kiowa Gordon dans le second film de la série.

Carte de crédit noire

Catégorie : références, culture générale
Mots-clés : carte de crédit, argent, cadeau d'Edward

La carte de crédit noire fournie par Edward à Bella est tout simplement le top de la carte de crédit, reléguant au rang de trucs pour SDF les cartes bleues, Gold ou Platine.

Elle n'est délivrée qu'à une clientèle très haut de gamme, que la banque veut à tout prix fidéliser, y compris au moyen de prestations habituellement réservées aux VIP. Accueil dans les meilleures chaînes d'hôtel, réservations de restaurants et de spectacles, organisation de réceptions ou de voyages, locations de voitures, réservations d'avions… tout un petit secrétariat permanent est compris dans les avantages offerts par cette carte de crédit haut de gamme qu'est la Visa Infinite.

Cathy, héroïne des *Hauts de Hurlevent*

Catégorie : références, culture générale
Mots-clés : littérature, sources d'inspiration

Les Hauts de Hurlevent est le seul roman écrit par Emily Brontë, sous le pseudonyme d'Ellis Bell en 1847.

Cathy est la fille de Catherine Earnshaw et d'Edgar Linton, elle perd sa mère très jeune et son père meurt lorsqu'elle atteint ses seize ans. Elle est attirée aux Hauts de Hurlevent par Heathcliff, l'amour de jeunesse de sa mère, qui la tient en captivité et lui impose un mariage. Elle se lie tout de même avec un garçon, Hareton. Mais la santé d'Heathcliff décline et il finit par mourir, tout comme le mari de Cathy. Au moment où elle va pouvoir épouser celui qu'elle a choisi, un enfant apeuré prétend avoir vu Heathcliff accompagné d'une femme, dans la campagne environnante.

Communicable Disease Center

Catégorie : références, culture générale
Mots-clés : institution, USA, maladie, épidémie

Centre de contrôle et de prévention des maladies, chargé par le gouvernement fédéral américain de rassembler et de diffuser des informations aux citoyens en matière de santé publique. Bella est censée séjourner au CDC d'Atlanta durant sa grossesse, pour dissuader son père Charlie de lui rendre visite.

Il s'agit d'abord d'une organisation militaire chargée de protéger les soldats américains des épidémies et de leur donner des informations en matière de prévention. Puis les questions de prévention ont amené cet organisme à élargir ses compétences et ses attributions pour réfléchir aux questions épidémiologiques, au principe de précaution, au bioterrorisme, et aux questions d'alimentation et de santé publique, telles que l'obésité, qui deviennent un fléau aux États-Unis. Les questions de santé liées à l'environnement font depuis peu partie de ses attributions, témoignant du virage effectué par l'administration américaine dans ce domaine. Le CDC regroupe plusieurs organisations telles que le National Center on Birth Defects and Developmental Disabilities, le National Center for Infectious Diseases ou encore le Public Health Practice Program Office. Le CDC dépend du Département (ministère) de la santé et ses bureaux sont à Atlanta.

Chevrolet 1953, premier véhicule de Bella

Catégorie : véhicules
Mots-clés : automobile de Bella, cadeau de son père

La Chevrolet 1953 rouge de Bella est la version pick-up de ce modèle légendaire, qui fut à une époque un symbole de l'Amérique.

La firme Chevrolet a été créée en 1911 par Louis Chevrolet, pilote connu aux États-Unis et ensuite mécanicien pour Fiat et Buick, et pour William Crapo Durant, président et fondateur de General Motors, qui venait d'être évincé de la direction de l'entreprise. Les deux associés s'installèrent dans un garage de Detroit, Michigan, et lancèrent dès 1911 la production de la Chevrolet Classic 6. Louis Chevrolet quitta la firme qui portait son nom deux ans plus tard, en raison de désaccords avec son associé. La société fabriqua pendant des années des voitures légendaires dont le succès ne se démentira pas. Intégrée dès 1918 à General Motors, elle en fut la marque de référence et ses succès commerciaux furent très importants dans les années 1950, notamment avec la Bel Air, la Corvette et l'Impala.

En 2005, Chevrolet était encore la marque la plus vendue aux États-Unis et au Canada.

Clair de lune de Debussy

Catégorie : références, culture générale
Mots-clés : musique classique, bande-son

Le *Clair de lune*, un des morceaux favoris d'Edward Cullen, est sans doute la pièce la plus connue du compositeur français Claude Debussy (1862-1918). Elle est extraite de la Suite bergamesque qui comprend quatre mouvements (*Prélude*, *Menuet*, *Clair de lune*, *Passepied*). Publiée en 1905, mais composée en 1890, cette suite pour piano inspirée d'un poème de Paul Verlaine du même nom est considérée comme un chef-d'œuvre de l'impressionnisme pour sa finesse, sa douceur et sa subtilité. La plus grande partie du mouvement est jouée pianissimo, en ré bémol majeur, à l'exception de son point de plus grande intensité, en do dièse mineur.

Le *Clair de Lune* a été utilisé un nombre incalculable de fois au cinéma. On peut citer une séquence de *Fantasia*, fameux dessin animé musical de Walt Disney, dont une scène de danse des cygnes au son du *Clair de lune* a été préalablement retirée avant d'être restaurée en 1996 et intégrée comme bonus dans les DVD actuellement en vente. Il conclut le film *Ocean's Eleven* du réalisateur Steven Soderbergh, avec George Clooney, Brad Pitt, Julia Roberts et Matt Damon, et illustre une publicité de 2006 pour la marque Chanel avec l'actrice Nicole Kidman.

Clearwater, Harry

Catégorie : personnages
Mots-clés : Indien Quileute, La Push

Harry Clearwater fait partie du conseil des anciens de la tribu Quileute. Il meurt d'une crise cardiaque dans le deuxième tome de la série, en laissant derrière lui sa femme, Sue, sa fille, Leah et son fils, Seth. Proche de la famille Swan, Harry s'occupe avec son ami Billy Black de Charlie, le père de Bella, durant une période difficile.

Le personnage de Harry est joué au cinéma par l'acteur Graham Greene.

Clearwater, Leah

Catégorie : personnages
Mots-clés : Indienne Quileute, loup-garou, meute

Leah est la seule et unique femelle loup-garou de l'histoire du peuple Quileute. Elle se transforme au cours du deuxième tome, à la même période que son jeune frère, Seth. Une transformation inhabituelle, attribuée à la crise cardiaque de leur père, Harry.

Ex-compagne de Sam Uley, qui l'a délaissée pour sa cousine Emily, Leah en conserve le cœur brisé. Ce qui la rend amère et cynique, en conflit constant avec le reste de la meute car ses pensées parasitent les autres loups-garous par télépathie. Elle se heurte souvent à Jacob, toujours amoureux de Bella, qui tolère mal qu'elle lui rappelle que celle-ci se prépare à épouser Edward et à devenir elle-même vampire.

Lorsque la meute se sépare, Leah rejoint Jacob car elle ne supporte pas la proximité de Sam. Être aux côtés de Jacob lui permet de se libérer de ses angoisses, de retrouver un peu de joie et par conséquent de modifier son attitude en étant moins négative. Ils deviendront amis, au point qu'elle le protège et le seconde en toutes circonstances, jusqu'à devenir son bras droit. Bella et Jacob disent d'elle qu'elle est belle sous sa forme humaine. En tant que loup-garou, elle est plus petite que les autres membres de la meute, porte une fourrure d'un gris clair, mais se montre aussi la plus rapide.

Clearwater, Seth

Catégorie : personnages
Mots-clés : Indien Quileute, loup-garou, meute

Seth est le jeune frère de Leah et l'un des membres les plus récents de la meute de La Push. Il se transforme pour la première fois dans le second tome, *Tentation*, à peu près au même moment que sa sœur, Leah.

Seth idolâtre Jacob, dont il rappelle le caractère à Bella. Durant l'attaque de l'armée de nouveau-nés vampires levée par Victoria, il reste à l'arrière en raison de son jeune âge, aux côtés d'Edward et de Bella, pour servir de relais télépathique avec la meute. Ce qui ne l'empêche pas de se battre avec Riley, le disciple de Victoria, et de le tuer avec l'aide d'Edward. Proche d'Edward, il assiste à son mariage. Présent durant tout le dernier tome de la série, Seth est le seul loup-garou à supporter aussi facilement la présence de la famille Cullen.

Edward, qui peut lire dans les esprits, dit de lui que ses pensées sont parmi les plus pures et les plus honnêtes. Seth est un des premiers loups-garous à rejoindre la nouvelle meute de Jacob et occupe une place importante dans le dernier volume de la série.

Clearwater, Sue

Catégorie : personnages
Mots-clés : Indienne Quileute, La Push

Sue Clearwater est la mère de Seth et de Leah, et la veuve de Harry Clearwater, décédé d'une crise cardiaque dans *Hésitation*. Le dernier tome de la série la voit se rapprocher de Charlie, pour lequel il lui arrive de faire de la cuisine après le départ de Bella.

Et c'est d'ailleurs Bella qui remarque que Sue et son père semblent s'être épris l'un de l'autre à la fin du roman.

CNN

Catégorie : références, culture générale
Mots-clés : chaîne de télévision, chaîne d'information

Évoquée dans le troisième tome de la saga, à propos d'une émission consacrée au supposé tueur en série de Seattle, CNN, acronyme de Cable News Network est la plus importante et la plus célèbre des chaînes d'information télévisée américaines. Fondée en 1980 par l'homme d'affaires Ted Turner, CNN a introduit le concept de l'information 24 heures sur 24. Elle devient mondialement célèbre dans le monde entier lors de la guerre du Koweït de 1990-1991 en couvrant intégralement, et la plupart du temps en direct, le déroulement du conflit depuis l'invasion du Koweït jusqu'à l'arrêt des hostilités. Ses images des tirs de nuit sur Bagdad sont restées célèbres.

Bien que CNN doive aujourd'hui faire face à une concurrence sévère, elle reste un modèle pour les chaînes rivales d'information en continu sur le marché intérieur américain et sur le marché international. À l'instar de la France, de nombreux pays veulent désormais lancer leur propre chaîne d'information en continu en vue d'une diffusion mondiale. Un moyen d'influencer le monde par la diffusion de la culture, des valeurs et finalement le point de vue du pays émetteur.

Collin et Brady

Catégorie : personnages
Mots-clés : Indiens Quileute, loups-garous, meute

Collin et Brady sont les deux plus jeunes éléments de la meute des loups-garous du peuple Quileute. On dit qu'ils se sont transformés très tôt, à l'âge de treize ans. Ils font une dernière apparition dans *Révélation* comme membres de la meute de Jacob.

Combustion spontanée

Catégorie : références, culture générale
Mots-clés : surnaturel, paranormal, feu, incendie

Le phénomène paranormal de combustion spontanée (également appelé autocombustion ou combustion humaine), évoqué par Edward lors d'une discussion intime avec Bella dans *Hésitation*, intervient lorsqu'une personne prend feu sans raison apparente, sans qu'aucun élément extérieur apparent soit en cause. L'environnement reste le plus souvent intact comme si le corps s'était consumé de l'intérieur.

Connu à travers de rares témoignages difficilement vérifiables et rejeté de manière quasi unanime par la communauté scientifique, ce phénomène a fait l'objet de tentatives d'explications, mais aucune n'a dépassé le stade de l'hypothèse. Un dénommé John Heymer, ex-enquêteur de police britannique, propose d'expliquer le phénomène par une réaction entre l'hydrogène au niveau des cellules. Cette thèse n'engage cependant que lui.

Une explication farfelue apparaît dans un épisode de la série d'animation *South Park*. Selon ses scénaristes, la combustion spontanée serait due à un trop-plein de méthane dans le corps humain. Ainsi, le meilleur moyen d'éviter une combustion serait d'expulser régulièrement le méthane… Une explication qui n'est bien évidemment qu'une vilaine blague inventée pour les besoins de la série. Mais l'apparition de cas de combustion spontanée dans d'autres séries comme *X-Files* souligne l'intérêt des scénaristes pour ce phénomène.

Les romans et les films fantastiques mettant en scène des vampires font souvent état de phénomènes similaires. Une des méthodes les plus usitées pour se débarrasser des buveurs de sang étant de les exposer aux rayons du soleil, ce qui a pour effet immédiat de les réduire en tas de cendre. On notera cependant que Stephenie Meyer a choisi de modifier la légende. Edward et ses congénères ne s'enflamment plus au contact de l'astre solaire. Leur peau prend une teinte surnaturelle dont Bella dit qu'elle est flamboyante, comme si des millions de diamants y étaient incrustés.

Confédérée, armée

Catégorie : références, culture générale
Mots-clés : histoire, USA, guerre de Sécession

La formation de l'armée confédérée, à laquelle a appartenu Jasper Hale durant son existence humaine, est consécutive à la création des États confédérés, eux-mêmes conçus en réaction à la volonté de réforme de l'esclavage par le gouvernement fédéral d'Abraham Lincoln en 1860. Sept États esclavagistes du Sud choisissent ainsi de faire sécession des États-Unis d'Amérique pour former les États confédérés d'Amérique entre les mois de décembre 1860 et février 1861 : la Caroline du Sud, le Mississippi, la Floride, l'Alabama, la Géorgie, la Louisiane et le Texas. Une opposition qui résulte de la coexistence de deux cultures au sein des États-Unis d'Amérique. Celle du Nord, largement industrialisée, et celle du Sud, dominée par une agriculture qui se base encore principalement sur l'esclavage.

Une armée est formée dès le mois de février 1861 afin de défendre les États confédérés contre les forces de l'Union (États-Unis). La guerre de Sécession ou guerre civile américaine (généralement appelée simplement Civil War aux États-Unis) démarre le 12 avril 1861, lorsque les forces confédérées attaquent une installation militaire de l'Union à Fort Sumter, en Caroline du Sud. Le Président Lincoln répond en mobilisant une armée de volontaires, ce qui conduit à la sécession de quatre États sudistes supplémentaires.

Durant sa première année, la guerre de Sécession voit l'Union s'assurer le contrôle de la frontière des États sécessionnistes et établir un blocus naval sur la côte atlantique. En 1862, des batailles telles que Shiloh et Antietam causent des pertes humaines inégalées dans l'histoire militaire américaine. Ce conflit provoquera au total la mort de 620 000 soldats et un nombre indéterminé de victimes civiles, jusqu'à l'effondrement de la résistance des Confédérés après la reddition du général Lee le 9 avril 1865.

La guerre de Sécession met fin à l'esclavage aux États-Unis, en renforçant le rôle du gouvernement fédéral. Ses conséquences économiques, politiques et sociales résonnent encore dans la pensée américaine contemporaine et le fonctionnement du pays.

Cromwell, Oliver

Catégorie : références, culture générale
Mots-clés : histoire, Royaume-Uni

Né à Huntingdon, le 25 avril 1599, Oliver Cromwell étudie à Cambridge et s'engage rapidement dans le mouvement puritain. C'est pour cette action politique qu'il est évoqué dans le premier tome de la saga au sujet de la jeunesse de Carlisle.

Il subit la répression et entre au Parlement à vingt-neuf ans, mais celui-ci est dissous un an plus tard. Cromwell reprend sa vie professionnelle. Élu au Long Parlement en 1640, il n'aura de cesse d'abattre la royauté. Il mène une armée contre les forces royales et se fait remarquer par son habileté militaire et son commandement impitoyable. Il joue un rôle important dans la condamnation à mort du roi Charles Ier, décapité le 30 janvier 1649. Cromwell est porté au pouvoir, cherche à stabiliser la République et à pacifier les provinces. Pour ce faire, il ne recule devant aucun moyen, notamment en Irlande et en Écosse. Il devient chef de l'État en 1653, disposant d'un pouvoir quasi absolu, dissolvant les parlements successifs dès qu'ils souhaitent acquérir davantage de pouvoir.

Il meurt en 1658 et son régime ne lui survivra pas, puisque la monarchie sera de retour au pouvoir quelques années après.

Crowley, Tyler

Catégorie : personnages
Mots-clés : Forks, lycée, ami de Bella

Tyler Crowley fait partie des camarades de classe de Bella. C'est lui qui manque de l'écraser, en perdant le contrôle de son véhicule dans *Fascination*. Un accident qui provoque une intervention surnaturelle d'Edward, au risque d'interpeller les personnes présentes sur le parking.

Mortifié par son geste, Tyler ne cesse par la suite de bombarder Bella d'excuses. Ne réalisant pas la relation qui se noue entre Edward et Bella, il entend lui servir de cavalier au bal de fin d'année et prend les devants en annonçant la nouvelle à toute l'école. Des attentions qui agacent une autre étudiante, Lauren Mallory, elle-même éprise de Tyler.

Le personnage de Tyler est joué au cinéma par l'acteur Gregory Tyree Boyce.

Cullen, Alice

Catégorie : personnages
Mots-clés : vampire, famille Cullen, amie de Bella

Alice Cullen (née Mary Alice Brandon) est la fille adoptive de Carlisle et d'Esmée Cullen, la sœur par adoption d'Edward, de Rosalie et d'Emmett, et enfin la femme de Jasper. Stephenie Meyer nous la décrit comme un personnage enjoué et espiègle qui adore faire du shopping, faire la fête et s'occuper des tenues vestimentaires de ses amies, parfois au grand regret de ces dernières qui n'en demandent pas tant et se contenteraient avec bonheur de leurs vieilles frusques.

Alice s'inquiète pour Bella, qu'elle protège comme une sœur durant les quatre tomes de la saga. Une attention renforcée par son don prémonitoire qui lui permet de deviner le futur, en se reposant sur les décisions arrêtées par les vampires et les humains. On notera cependant que son talent ne s'applique pas à d'autres genres de créatures, notamment les loups-garous et les hybrides. Il lui arrive aussi de faire des erreurs d'interprétation aux conséquences fâcheuses. C'est ainsi que voyant Bella sauter d'une falaise dans *Tentation*, elle en arrive un peu trop hâtivement à la conclusion que celle-ci s'est suicidée. Une méprise à l'origine d'un enchaînement d'événements funestes qui les conduit, Bella et elle, jusqu'au village de Volterra, dans la région italienne de Toscane : le siège des redoutables Volturi où elles sauvent Edward qui s'apprête à commettre l'irréparable. Alice se révélera par la suite une combattante redoutable contre la horde de nouveau-nés vampires créés par Victoria, avant d'endosser dans un genre plus pacifique la tenue de demoiselle d'honneur pour le mariage de Bella et d'Edward, puis de baby-sitter pour Renesmée.

On ne sait que peu de chose de l'histoire personnelle d'Alice, conséquence de ses pertes de mémoire sur la période qui précède sa transformation en vampire. Tout au plus les romans nous apprennent-ils qu'elle est née en 1901 à Biloxi, dans le Mississippi où elle fut enfermée dans un asile à cause de ses prémonitions. C'est là qu'elle est transformée par un vieux vampirc employé de l'asile, afin de la sauver des griffes d'un traqueur qui veut la tuer. C'est dans cette ville qu'elle découvre qu'une sépulture porte son nom et que la date inscrite sur la pierre tombale correspond à celle de son admission à l'asile. Ses recherches lui révèlent également l'existence de sa jeune sœur Cynthia, toujours vivante et toujours installée à Biloxi.

Le personnage d'Alice est joué au cinéma par l'actrice Ashley Greene.

Cullen, Carlisle

Catégorie : personnages
Mots-clés : vampire, famille Cullen, père adoptif d'Edward

Carlisle Cullen est le mari d'Esmée et, en tant que patriarche de la famille Cullen, le père adoptif d'Edward, de Rosalie, d'Emmett, d'Alice et de Jasper. Son apparence physique est proche de celle d'un mannequin, habitué des podiums de défilés de mode : très grand, mesurant près de 2 mètres de haut, blond, à la fois fin et musclé. Carlisle est néanmoins un excellent médecin. Il a su tirer profit de ses siècles d'existence pour affiner sa connaissance du corps humain qu'il met au service de l'hôpital de Forks.

Contrairement à la plupart des vampires, Carlisle n'éprouve aucune attirance pour le sang humain : le fruit de longues années d'entraînement qui lui permettent d'opérer en milieu médical, un environnement dans lequel il est pourtant particulièrement exposé à la proximité du sang humain. Il attribue néanmoins sa compassion et son intérêt pour les autres au caractère qui était le sien à l'époque où il était encore humain. Une théorie qu'il applique à l'ensemble de vampires, leur transformation accentuant les traits de caractère de leur précédente incarnation.

Carlisle Cullen est le fils d'un pasteur anglican. Il est né en 1640 à Londres, durant une période de fanatisme religieux. Associé à d'autres pasteurs, son père mène à cette époque une véritable chasse aux sorcières, aux vampires et aux loups-garous, n'hésitant pas dans le doute à sacrifier des humains innocents. Carlisle marche sur ses traces jusqu'à ce qu'il se fasse attaquer une nuit par un vampire qui le laisse pour mort dans un recoin de ruelle. Sachant qu'il sera rejeté par ses proches et l'ensemble de la société, il se terre et endure silencieusement les affres de sa transformation, jusqu'à ce qu'il revienne à la vie sous la forme d'un vampire. Il tente d'abord sans succès de mettre fin à ses jours en refusant de succomber à sa soif de sang, jusqu'à ce qu'il ne tienne plus et se nourrisse d'un cerf qui passe à sa portée. C'est une révélation pour Carlisle qui comprend qu'il lui est possible de se nourrir de sang animal et de poursuivre son existence sans faire de mal aux êtres humains.

Après une courte période passée en compagnie des Volturi dans leur fief de Toscane, Carlisle part explorer les terres du Nouveau Monde. C'est là qu'il soigne les victimes de la grippe espagnole, parmi lesquelles une malade qui l'implore de sauver Edward, son fils mourant. Frappé par la solitude, Carlisle accepte et fait d'Edward son compagnon. Un geste qu'il répète vingt ans plus tard en transformant à son tour Esmée qui tentait de se suicider, et qui devient sa femme. La famille s'agrandit lorsqu'il sauve Rosalie Hale, une jeune femme violée par un groupe d'hommes menés par son fiancé, et encore lorsque cette dernière découvre Emmett agonisant dans une forêt où un ours vient de l'agresser. C'est à la suite de cet épisode qu'ils emménagent dans l'État de Washington où les Indiens Quileute leur proposent un pacte inédit : les Cullen peuvent s'établir en paix dans la région, tant que les vampires n'attaquent aucun humain et ne franchissent pas les frontières du territoire indien.

La famille est ensuite complétée par l'arrivée d'Alice et de Jasper, et vit des jours tranquilles jusqu'à ce qu'une certaine Bella Swan emménage en ville…

Le personnage de Carlisle est joué au cinéma par l'acteur Peter Facinelli.

Cullen, Edward

Catégorie : personnages
Mots-clés : vampire, famille Cullen, futur mari de Bella

Edward Cullen (né Edward Anthony Masen) est né le 20 juin 1901, à Chicago. Il est pris pour l'éternité dans le corps de ses dix-sept ans, âge auquel il contracte la grippe espagnole qui fit 30 millions de mort. C'est sur son lit de mort qu'il est transformé en vampire par le Dr Carlisle Cullen pour répondre au dernier souhait de sa mère, Elizabeth. Une condition qu'Edward supporte difficilement, au point de se considérer lui-même comme un monstre et de craindre pour le salut de son âme.

C'est aussi pour cette raison qu'Edward refuse de se nourrir de sang humain et ne consomme que celui des animaux sauvages qu'il chasse dans les vastes étendues sauvages de la région de Forks. En plus d'une force, d'une agilité et d'une résistance surhumaine, il possède comme de nombreux vampires un don particulier, celui de lire dans l'esprit des gens. À l'exception notable de Bella, dont les pensées restent inviolables.

Edward tombe immédiatement amoureux de Bella, vers laquelle il se sent irrésistiblement attiré dès leur premier contact dans une salle de cours. Mais ses sentiments sont contrariés par sa peur de la tuer s'il n'arrivait pas à contrôler sa soif de sang. Des tourments renforcés par les dangers que font courir à Bella la proximité des vampires, et plus particulièrement celle des membres d'un clan de vampires errants qui la croisent à l'occasion d'une partie de base-ball organisée en pleine nature par la famille Cullen.

Tourmenté par ces questions, Edward choisit de quitter Forks avec sa famille. Il finit néanmoins par y revenir, après une tentative de suicide dont Bella le sauve malgré lui, car il réalise qu'elle a besoin de leur protection, mais aussi et surtout qu'il ne peut pas vivre sans elle. Edward épouse finalement Bella dans le dernier tome de la saga, avant que celle-ci lui donne une fille Renesmée. La naissance de cette dernière provoque la fureur des Volturi, un puissant clan de vampires italiens, qui n'acceptent de la laisser vivre que grâce à l'intervention de nombreux vampires accourus du monde entier.

Le personnage d'Edward est joué au cinéma par l'acteur Robert Pattinson.

Cullen, Emmett

Catégorie : personnages
Mots-clés : vampire, famille Cullen, mari de Rosalie

Emmett Cullen (né Emmett McCarthy) est le mari de Rosalie, le fils adoptif de Carlisle et d'Esmée, et le frère d'adoption d'Edward, Alice et Jasper. Stephenie Meyer nous le décrit comme un personnage impressionnant, de grande taille et à la musculature développée.

Emmett a vingt ans et vit à Gatlinburg, dans le Tennessee, lorsqu'il se fait attaquer par un ours. Ses blessures sont si sévères qu'il est sur le point de mourir lorsque Rosalie, qui chassait dans le secteur, le découvre. Chance pour Emmett, son physique rappelle à Rosalie l'enfant de l'une de ses plus proches amies et elle décide de le porter sur des centaines de kilomètres jusqu'à Carlisle qu'elle implore de le transformer pour le sauver. Emmett rejoint ainsi la famille Cullen, dont il aura au départ un peu de mal à imiter la diète végétarienne (abstinence totale de sang humain).

À l'instar de sa femme Rosalie, Emmett commence par se méfier de Bella, avant de rompre la glace par ses plaisanteries répétées, et de voter en faveur de sa transformation en vampire.

Le personnage d'Emmett est joué au cinéma par l'acteur Kellan Lutz.

Cullen, Esmée

Catégorie : personnages
Mots-clés : vampire, famille Cullen, femme de Carlisle

Esmée Cullen (née Esmée Platt, puis mariée une première fois sous le nom d'Esmée Evenson) est la femme de Carlisle Cullen et la mère adoptive d'Edward, de Rosalie, d'Emmett, d'Alice et de Jasper. Bien que ne disposant d'aucun don particulier, elle se distingue par sa tendresse et son amour pour les membres de sa famille.

Esmée est née en 1895 à Columbus, dans l'État de l'Ohio. C'est là qu'elle fait la rencontre de Carlisle qui la soigne après qu'elle se soit cassé une jambe en tombant d'un arbre. Elle épouse une première fois Charles Evenson, mais son mari abuse d'elle. Découvrant qu'elle est enceinte, elle s'enfuit du domicile conjugal et donne naissance à son enfant qui meurt quelques jours plus tard. Mortifiée par ce triste événement, elle décide de se jeter du haut d'une falaise. Présumée morte, elle est déposée à la morgue où Carlisle, qui se souvient de l'avoir rencontrée quelques années plus tôt, découvre qu'il lui reste un souffle de vie et prend la décision de la transformer en vampire. Ils tombent amoureux l'un de l'autre et se marient pour former un couple exceptionnel, en prenant grand soin de leurs enfants adoptifs.

Esmée traite Bella comme sa propre fille lorsque Edward la présente à la famille. Signe de son amour pour le couple, elle invite les nouveaux époux à passer leur lune de miel sur son île privée en Amérique du Sud.

Le personnage d'Esmée est joué au cinéma par l'actrice Elizabeth Reaser.

Cullen, Renesmée

Catégorie : personnages
Mots-clés : hybride femme/vampire, fille de Bella et d'Edward

Renesmée « Nessie » Carlie Cullen est la fille de Bella et d'Edward. C'est une hybride mi-humaine, mi-vampire. Renesmée est née un 10 septembre, trois jours avant le dix-neuvième anniversaire de Bella. Ses traits de visage et la couleur de ses cheveux rappellent ceux de son père, et elle a hérité des yeux de sa mère. Sa peau diaphane luit à la lumière du soleil et reste douce, bien que se montrant aussi résistante que la peau d'un vampire. Malgré son très jeune âge, sa beauté est déjà époustouflante.

La fillette peut se nourrir indifféremment de nourriture humaine ou de sang, bien qu'elle ait tendance à préférer ce dernier. Contrairement aux vampires, elle ne produit pas de venin et ne peut pas transformer les humains. Renesmée possède elle aussi certains dons, notamment la capacité de communiquer par un simple toucher ou encore celle de pénétrer les boucliers psychiques.

Sa croissance est incroyablement rapide. Renesmée est capable de parler sept jours après sa naissance. Et il lui faut peu de temps pour arriver à se déplacer, lire ou encore chasser. Des tâches extrêmement avancées pour son jeune âge. De la même manière, son intelligence stupéfie ses parents et son entourage lorsqu'elle se révèle capable de comprendre ce qu'il se passe à l'arrivée des Volturi. On prédit que Renesmée atteindra le sommet de sa croissance à l'âge de sept ans, alors qu'elle en paraîtra dix de plus, et qu'elle cessera dès lors de vieillir.

Son prénom Renesmée provient de la contraction du prénom de sa grand-mère humaine, Renée (la mère de Bella), et de sa grand-mère vampire, Esmée (la mère adoptive d'Edward). De la même manière, son second prénom, Carlie, est une combinaison du prénom de Carlisle Cullen et de celui de Charlie, le père de Bella. Jacob Black est le premier à la surnommer Nessie. Un surnom qui est bientôt adopté par tous, malgré les réticences de Bella qui n'apprécie pas que sa fille partage son pseudonyme avec le monstre du Loch Ness.

D

Damnation

Catégorie : références, culture générale
Mots-clés : religion, croyances, punition, mort, au-delà

Au sens religieux, la damnation est synonyme de punition ou de châtiment, conséquence d'un jugement défavorable de la part de Dieu ou des divinités d'un panthéon donné. Apparue au xe siècle dans l'Épître de saint Étienne, la damnation (du latin « damnare » signifiant « blâmer ») désigne l'état de quelqu'un ou de quelque chose qui est condamné aux tourments de l'enfer.

Un des exemples les plus connus d'œuvre conçue autour du thème de la damnation est l'opéra *La Damnation de Faust*, écrit en 1846 par le compositeur français Hector Berlioz d'après le poète allemande Johann Wolfgang von Goethe. Le Dr Faust, homme instruit et protagoniste d'un conte populaire allemand qui a servi de base à de nombreuses œuvres de fiction, y vend son âme au diable en échange de la richesse, de la jeunesse et de l'amour.

On retrouve ce concept de damnation dans *Twilight* à travers les tourments d'Edward Cullen qui craint de subir lui-même le courroux divin pour sa condition vampirique.

Dartmouth, université de

Catégorie : références, culture générale
Mots-clés : université, vie scolaire, USA

Le Dartmouth College, où Edward insiste pour inscrire Bella, est une université privée du nord-est des États-Unis. Elle est située dans la ville de Hanover, au centre de l'État du New Hampshire. Créé en 1769 par le révérend Eleazar Wheelock (1711-1779), c'est un des plus anciens établissements d'enseignement supérieur américains. À cette époque, le but du Dartmouth College est de former des ministres du culte et de fournir un enseignement religieux aux enfants des colons et aux Amérindiens de la région. Le collège délivre ses premiers diplômes en 1771 et se dote d'un sceau officiel en 1773.

Le collège accueille chaque année plus 5700 étudiants, tous niveaux confondus, et se targue d'être une des universités américaines les plus sélectives. Il se place en neuvième position parmi les meilleures universités des USA (selon *U.S. News* and *World Report*) et est classé au 61ᵉ rang mondial. Son campus comprend trois écoles spécialisées : une école de médecine, une école d'ingénierie et une école de commerce. Face à l'importance des demandes et la relative étroitesse de ses locaux, la direction du collège s'est vue contrainte de diviser l'année universitaire en quatre trimestres qui correspondent chacun à une saison. Des cours ont ainsi lieu durant l'été, qui compte comme un trimestre plein.

Le Dartmouth College contribue à la vie culturelle du New Hampshire avec ses bibliothèques, son musée et son centre artistique. Il continue d'affirmer son identité séculaire grâce à ses traditions étudiantes et ses nombreuses équipes sportives.

Dead End

Catégorie : références, culture générale
Mots-clés : cinéma, horreur, épouvante

Sorti en 2003, *Dead End* est un film fantastique franco-américain réalisé par Jean-Baptiste Andrea et Fabrice Canepa. Ce long-métrage est évoqué par Jessica et Bella dans *Tentation* à l'occasion d'une discussion portant sur le choix d'une séance de cinéma.

Synopsis :

Le soir de Noël, comme tous les ans, Frank se rend en voiture chez ses beaux-parents avec sa femme Laura, son fils Richard, sa fille Marion et le petit ami de cette dernière, Brad. Pressé par le temps, il décide d'emprunter un raccourci pendant que les autres dorment dans la voiture. Bientôt, il croise une étrange femme en blanc avec son bébé sur le bord de la route, apparemment choquée. Marion cède alors sa place à l'inconnue, celle-ci ayant visiblement besoin de soins. Lorsqu'ils trouvent une maison sur leur chemin, Frank, sa femme et leur fils descendent afin de chercher du secours. Le petit ami de Marion reste donc seul dans la voiture, aux côtés de la femme vêtue de blanc. Celle-ci lui indique que le bébé, Amy, est déjà mort. Brad observe alors le bébé et crie. Peu après, Marion, qui avait entrepris de continuer sa route à pied, voit passer une vieille voiture noire avec Brad à son bord. Elle rejoint alors sa famille en courant. Brad est ensuite retrouvé mort, visiblement écrasé. Au fur et à mesure, les différents membres de la famille connaissent le même sort. Marion est vivante et elle a été prise en stop par un passant qui l'emmène à la ville afin qu'on la soigne. Dès lors, tout semble aller de travers…

Denali, le clan de

Catégorie : personnages
Mots-clés : vampires, Alaska, amis de la famille Cullen

Eleazar et sa compagne Carmen, les trois sœurs Tanya, Irina et Kate, rejoints par la suite par Garrett, l'amant de Kate, forment le clan de Denali en Alaska. Tout comme la famille Cullen, les membres de ce clan préfèrent se nourrir de sang animal plutôt qu'humain. Les relations des deux familles de vampires sont bonnes, à l'exception de l'ombre jetée sur leur entente lorsque les vampires du Grand Nord refusent d'aider ceux de Forks à combattre l'armée levée par Victoria.

C'est Tanya qui dirige le clan. Elle fut en son temps attirée par Edward qui n'a pas voulu donner suite à ses avances. Carmen parle couramment l'espagnol. Elle sera l'une des premières à accepter Renesmée et à faire l'effort de communiquer avec l'enfant. Eleazar est un ancien membre de la garde des Volturi. On apprend que son don particulier est de deviner les dons des autres vampires. Quant à Garrett, c'est un aventurier aux yeux rubis et aux cheveux longs qu'il garde attachés dans son dos. Il rejoint le clan de Denali dans le dernier tome de la saga où il se rapproche de Kate. Cette jolie blonde est capable de produire un courant électrique incapacitant pour choquer ses agresseurs. Elle se sert de ce don pour entraîner Bella dans son apprentissage de l'usage de son bouclier psychique.

Sasha, Vasili et Irina étaient les premiers membres du couvent de Denali. Sasha a transformé Tanya, Kate et Irina en vampires, avant d'être exécuté par les Volturi pour avoir créé Vasili, un enfant immortel. Un acte interdit par le clan italien car les enfants vampires sont imprévisibles, incontrôlables et mettent en danger l'existence même des vampires en risquant de la révéler aux humains. Irina a eu une aventure avec Laurent, l'ancien compagnon de route de James et Victoria. C'est pour cette raison qu'elle en veut aux loups-garous de la tribu Quileute et c'est aussi Irina qui découvre la première l'existence de Renesmée et en avertit les Volturi avec les conséquences que l'on sait. Une erreur qui lui coûtera cher, car les Volturi l'en puniront en la détruisant.

Dracula

Catégorie : références, culture générale
Mots-clés : vampire, littérature, Bram Stoker

Dracula est à l'origine un roman de l'écrivain irlandais Bram Stoker, publié en 1897. Il raconte l'histoire d'un vampire, inspiré d'un personnage historique réel, Vlad Tepesch, dit l'Empaleur, prince de Valachie réputé pour sa cruauté au XVe siècle.

Dracula n'est pas le premier roman fantastique à mettre en scène des vampires. Il fut précédé en 1819 par *The Vampyre* de John Polidori, puis en 1871 par *Carmilla*, roman d'un autre écrivain irlandais, Joseph Sheridan Le Fanu. Mais *Dracula* n'en marque pourtant pas moins une étape essentielle dans la littérature fantastique et la constitution d'un archétype vampirique, comme en attestent encore aujourd'hui le succès du livre et l'immense popularité du personnage.

Et c'est probablement en humanisant le monstre, tout comme Stephenie Meyer le fera à son tour un siècle plus tard avec *Twilight*, que Stoker marque un point décisif. Au-delà d'une créature d'épouvante aux pouvoirs surnaturels, le comte Dracula est un être damné, déchiré par son amour pour une jeune femme, Mina Harker. Un trait de caractère que l'on retrouve, toutes proportions gardées, chez Edward Cullen. Mina Harker n'hésite d'ailleurs pas à pousser ses compagnons à éprouver de la pitié à l'égard de Dracula, malgré le danger qu'il représente et la nécessité de s'en débarrasser.

Il existe aujourd'hui plusieurs centaines de films dans lesquels apparaît le comte Dracula. Depuis *Nosferatu le vampire*, chef-d'œuvre absolu du réalisateur allemand Friedrich Murnau en 1922, jusqu'aux adaptations des studios Universal avec l'acteur Bela Lugosi dans les années 1930 et 1940, suivies des productions de la compagnie britannique Hammer Films à partir des années 1950, avec cette fois Christopher Lee dans le rôle-titre, jusqu'au *Dracula* de Francis Ford Coppola en 1992. Une liste volontairement non exhaustive, qui ne prend pas non plus en compte la quantité invraisemblable de métrages inspirés du personnage de Bram Stoker mais n'utilisant pas son nom pour cause de copyright.

De même, il serait difficile d'établir une liste d'œuvres de fiction (sur tous supports confondus) tant le personnage est omniprésent dans l'imaginaire des auteurs de romans et de bandes dessinées fantastiques, jusqu'aux séries pour la télévision et aux jeux vidéo.

Dwyer, Renée

Catégorie : personnages

Mots-clés : humaine, mère de Bella

Renée Dwyer (précédemment Renée Swan) est une femme excentrique, qui aime braver le danger, comme quand elle s'essaie au parachute. Un caractère qui a toujours valu à Bella de penser que les rôles sont inversés avec sa mère, notamment lorsque celle-ci s'engage dans de nouvelles aventures sans queue ni tête.

Divorcée de Charlie Swan, le père de Bella, Renée se remarie avec Phil Dwyer, un joueur de base-ball bien plus jeune qu'elle. Une décision qui pousse Bella à retourner vivre avec son père pour laisser sa mère libre de voyager avec Phil, dont le travail les oblige à changer de domicile en fonction des équipes qui l'engagent.

Dans le dernier tome de la série, Bella est d'abord inquiète d'annoncer sa décision de se marier avec Edward à sa mère, mais contrairement à toute attente celle-ci lui donne sa bénédiction en soulignant la maturité de Bella. Renée vit à Phœnix, dans l'Arizona, avant de déménager en Floride, à Jacksonville, pour le travail de Phil.

Malgré leurs différences, Bella considère sa mère comme sa meilleure amie. Mais elle s'abstient de la contacter après sa transformation, car elle sait que celle-ci aurait du mal à le supporter, à l'inverse de Charlie. Le personnage de Renée est interprété au cinéma par Sarah Clarke.

E

Elfe

Catégorie : références, culture générale
Mots-clés : créatures, mythologie, légende

Les elfes sont des créatures légendaires issues des mythologies nordique et germanique, où ils faisaient office de divinités mineures de la nature et de la fertilité. On peut également citer les dryades de la mythologie grecque, des esprits des arbres et des bois similaires aux elfes.

Récupérés avec succès par les contes de fées et la littérature fantastique moderne, les elfes ont connu leur heure de gloire avec la publication de *Bilbo, le hobbit* et du *Seigneur des anneaux* de J. R. R. Tolkien, deux romans qui ont largement influencé leur représentation. Dépeints comme des personnages d'une grande beauté, raffinés, élégants et sages, ils font aujourd'hui partie des archétypes de la littérature, du cinéma, des jeux vidéo et des jeux de rôles. Les elfes vivent la plupart du temps dans des forêts. Ils sont généralement dotés de pouvoirs magiques, ainsi que d'une longévité exceptionnelle proche de l'immortalité. On les retrouve souvent opposés aux nains, petits, trapus et taciturnes, qui sont pour leur part associés au monde souterrain. De nombreuses œuvres, à la suite de celle de Tolkien, ont souligné cette opposition et mettent en scène plusieurs races d'elfes, comme les elfes des bois, de l'eau ou de la nuit. Ces nuances sont courantes dans certains jeux vidéo, jeux de rôles ou jeux de plateau, comme le monde de Warhammer.

Leurs caractéristiques physiques ont donné naissance à l'adjectif « elfique », qui caractérise assez idéalement le personnage d'Alice Cullen créé par Stephenie Meyer, qui la décrit justement comme un « elfe adorable » dans le dernier tome de *Twilight*.

Enfer

Catégorie : références, culture générale
Mots-clés : religion, croyances, punition, au-delà

Présent dans de nombreuses religions, l'enfer correspond à un état de souffrance extrême de l'esprit humain après sa mort. Une douleur punitive expérimentée par ceux qui ont commis des crimes et des péchés graves dans le cadre de leur vie terrestre. On retrouve cette notion chez Edward dont sa morale lui dicte qu'il est promis aux enfers et à une damnation éternelle, prix de sa condition vampirique.

Bien que différent de l'enfer des traditions chrétiennes, l'enfer de la mythologie grecque antique comportait déjà le Tartare, une région profonde où quelques criminels célèbres comme Sisyphe ou Tantale, mais aussi des dieux déchus comme les Titans et les Géants reçoivent leur punition. Selon les traditions, l'enfer peut être éternel ou temporaire.

Par la suite, l'enfer s'est incarné dans l'imaginaire populaire sous la forme d'un lieu de châtiment où trônent Satan et les autres anges déchus. C'était un thème récurrent de l'iconographie pieuse du Moyen Âge, essentiellement dans le catholicisme. On en trouve des représentations dans la plupart des églises (tympans sculptés témoignant du Jugement dernier, chapiteaux, fresques), ainsi que dans de nombreux manuscrits et peintures. L'enfer y apparaît le plus souvent comme un lieu de torture, enflammé, bouillonnant et chaud, où s'activent des dizaines de démons.

Cette notion d'un enfer où l'on brûle éternellement vient d'une interprétation au premier degré de passages du Nouveau Testament. Figure récurrente de la culture de masse et du cinéma fantastique, on a pu en observer de nouvelles représentations dans *Constantine*, un film de Francis Lawrence avec Keanu

Reeves sorti en 2005, et dans les deux adaptations de la bande dessinée *Hellboy* par le réalisateur mexicain Guillermo Del Toro : *Hellboy I - Pour Vous Servir* (2004) et *Hellboy II : Les Légions d'or maudites* (2008).

Enterrement de vie de garçon

Catégorie : références, culture générale
Mots-clés : mœurs, coutumes, mariage, USA

Sujet de discorde entre Bella et Edward qui refuse de se prêter au jeu dans *Révélation*, l'enterrement de vie de garçon (pour les hommes) et l'enterrement de vie de jeune fille (pour les femmes) font partie de la même tradition prénuptiale qui consiste à faire profiter le célibataire de tous les plaisirs que son prochain engagement de fidélité rendra difficiles, pour ne pas dire interdits. Cet enterrement, compris au sens symbolique du terme, consiste généralement à passer du bon temps entre amis de la future épouse ou du futur époux. Pour cette raison, les enterrements des futurs mariés se font le plus souvent séparément, femmes d'un côté et hommes de l'autre.

Les traditions varient en fonction des mœurs locales et du milieu social des mariés, allant d'un simple dîner entre ami(e)s à une soirée orgiaque, en passant par des épreuves sportives individuelles ou collectives, proches des bizutages d'entrée aux grandes écoles. L'alcool est souvent présent, tout comme la présence de stripteaseurs ou de stripteaseuses professionnels. De nombreux établissements spécialisés proposent des formules conçues pour cette occasion, comme c'est le cas à Amsterdam ou Las Vegas, deux villes réputées pour l'intensité de leur vie nocturne.

Étrusque, peuple

Catégorie : références, culture générale
Mots-clés : histoire, Antiquité, Italie

Cité par Stephenie Meyer à l'occasion du rapide séjour de Bella en Toscane pour tirer Edward des griffes des Volturi, le peuple étrusque (du latin « Etrusci ») s'est établi durant la préhistoire en Étrurie, un territoire correspondant à l'actuelle Toscane et au nord du Latium, soit le centre de la péninsule italienne.

D'une grande richesse, cette civilisation a produit un système d'écriture, l'alphabet étrusque, dérivé du grec, qui a donné naissance à l'alphabet latin. Il en va de même pour sa production artistique. Les Étrusques comptent de grands peintres (fresques dans les tombes, notamment celles de Tarquinia), d'excellents sculpteurs, joailliers et d'habiles métallurgistes. Leurs œuvres sont encore visibles dans de grands musées italiens, comme par exemple ceux de Florence, du Vatican ou de Volterra, ou encore au musée du Louvre.

Plus généralement, l'influence des Étrusques sur la civilisation latine a été considérable. Elle est pourtant méconnue, car minimisée par les historiens latins après leur assimilation définitive par la République romaine au Ier siècle av. J.-C.

Extralucidité

Catégorie : références, culture générale
Mots-clés : surnaturel, paranormal, talent, don

L'extralucidité ou clairvoyance serait un moyen de perception extrasensorielle qui permettrait de percevoir des objets, des personnes ou des événements (passés, présents ou futurs) sans l'intermédiaire des sens connus, de façon inexplicable par la science. Il peut s'agir d'une représentation visuelle, mais aussi de perceptions auditives, kinesthésiques, voire de sensations déclenchées par le toucher.

Bien que de nombreuses traditions mystiques et religieuses (notamment le catholicisme) aient fait état de tels phénomènes, aucune preuve scientifique officielle ne permet de prouver leur existence. Il est aujourd'hui attesté que des recherches ont été menées par des organismes tels que la CIA ou la NASA, sans que les projets soient reconduits, faute de résultats tangibles.

Le don d'Alice Cullen, qui lui permet de pressentir le futur de ses proches, la classe incontestablement dans la catégorie des extralucides.

F

Facinelli, Peter

Catégorie : comédien
Mots-clés : Carlisle Cullen, vampire, *Fastlane*

New-Yorkais, né le 26 novembre 1973, il étudie à la NYU's Tisch School of the Arts et commence une carrière d'acteur jusqu'à ce qu'il obtienne un rôle dans le téléfilm *After Jimmy*, ce qui le conduit à Los Angeles.

Il joue encore pour la télévision dans *Calm at Sunset*, *An Unfinished Affair* et *The Price of Love*. Parmi d'autres projets, un rôle en compagnie de James Spader et d'Angela Bassett dans le thriller de science-fiction *Supernova* en 2000.

Le film raconte la recherche et le sauvetage d'un vaisseau-hôpital et des six membres d'équipage dans l'espace profond. L'équipe est confrontée au danger émanant d'un mystérieux jeune rescapé, incarné par Peter Facinelli. On le voit également dans *Can't Hardly Wait*, *Dancer*, *Texas Pop. 81*, *Telling You*, *Touch Me*, *Foxfire*, et *Angela* en 1995, qui remporte la palme du meilleur réalisateur au Festival Sundance en 1995.

En 2002, il prend le rôle principal, qui ne dure qu'une saison, dans *Fastlane,* une série d'actions produite par la Fox, mais il ne devient célèbre qu'à partir de son interprétation de Carlisle Cullen dans *Twilight.* Peter Facinelli réside à Los Angeles avec sa femme, la comédienne Jennie Garth, et leurs deux filles Luca Bella et Lola Ray.

La Ferme des animaux, George Orwell

Catégorie : références, culture générale
Mots-clés : littérature, animaux, totalitarisme

La Ferme des animaux, qu'étudie Bella en cours d'anglais, est un roman de l'écrivain britannique George Orwell (1903-1950). Publiée en 1945, au lendemain de la Seconde Guerre mondiale, cette fable animalière décrit la révolte des animaux qui prennent le pouvoir dans une ferme et chassent les hommes de leur nouveau territoire. Des événements et des personnages inspirés de l'histoire de l'Union soviétique et du totalitarisme stalinien dont Orwell livre une vision très critique à travers cet ouvrage.

Chroniqueur, critique littéraire et romancier engagé dans les années 1930 et 1940, George Orwell a consacré une large partie de son œuvre à dénoncer l'impérialisme britannique, après son engagement de jeunesse dans les forces de l'ordre colonial en Birmanie, puis les totalitarismes nazi et soviétique, après sa participation à la guerre d'Espagne. Il s'est aussi prononcé en faveur de la justice sociale et du socialisme, pour avoir observé, mais aussi partagé les conditions d'existence des classes laborieuses à Londres et à Paris.

Ses deux romans les plus connus sont *La Ferme des animaux* et *1984*, un brûlot pour lequel il crée le concept de « Big Brother », depuis passé dans le langage courant, pour dénoncer les techniques modernes de surveillance. L'adjectif « orwellien » est ainsi fréquemment utilisé en référence à l'univers totalitaire imaginé par l'écrivain anglais.

Florence

Catégorie : références, culture générale
Mots-clés : géographie, Italie, ville, Renaissance

La ville de Florence, par laquelle transitent Bella, Edward et Alice à leur retour de Volterra, est la capitale de la région italienne de Toscane. Située au pied de l'Apennin septentrional, la ville est traversée par le fleuve Arno sur lequel passe le Ponte Vecchio, un de ses principaux symboles architecturaux. Berceau de la Renaissance en Italie, puis capitale du royaume d'Italie entre 1865 et 1870, l'ancienne cité des Médicis présente une très grande richesse artistique qui lui vaut d'être aujourd'hui inscrite au patrimoine mondial de l'Unesco et d'attirer chaque année des millions de touristes venus du monde entier.

Le fameux Ponte Vecchio, qui n'aurait pas déparé dans une scène de *Twilight*, traverse l'Arno à son point le plus étroit. Après une première construction en bois datant de l'époque romaine et détruite par le fleuve en 1333, il est reconstruit en pierre en 1345. Son originalité et son aspect unique tiennent aux boutiques qui occupent toute sa longueur, et au Corridor de Vasari, un passage à l'étage supérieur qui permettait aux Médicis de rejoindre le palais Pitti depuis le Palazzo Vecchio et les Offices sans avoir à affronter les dangers de la rue.

Dotée d'une économie diversifiée, la ville est le siège d'une importante activité industrielle, mécanique, chimique et pharmaceutique. Elle est aussi réputée pour la qualité de son artisanat du cuir, de son industrie textile, particulièrement dans le secteur du luxe avec la marque Gucci, et de son ébénisterie. Une de ses ressources les plus importantes reste néanmoins le tourisme, un tiers des touristes qui visitent la ville étant italiens, 20 % américains, le reste se partageant entre l'Europe et le Japon.

Forks

Catégorie : références, culture générale
Mots-clés : géographie, ville, USA, côte pacifique

Forks ou l'histoire d'une petite ville du nord-ouest des USA qui se retrouve plongée sous le feu des projecteurs par un tour de passe-passe signé Stephenie Meyer…

À l'origine, rien ne prédisposait Forks, une bourgade du comté de Clallam dans l'État de Washington, à devenir un des hauts lieux de la culture populaire de ce début de XXIe siècle. Cette agglomération, forte de 3 120 habitants selon le dernier recensement de 2000, était certes prisée par les amateurs de pêche sportive, mais ne comptait aucun monument national ou site géologique de nature à attirer les touristes en masse.

Et pourtant, comme dans les contes de fées, tout a changé en 2005 avec la publication du premier volume de la série de Stephenie Meyer et son immense succès, répété avec la publication de chaque nouvel ouvrage : au total 30 millions de livres vendus à travers la planète, le troisième tome volant la première place à *Harry Potter* dans la liste des meilleures ventes établie par *USA Today*.

Quatre années sont passées depuis la publication de *Fascination* et les habitants de la ville se frottent les mains de cette manne inespérée, à l'instar de Marcia Bingham, la directrice de la chambre de commerce locale qui s'est d'ailleurs transformée en centre d'accueil pour ces nouveaux visiteurs. Tout est prévu, dans les moindres détails : visites guidées, T-shirts inspirés des aventures de Bella et d'Edward, menus de restaurant aux couleurs de la saga et même un panneau de limitation de vitesse à l'entrée de la ville qui souhaite la bienvenue aux vampires !

Ce n'est qu'en 2004, après avoir écrit son premier roman, que Stephenie Meyer s'est rendue pour la première fois à Forks, et par la même occasion dans l'État de Washington. Un voyage entrepris avec sa sœur Emily, alors enceinte de sept mois. Une expérience qu'elle décrit comme incroyable, tant la ville et la campagne environnante correspondaient à ce qu'elle avait imaginé.

La ville organise dorénavant chaque année un jour de fête, le Stephenie Meyer Day, qui a lieu au mois de septembre, avec des concours de sosies de Bella, d'Edward et de Jacob, des lectures et des conférences, des concerts et des cérémonies dans la réserve indienne de La Push.

G

Galveston, bataille de

Catégorie : références, culture générale
Mots-clés : histoire, guerre de Sécession, Jasper Cullen

Galveston est une petite ville américaine du sud de l'État du Texas, située sur une petite île du golfe du Mexique. Elle reste tristement célèbre pour avoir été victime de l'une des plus grandes catastrophes naturelles de l'histoire des États-Unis quand un ouragan y fit 8 000 victimes en 1900. Galveston compte actuellement 57 000 habitants qui furent de nouveau menacés par l'ouragan Rita en septembre 2005, avant que l'ouragan Ike frappe à son tour la ville en 2008.

La bataille de Galveston s'est déroulée le 1er janvier 1863 durant la guerre de Sécession, lorsque les forces confédérées ont délogé l'armée de l'Union de la ville, sous la direction du major général John B. Magruder. Cette victoire ramena l'île de Galveston sous le pavillon confédéré où elle se maintint jusqu'à la fin de la guerre.

C'est à la suite de cette bataille, où il était l'un des plus jeunes officiers en présence, que Jasper Cullen fait la rencontre de trois femmes vampires qui vont changer son destin.

Gathegi, Edi

Catégorie : comédiens
Mots-clés : Laurent, vampire, nomade

Edi est né à Nairobi, au Kenya, le 10 mars 1979, mais a passé son enfance en Californie, à Albany. Il a une petite sœur Betty G et un grand frère Nate Dawg.

Il étudie à l'université de Santa Barbara, en Californie et joue au basket. Après une blessure, il prend des cours de comédie et en devient passionné. Il s'inscrit à la New York University's Tisch School of the Arts pour un programme d'étude de jeu dramatique. Sa carrière commence au théâtre ; il joue entre autres *Twelfth Night*, *Othello*, *A Midsummer Night's Dream* et *Cyrano de Bergerac*.

Lors de sa première apparition à l'écran, il incarne un chauffeur de taxi haïtien dans *Hanks*. Edi joue dans *Death Sentence* et *Gone Baby Gone* en 2007, *Twilight* en 2008 et *My Bloody Valentine* en 2009.

On le voit souvent dans la série *House M.D.* en tant que Dr Jeffrey « Big Love » Cole, et il est aussi apparu dans *Lincoln Heights*, *Veronica Mars* et *Crime Scene Investigation*. Lorsque Edi a été auditionné pour *Twilight*, il ne connaissait pas l'histoire et ne savait pas que son personnage était un vampire.

Il a maintenant lu toute la série et en est devenu un vrai fan. Il continue le théâtre, notamment à Broadway, aime lire, voyager, voir des films et faire du sport.

Genèse – Citation dans l'introduction du tome 1

Catégorie : références, culture générale
Mots-clés : religion, citation, Torah, Bible

Mais de l'arbre de la connaissance du bien et du mal tu ne mangeras pas,
Car le jour où tu en mangeras, tu en mourras.
Genèse, 2, 17.

Cette citation qui ouvre le premier tome de la saga de Stephenie Meyer est tirée du livre de la Genèse qui est le premier livre de la Torah et de la Bible chrétienne.

Le livre de la Genèse entend expliquer les origines de l'homme et plus spécifiquement du peuple hébreu jusqu'à son arrivée en Égypte, en éclairant ces origines sous un jour divin. Selon une croyance assez courante dans les religions abrahamiques, la Genèse a été inspirée par Dieu. Ce qui en ferait un texte infaillible.

L'interprétation du livre de la Genèse est un exercice très délicat et demeure encore à notre époque l'objet de nombreux débats. Selon les cas, on expliquera ces textes suivant un sens littéral ou spirituel.

Génétique

Catégorie : références, culture générale
Mots-clés : science, chimie, gènes, hérédité

Sujet évoqué par Leah Clearwater et Jacob Black dans leurs débats sur leur condition de loups-garous, la génétique est la science qui étudie les fonctions chimiques propres à une espèce particulière de molécules, appelée gène. Une de ses branches, particulièrement en vogue à notre époque, avec le séquençage de l'ADN, s'intéresse à la transmission des caractères héréditaires entre des géniteurs et leur descendance.

Cette étude de la transmission des caractères est pratiquée par les éleveurs depuis l'aube des temps. On considère par exemple que les diverses races de chiens proviennent de sélections successives de loups, réalisées depuis 20 000 ans. La première étude sérieuse sur le sujet reste néanmoins celle du moine Gregor Mendel, considéré comme le pionnier de la génétique. En 1865, passionné de sciences naturelles, le moine autrichien Gregor Mendel, dans le jardin de la cour de son monastère, décide de travailler sur des pois comestibles présentant sept caractères (forme et couleur de la graine, couleur de l'enveloppe, etc.), dont chacun peut se retrouver sous deux formes différentes. À partir de ses expériences, il définit les termes de phénotype et génotype et il énonce, en donnant un petit coup de pouce à ses chiffres, les lois dites de Mendel, base de la génétique moderne, et ce, bien avant la découverte de l'ADN.

Publiés dans un article de génétique « Recherche sur les hybrides végétaux », où il énonce les lois de transmission de certains caractères héréditaires, ses résultats sont envoyés aux scientifiques du monde entier. Mais les réactions sont mitigées, voire inexistantes. Il faudra attendre 1907 pour son article soit reconnu et traduit en français.

Gigandet, Cam

Catégorie : comédiens
Mots-clés : James, vampire, nomade

Cam Joslin Gigandet est né le 16 aout 1982 à Tacoma, dans l'État de Washington. Il est sportif et joue au football au collège, et se tourne ensuite vers la comédie lorsqu'il se rend compte que le sport, ce n'est pas pour lui.

Après avoir obtenu son diplôme en 2001, il part à Los Angeles, à l'université de Santa Monica, trouve un agent et commence les auditions. Son premier rôle est une apparition sur *Crime Scene Investigation*. Il obtient ensuite un engagement régulier pour le soap opera *The Young and the Restless*, mais son contrat n'est pas renouvelé, ce qui l'avait anéanti à l'époque, de son propre aveu. En tout cas, peu après, il joue dans *Jack et Bobby*, une série dramatique du réseau TV Warner. Puis dans les saisons 3 et 4 de la série populaire *The O.C.*, ou il incarne le repoussant Kevin Volchok. Le succès de la série lui apporte une certaine notoriété.

Il fait ses débuts au cinéma avec *Who's your Caddy ?* en 2007. Moins d'une année plus tard, il trouve son premier grand rôle avec *Never Back Down* en 2008, puis *Twilight* la même année, en jouant le mauvais vampire James. Son statut de star établi, Cam Gigandet travaille sur plusieurs films, notamment *The Unborn*, dans lequel il est enfin un bon garçon, aux côtés de Gary Oldman.

Cam vit à Hollywood, rend régulièrement visite à ses parents dans l'État de Washington où il fait du ski nautique avec sa famille. Il fait aussi du vélo, du surf et est ceinture noire de close-combat.

Goat Rocks, mont Rainier

Catégorie : références, culture générale
Mots-clés : géographie, volcan, montagne

Le mont Rainier est un volcan en activité de la chaîne des Cascades de l'État de Washington. Situé à environ 90 kilomètres au sud-est de la ville de Seattle, au cœur du parc national du Mont-Rainier, le volcan attire une foule de visiteurs en quête de nature et de beaux paysages. Il reste néanmoins un danger potentiel pour la population environnante.

Découvert par les premiers Européens lors d'un voyage d'exploration mené en 1792 par George Vancouver, le volcan doit son nom à Peter Rainier, un ami de George Vancouver, également navigateur dans la Royal Navy.

Le mont Rainier est le point culminant de la chaîne des Cascades à 4392 mètres d'altitude. Une hauteur qui le rend visible dans toute la région. Recouvert par d'importants glaciers, c'est le pic le plus fourni en glace et en neiges éternelles des États-Unis (pics de l'Alaska non compris). Son sommet est composé de deux cratères qui dégagent des vapeurs chaudes empêchant la neige de s'accumuler. Ces émanations sculptent des galeries à plus de cinquante mètres sous la glace par lesquelles on peut accéder à un lac situé dans le cratère occidental du volcan.

En raison de son altitude, le mont Rainier constitue une barrière pour les masses d'air humide venant de l'océan Pacifique situé à 160 kilomètres à l'ouest. L'accumulation des nuages provoque d'importantes précipitations, particulièrement sur ses versants sud et ouest. Celles-ci contribuent au climat humide de la région, notamment du côté de Forks où ont élu domicile les membres de la famille Cullen qui apprécient également ces perspectives sauvages et en font leur territoire de chasse.

Gothique, style et mouvement

Catégorie : références, culture générale
Mots-clés : culture, rock, subculture, mouvement de mode

Le terme gothique est un adjectif appliqué à l'origine aux Goths, un ancien peuple médiéval d'origine germanique.

Il a depuis été utilisé de diverses manières. Tout d'abord pour qualifier un mouvement artistique de la fin du Moyen Âge (XIIe siècle-XIVe siècle), et ses réalisations architecturales, picturales et sculpturales. On désigne également sous ce terme un genre littéraire britannique né au XVIIIe siècle, souvent considéré comme le précurseur du roman noir qu'il devance dans une veine macabre empreinte de surnaturel, et enfin le mouvement gothique, une sous-culture apparue en Angleterre à la fin des années 1970.

Héritier du mouvement punk londonien, le mouvement gothique s'inspire du cinéma expressionniste allemand, de la littérature fantastique et du roman gothique. Il se caractérise par une musique et une esthétique sombres, parfois provocatrices. Revenu sur l'avant de la scène à la fin des années 1990, il est aujourd'hui très présent dans la culture populaire, mais parfois difficile à appréhender, car protéiforme et représenté par une kyrielle de chapelles, centrées autour d'esthétiques et de styles musicaux divergents comme le post-punk, la musique électronique ou le metal.

Gorgones

Catégorie : références, culture générale
Mots-clés : créatures fantastiques, mythologie, légendes

Évoquées par Bella pour cause d'incident capillaire dans *Hésitation* pour leur apparence repoussante, les Gorgones sont des créatures malfaisantes de la mythologie grecque, caractérisées par leurs chevelures faites de serpents entrelacés. Selon la légende, elles vivaient dans le pays des Hespérides, aux confins du désert libyen.

Parmi ces trois sœurs, fruits de l'union incestueuse d'une divinité marine avec son propre frère, Méduse était la plus redoutable, la plus connue et néanmoins la seule mortelle. Les traditions lui attribuent une laideur repoussante, conséquence de la colère d'Athéna, la déesse de la sagesse et de la guerre, suite à l'accouplement de Méduse avec Poséidon, le dieu de la mer, des tempêtes et des tremblements de terre, dans un temple qui lui était consacré.

Selon les versions de l'histoire, le corps des Gorgones était recouvert d'écailles ; leur laideur était tellement repoussante que toute personne osant les regarder se trouvait immédiatement transformée en pierre. Ce qui ne sauvera pas Méduse lorsque Persée, héros de plusieurs récits mythologiques grecs, décide de ramener sa tête avec l'aide d'Hermès, le dieu du commerce, des routes et des carrefours, et d'une Athéna décidément bien résolue à faire payer Méduse pour son outrage.

Et c'est ainsi qu'armé d'une épée invincible, d'un sac magique, d'un casque qui le rend quasi invulnérable, et surtout d'un bouclier poli comme un miroir qui lui permet de se concentrer sur le reflet des Gorgones en lui évitant de les regarder directement, que Persée mène sa mission à bien en tranchant la tête de Méduse dans son sommeil. Mais les descriptions mythologiques perdurent et l'évocation des Gorgones suffit encore à faire frémir nombre de coiffeuses et de coiffeurs à travers la planète.

Greene, Ashley

Catégorie : comédiens
Mots-clés : Alice Cullen, vampire

Née le 21 février 1987 à Jacksonville, en Floride, Ashley Greene était une nouvelle venue dans le cinéma quand elle eut le rôle convoité d'Alice Cullen dans une production de la taille de *Twilight*.

Elle a débuté comme mannequin et commença à jouer en 2006 avec une petite séquence dans *Crossing Jordan* avant de jouer régulièrement sur le soap opera *Desire*. Elle fait ses débuts sur le grand écran lors d'une apparition dans *King of California* en 2007, avec Michael Douglas et Evan Rachel Wood, avant de jouer une vampire dans *Twilight* en 2008.

On l'a vue depuis avec Kellan Lutz, qui joue son grand frère dans *Twilight*, dans le film d'action *Warrior*. Elle a par ailleurs déjà signé pour les deux prochains épisodes de *Twilight*: *New Moon* et *Eclipse*.

Grippe espagnole

Catégorie : références, culture générale
Mots-clés : histoire, épidémie, pandémie

La fameuse grippe de 1918, surnommée « grippe espagnole », est la cause du changement de condition d'Edward que le docteur Cullen transforme en vampire pour le sauver de sa contamination par ce virus.

Cette grippe, proche de la grippe A qui inquiète encore nombre de membres du corps médical en 2009, est réputée pour avoir tué entre 1918 et 1919 plus de gens que la Grande Guerre qui venait de s'achever, avec des chiffres discutés entre 20 et 40 millions de victimes. Elle est encore considérée comme l'épidémie la plus dévastatrice de l'histoire humaine, en tuant plus de gens en l'espace d'une seule année que la peste noire en quatre ans. Les épidémiologistes considèrent qu'un cinquième de la population mondiale a été touché par le virus, avec une mortalité très élevée dans une tranche d'âge se situant entre vingt et quarante ans, contrairement au virus habituel de la grippe qui s'attaque en priorité aux jeunes enfants et aux personnes âgées.

Le virus s'est répandu le long des voies de circulation humaines, empruntant les routes et les voies navales, avec des irruptions très violentes en Amérique du Nord, en Europe, en Asie, en Afrique, au Brésil et dans le sud du Pacifique. Une dissémination facilitée par la guerre et ses mouvements de troupes sur terre et à bord de cargos de transport. Ses origines restent imprécises, bien que l'on soupçonne la Chine d'avoir été le théâtre d'une mutation rare du virus. Son surnom de « grippe espagnole » est principalement dû à l'importance et à la violence des cas en Espagne où elle aurait tué près de 8 millions de personnes.

C'est avec la fin de la Première Guerre mondiale et le retour des soldats américains dans leur pays que les USA subissent la pandémie de plein fouet. Les célébrations de l'armistice du 11 novembre 1918 sont à elles seules considérées comme responsables d'une résurgence du virus dans certaines villes. Les autorités américaines estiment encore aujourd'hui que le virus de la « grippe espagnole » a tué autant d'hommes dans leurs rangs que les troupes ennemies. L'institut Pasteur estime le nombre des victimes européennes à 30 millions de morts, dont 400 000 uniquement en France.

C'est le souvenir de ses ravages qui a amené les diplomates réunis en 1945 pour créer l'Organisation des Nations unies à aborder en parallèle la création de l'Organisation mondiale de la santé (OMS) dont la constitution est entrée en vigueur le 7 avril 1948.

Groupe sanguin

Catégorie : références, culture générale
Mots-clés : science, biologie, nourriture des vampires

Par groupe sanguin, on entend une classification du sang.

Le sang étant un tissu liquide, on peut facilement le prélever sur un individu sain pour le transfuser à un individu malade ou blessé. Mais il existe des variantes des divers composants du sang qui rendent impossible la transfusion entre certains groupes de personnes. On dit des personnes qui présentent une même caractéristique qu'elles appartiennent au même groupe sanguin.

Les divers groupes sanguins sont regroupés en systèmes. La découverte du système ABO, le premier de ces systèmes, a permis de comprendre pourquoi certaines transfusions sanguines étaient couronnées de succès, alors que d'autres se terminaient tragiquement.

H

Hale, Jasper

Catégorie : personnage
Mots-clés : vampire, famille Cullen, mari d'Alice Cullen

Jasper Hale (né Jasper Whitlock) est le fils adoptif d'Esmée et de Carlisle Cullen, le frère d'adoption d'Edward, d'Emmett et de Rosalie, et le mari d'Alice.

Né au Texas, il a rejoint l'armée confédérée pour servir durant la guerre de Sécession. C'est à la suite de la fameuse bataille de Galveston qu'il croise la route de trois femmes vampires, les plus belles créatures qu'il ait jamais vues. L'une d'entre elles, Maria, va le transformer en vampire afin de tirer parti de ses connaissances militaires dans l'armée des ombres qu'elle est en train de créer. Jasper a ainsi la charge d'entraîner les nouveau-nés vampires, puis de les tuer lorsqu'ils ne sont plus utiles. Lassé de ce mode de vie guerrier, Jasper finit par quitter Maria. Ce qui lui permet, après un temps d'errance, de rencontrer Alice, laquelle est à sa recherche après l'une de ses fameuses prémonitions. Et c'est ensemble qu'ils partent à la recherche de la famille Cullen.

Jasper est certainement le membre de la famille Cullen qui a le plus de mal à se contrôler lorsque remonte en lui sa soif de sang humain, mais il peut compter sur la présence bienveillante d'Alice et des autres membres de la famille pour le calmer. Son don lui permet d'interférer sur l'humeur des gens, notamment de les calmer, de les rassurer en situation de stress.

Malgré son manque de contrôle, il accompagne Alice et Bella lorsque cette dernière est poursuivie par James, le traqueur d'un clan de vampires errants qui veut attenter à sa vie. Ce qui ne l'empêche pas, plus tard, de s'attaquer à la jeune humaine lorsqu'elle se coupe devant lui. Un incident qui pousse la famille Cullen à quitter momentanément Forks afin de protéger Bella. Par la suite, c'est à Jasper qu'incombe la tâche d'entraîner les vampires et les loups-garous de la tribu Quileute pour se protéger de l'armée de nouveau-nés vampires levée par Victoria.

Le personnage de Jasper est joué au cinéma par l'acteur Jackson Rathbone.

Hale, Rosalie

Catégorie : personnages
Mots-clés : vampire, famille Cullen, épouse d'Emmett

Rosalie Hale est la fille adoptive d'Esmée et de Carlisle Cullen, ce qui en fait la sœur par adoption d'Edward, d'Alice et Jasper, et la femme d'Emmett. Elle est née en 1915 à Rochester, une ville du nord de l'État de New York proche du lac Ontario. On nous décrit Rosalie comme grande, blonde et particulièrement belle, y compris parmi les vampires de la famille Cullen qui se distinguent tous par leurs qualités physiques.

Une beauté qui remonte à son existence humaine durant laquelle son élégance, sa classe et la beauté de son regard émerveillent déjà la bonne société locale. Ce qui attire l'attention de Royce King II, dont la famille possède la banque où travaille le père de Rosalie. Malgré de rapides fiançailles, l'idylle tourne court lorsque Rosalie réalise que son futur époux ne s'intéresse à elle que pour son physique avantageux et qu'il ne l'aime pas. Un pressentiment confirmé de bien horrible manière lorsqu'elle le croise en rentrant d'une visite chez l'une de ses plus proches amies. Royce est accompagné de quelques amis, aussi saouls que lui, et le drame éclate. Incontrôlable, le groupe d'hommes viole et frappe Rosalie, jusqu'à la laisser pour morte sur le trottoir. C'est là que Carlisle la découvre, gisant par terre, et qu'il décide de la sauver en la transformant elle aussi en vampire. Revenue à la vie sous sa nouvelle incarnation, Rosalie se venge en retrouvant, en torturant et en tuant ses bourreaux un à un, jusqu'à Royce qu'elle se réserve pour la fin.

Lors de sa première apparition dans *Twilight*, Rosalie se défie de Bella dont elle jalouse l'humanité. Rosalie est égoïste, dévorée par ses problèmes. Elle donnerait tout, jusqu'à sa beauté et son immortalité, pour redevenir humaine et porter un enfant. Elle n'accepte pas que l'adolescente choisisse de devenir vampire et c'est elle qui rapporte à Edward la vision qu'a eue Alice de Bella se jetant du haut d'une falaise. Une erreur aux conséquences dramatiques, qui obligera Alice et Bella à s'envoler pour l'Italie où elles sauveront Edward de justesse, avant qu'il ne commette l'irréparable en provoquant la colère des Volturi pour qu'ils le tuent. Leurs relations s'améliorent au cours du troisième tome de la saga, lorsque Rosalie confie à Bella le récit de sa vie humaine dans l'espoir de la faire renoncer à son projet de transformation. Il faudra néanmoins attendre *Révélation*, le quatrième tome de la saga, pour les voir se rapprocher autour de la grossesse de Bella et ensuite de la naissance de Renesmée.

Le personnage de Rosalie est joué au cinéma par Nikki Reed.

Happy end

Catégorie : références, culture générale
Mots-clés : anglicisme, bonheur, dénouement

Happy end est un terme anglais d'un usage courant dans la langue française pour désigner la fin heureuse d'une histoire, notamment au cinéma. Généralement considéré comme une spécialité de l'industrie cinématographique hollywoodienne, le terme est utilisé dans de nombreuses langues.

Cette tendance à privilégier une fin heureuse, supposée plus agréable pour le public, se manifeste dans de nombreux films, et les scénaristes californiens n'hésitent pas à modifier le déroulement d'une histoire originale pour satisfaire à cette exigence. De nombreux récits tournent de cette manière à l'avantage du héros ou de l'héroïne qui finit immanquablement par survivre, accomplir sa mission ou encore retrouver l'être chéri et concrétiser son amour.

La conclusion de *Révélation*, le dernier tome de la série de Stephenie Meyer, représente un exemple caractéristique de *happy end*, où le bonheur triomphe malgré les difficultés et les dangers rencontrés par les protagonistes au fil des quatre romans.

Hardwicke, Catherine

Catégorie : réalisateurs
Mots-clés : mise en scène, *Fascination*

Réalisatrice, scénariste et chef décoratrice sur les plateaux de cinéma, Catherine Hardwicke est née en 1955.

Cette diplômée en architecture de l'University of Texas d'Austin a étudié le cinéma et la télévision à l'UCLA, avant de faire ses premiers pas à Hollywood en tant que chef décoratrice.

On lui doit les décors d'une vingtaine de films, dont *Vanilla Sky*, *La Revanche de Jesse Lee*, *The Newton Boys*, *Mad City*, *Antitrust*, *Tank Girl*, *Suburbia*, *Deux Jours à Los Angeles*, *Laurel Canyon*, *Tombstone* et *Les Rois du désert*.

C'est en 2003 qu'elle décide de se lancer dans la réalisation et l'écriture avec son film *Thirteen* pour lequel elle reçoit la même année le prestigieux Director's Award au Festival du film indépendant de la ville Sundance. *Les Seigneurs de Dogtown*, son second film consacré à la véritable histoire des pionniers du skate-board du début des années 1980, est sorti en 2005.

Après avoir réalisé *La Nativité* en 2006, elle s'est enfin attaquée à l'adaptation filmographique du premier volume du best-seller *Twilight*, écrit par Stephenie Meyer.

Harley Sprint, moto

Catégorie : véhicules
Mots-clés : motocyclette, USA, Jacob Black

Présentée en 1961 comme la première coopération entre Harley-Davidson et le constructeur aéronautique italien Aermacchi, la Harley Sprint conduite par Jacob Black dans le deuxième tome de la saga de Stephenie Meyer est différente des modèles habituels de la marque américaine.

Ce qui ne l'a pas empêchée de rencontrer un vif succès auprès d'acheteurs généralement attachés aux valeurs « traditionnelles » de Harley-Davidson, qui allaient même jusqu'à conspuer les motos d'origine étrangère, notamment japonaise.

Les Hauts de Hurlevent d'Emily Brontë

Catégorie : références, culture générale
Mots-clés : littérature, sources d'inspiration

Lecture de prédilection de Bella lors de son arrivée à Forks, mais aussi de Stephenie Meyer, *Les Hauts de Hurlevent* (*Wuthering Heights*) est l'unique roman d'Emily Brontë, deuxième de la célèbre fratrie de poétesses et romancières britanniques – Charlotte (1816-1855), Emily (1818-1848) et Anne (1820-1849).

À sa sortie, en 1847, le livre, publié sous le pseudonyme d'Ellis Bell, choque, notamment par les libertés qu'il prend avec les conventions morales de l'époque, ainsi que par la noirceur de ses personnages et des situations qu'il développe. Il en va de même pour la critique littéraire qui, bien que n'étant pas nécessairement hostile, n'en reste pas moins décontenancée devant la violence de certaines scènes. Ce qui n'empêche pas les ventes d'être bonnes pour un premier roman.

De nos jours, *Les Hauts de Hurlevent* est considéré comme l'un des plus grands classiques de la littérature du XIXe siècle et occupe une place à part, notamment au travers de ses nombreuses adaptations cinématographiques. Le septième art aura en effet rapidement saisi l'intérêt et le potentiel du roman d'Emily Brontë. Une dizaine de réalisateurs se seront ainsi frotté à l'exercice dont William Wyler – un classique désormais de l'histoire du cinéma réalisé en 1939 avec Merle Oberon (Cathy) et Laurence Olivier (Heathcliff) –, Luis Buñuel... ou Robert Fuest.

Le destin romantique et tragique d'Emily Brontë, elle-même, et de ses sœurs, aura inspiré les scénaristes à plusieurs reprises · *Three Sisters of the Moors* (1944) de John Larkin – avec Molly Lamont (Charlotte), Lynne Roberts (Emily) et Heather Angel (Anne) –, *Devotion* (1946) de Curtis Bernhardt – avec Olivia de Havilland (Charlotte), Ida Lupino (Emily) et Nancy Coleman (Anne) –, et *Les Sœurs Brontë* (1979) d'André Téchiné – avec Marie-France Pisier (Charlotte), Isabelle Adjani (Emily) et Isabelle Huppert (Anne).

Hoh, peuple amérindien

Catégorie : références, culture générale
Mots-clés : Amérindiens, péninsule Olympique

Le peuple Hoh est une communauté indienne qui tire son nom de la rivière Hoh, située le long du parc national d'Olympic. Le parc se trouve dans la péninsule Olympique à l'extrême nord-ouest des États-Unis, entre le Canada et le Pacifique. Il a été fondé en 1938, à l'initiative du président Roosevelt et est composé de trois parties distinctes, une forêt, des montagnes et une bande de littoral dans laquelle se jettent les deux rivières qui traversent le parc : la rivière Hoh et la rivière Quileute, à proximité de laquelle vit la communauté indienne du même nom.

Hoquiam

Catégorie : références, culture générale
Mots-clés : géographie, ville, État de Washington

Située dans l'État de Washington, Hoquiam est la ville natale du chanteur Kurt Cobain. C'est une ville dont l'économie repose sur le commerce et les scieries, qui a su préserver sa propre identité. Son nom est celui d'une ancienne tribu indienne. La municipalité a développé durant les dix dernières années une activité qui se fonde sur le respect de l'environnement, faisant de Hoquiam une ville de pointe aux USA en ce qui concerne les projets équivalents HQE (Haute qualité environnementale) pour laquelle elle reçoit des aides du gouvernement fédéral.

Horreur, genre

Catégorie : références, culture générale
Mots-clés : littérature, cinéma, angoisse, épouvante, effroi

Sous-genre de la littérature et du cinéma fantastiques, l'horreur cherche à susciter l'angoisse, l'effroi ou tout du moins une forme de malaise. On parle également de littérature ou de cinéma d'épouvante.

Le genre met en scène des phénomènes surnaturels et des figures de croque-mitaines (tueurs en série, créatures fantastiques telles que les vampires, fantômes, loups-garous et autres monstres). On considère souvent Bram Stoker et Marie Shelley comme les premiers écrivains d'épouvante pour leurs romans *Dracula* et *Frankenstein ou le Prométhée moderne.* Deux œuvres littéraires majeures qui ont donné naissance à une large progéniture.

Bien qu'il soit impossible de dresser une liste exhaustive, voire simplement satisfaisante pour les fans d'horreur, on peut citer une poignée d'auteurs qui ont su imposer leur marque dans le genre : H. P. Lovecraft, fondateur d'une nouvelle mythologie, centrée autour d'un dieu monstrueux nommé Cthulhu ; Richard Matheson, dont l'œuvre se situe à la lisière de l'horreur et de la science-fiction ; Ira Levin, dont le roman *Rosemary's baby* sera adapté au cinéma par le réalisateur Roman Polanski ; Stephen King, le plus célèbre écrivain d'épouvante qui trône aujourd'hui dans le panthéon de la culture populaire moderne ; Anne Rice, qui a révolutionné la figure du vampire avec ses *Chroniques des vampires*; Clive Barker, à qui l'on doit une nouvelle évolution nihiliste et subversive de ce type de récits, ou encore Poppy Z. Brite et Laurell K. Hamilton, qui abordèrent toutes deux le thème des vampires sous un angle nouveau avant la publication du premier tome de *Twilight* de Stephenie Meyer qui fait passer le vampire dans un autre genre littéraire, plus romantique.

Houston, Texas

Catégorie : références, culture générale
Mots-clés : géographie, USA, ville

Houston est la plus grande ville de l'État du Texas dans le sud des États-Unis. Forte d'une population de 5 539 949 habitants, l'agglomération s'étale sur trois comtés dont le principal est le comté de Harris. C'est la quatrième ville des États-Unis après New York, Los Angeles et Chicago.

Considérée comme la capitale mondiale de l'énergie, Houston a une économie qui repose en grande partie sur son industrie pétrochimique, mais aussi sur un port maritime ouvert sur le golfe du Mexique et sur une diversification de ses activités économiques à travers la recherche biomédicale, l'aéronautique et le secteur financier. Métropole de premier plan aux États-Unis, elle l'est aussi à l'échelle mondiale. Vingt banques étrangères sont en activité à Houston et plus de quarante pays maintiennent sur place des représentations ou des chambres de commerce.

C'est en août 1836 que John Kirby Allen et Augustus Chapman Allen, deux entrepreneurs de New York, ont acheté 27 km^2 de terrain le long du Buffalo Bayou avec l'intention d'y fonder une ville appelée Sam Houston, du nom d'un général qui remporta une importante bataille contre les Mexicains avant d'être élu président de la République du Texas. Houston est incorporée dès juin 1837 à l'État du Texas. Une chambre de commerce y est mise en place en 1840 en raison du transport fluvial sur le Bayou. Forte d'un développement rapide grâce au commerce et à l'exportation du coton, la ville sert ensuite de quartier général au général John B. Magruder pour l'organisation de la bataille de Galveston où Jasper Cullen rencontre son destin sous l'apparence d'un trio de femmes vampires.

Hybride

Catégorie : références, culture générale
Mots-clés : génétique, biologie, métissage

Miracle d'une saga qui ne ménage pourtant pas ses effets surnaturels, Renesmée constitue un cas d'hybride entre la race humaine et les vampires. D'autres cas similaires peuvent être relevés dans les trois films qui mettent en scène Blade, le héros mi-homme, mi-vampire incarné par Wesley Snipes, ou encore dans le film allemand *BloodRayne* : comme dans la plupart des œuvres de fictions mettant en scène de telles créatures, son héroïne refuse de tuer des innocents pour étancher sa soif de sang et devient chasseuse de vampires.

En génétique, un hybride est le résultat du croisement de deux individus de deux sous-espèces, espèces ou genres différents. Il présente ainsi un mélange des caractéristiques génétiques des deux parents. Lors de croisements à l'intérieur d'une même espèce, et bien sûr chez l'humain, on utilise plus généralement le terme métis.

I

Immortalité

Catégorie : références, culture générale
Mots-clés : croyances, surnaturel, paranormal

Par immortalité, on entend « ce qui ne peut pas mourir ». Selon les traditions, on parle d'une immortalité de l'âme, du corps, voire des deux. Cette immortalité peut être posthume ou intervenir avant la mort terrestre. De fait, les vampires ne sont pas à proprement parler des immortels puisqu'ils peuvent être tués – même si c'est avec de grandes difficultés. Il serait donc plus exact de parler d'« extrême longévité ».

Le thème est omniprésent à travers les âges et les civilisations. *L'Épopée de Gilgamesh*, une des œuvres littéraires les plus anciennes de l'humanité (Mésopotamie, XVIIIe siècle av. J.-C. ou XXVIIe siècle av. J.-C.) décrit la quête d'un héros recherchant l'immortalité à la suite de la mort de son ami Enkidu. Il ne l'obtiendra pas, seuls les dieux étant immortels, et sera condamné à mourir lui aussi. En Chine, la croyance aux immortels précède même la naissance du taoïsme, dont ils sont devenus par la suite un élément essentiel.

Évoqué dans de nombreux textes, l'immortel est dans l'empire du Milieu un être fantastique aux pouvoirs surnaturels et aux dimensions cosmologiques, dont l'état transcende l'opposition entre vie et mort. Il résulte d'une transformation qui se produit grâce à une hygiène de vie et une ascèse spécifiques, aidées par l'absorption d'herbes ou de potions de longue vie que l'on trouve dans des lieux magiques appelés « grottes célestes » et « terres de bonheur », résidences principales de ces êtres surnaturels.

Ce concept d'immortalité est au centre des films et de la série *Highlander*, où les immortels doivent s'affronter jusqu'au dernier. Le dernier immortel gagnera le prix qui serait, selon *Highlander*, le premier film de la série, de pouvoir finir sa vie en vieillissant. Un scénario qui souligne l'ambiguïté du concept d'immortalité, souvent considéré par les auteurs comme une forme de damnation.

On retrouve cette problématique dans *Twilight* et la plupart des œuvres de fiction mettant en scène des vampires, où ces derniers se posent la question de leur immortalité qui leur vaudra de voir vieillir puis disparaître les êtres qu'ils aiment.

Imprégnation

Catégorie : références, culture générale
Mots-clés : biologie, génétique, loups-garous

Phénomène spécifique aux loups-garous du peuple Quileute dans *Twilight*, l'imprégnation est en psychologie la mise en place d'un lien entre un déclencheur extérieur et un comportement instinctif. Pour simplifier, l'imprégnation fait référence à la capacité d'acquisition rapide et de façon permanente de caractéristiques qui orienteront des conduites ultérieures, comme un lien affectif ou le choix du partenaire sexuel.

Un comportement décrit dans les années 1930 par le biologiste et zoologiste autrichien Konrad Lorenz à la suite d'une série d'expérimentations, notamment avec ses célèbres oies de Lorenz. L'imprégnation suppose l'existence d'une influence durable des caractéristiques du premier mâle sur tous les descendants ultérieurs d'une femelle, même ceux issus d'autres mâles.

Incubes

Catégorie : références, culture générale
Mots-clés : croyances, légendes, folklore

Évoqués par Edward dans *Révélation*, les incubes sont, selon l'encyclopédie Quillet, « des démons mâles qui sont censés prendre une forme corporelle pour abuser d'une femme endormie ou transportée au cours du sabbat ».

Des particularités qui en font une variante masculine de la succube, dont il sera question plus loin dans ce dictionnaire. D'une connotation sexuelle très forte, les récits d'attaques d'incubes sont teintés d'une ambivalence à l'égard des sentiments de la victime. Ces étreintes peuvent parfois se révéler plaisantes, mais également se transformer en cauchemar.

Cette notion d'union nocturne entre des êtres surnaturels et des femmes endormies est partagée à travers le monde et les cultures. Le terme était particulièrement en usage dans les écrits ecclésiastiques du Moyen Âge pour signifier l'hérésie du commerce sexuel avec le diable. Comme dans le cas de la succube, il existe des similarités entre l'incube et le vampire tel qu'il est développé dans la littérature fantastique depuis le XIXe siècle.

Ivy League

Catégorie : références, culture générale
Mots-clés : université, vie scolaire, USA

L'Ivy League est un groupe de huit universités privées du nord-est des États-Unis, dont fait partie Dartmouth où Edward entend inscrire Bella. Ces universités font partie des plus prestigieuses et des plus anciennes écoles du pays (sept ont été fondées par les Britanniques avant l'indépendance des USA).

Le terme Ivy (« lierre » en anglais) fait référence au lierre qui pousse sur les murs des bâtiments de ces universités, ce qui symbolise leur ancienneté. Il a des connotations d'excellence scolaire ainsi que d'élitisme.

Les membres de l'Ivy League sont :

* Université Brown à Providence, Rhode Island, fondée en 1764 ;

* Université Columbia à New York City, New York, fondée en 1754 ;
* Université Cornell à Ithaca, New York, fondée en 1865 ;
* Dartmouth College à Hanover, New Hampshire, fondée en 1769 ;
* Université Harvard à Cambridge, Massachusetts, fondée en 1636 ;
* Université de Pennsylvanie à Philadelphie, Pennsylvanie, fondée en 1740 ;
* Université de Princeton à Princeton, New Jersey, fondée en 1746 ;
* Université Yale à New Haven, Connecticut, fondée en 1701.

J

Jacksonville, Floride

Catégorie : références, culture générale
Mots-clés : géographie, USA, ville

Jacksonville, le lieu de résidence de la mère et du beau-père de Bella, est une ville située dans le comté de Duval, en Floride, dans le sud-est des USA.

Fondée en 1791 sous le nom de Cowford parce qu'elle constituait un guet qui permettait au bétail de passer le cours d'eau, elle fut renommée Jacksonville en 1822 en l'honneur d'Andrew Jackson qui fut gouverneur militaire du territoire de Floride, puis président des États-Unis.

Forte de 805 605 habitants, Jacksonville est la commune la plus peuplée de Floride. La ville jouit d'un climat subtropical humide qui se distingue par des hivers doux et des étés chauds au cours desquels de nombreux orages éclatent à cause de la chaleur combinée à une forte humidité de l'air.

Jacksonville n'avait été frappée de manière directe par un ouragan qu'en 1871, avant que l'ouragan Floyd cause des dégâts en 1999 à Jackson Beach qui fut évacuée de manière préventive par le maire John Delaney. Jacksonville sera ensuite inondée à cause des ouragans Frances et Jeanne en 2004, avant que la tempête tropicale Fay ne provoque à son tour une panne d'électricité qui dura quatre jours en 2008.

James

Catégorie : personnages
Mots-clés : vampire, nomade, traqueur

James est le principal ennemi du premier tome de la saga. Présenté comme un traqueur sans merci, il chasse les humains et les autres vampires par jeu, comme s'il s'agissait d'un sport ou d'un divertissement. Laurent, un des membres de son clan, dit de lui qu'il est exceptionnellement doué et qu'il arrive toujours à ses fins. Une assertion plus tard remise en question lorsqu'on apprend qu'Alice Cullen a réussi à lui échapper dans sa jeunesse en devenant elle-même vampire.

Contrairement aux membres de la famille Cullen, il se nourrit de sang humain. Ce qui ne l'empêche pas de finir démembré par Emmett et Jasper avant de périr sous les flammes, pour s'en être pris à Bella et avoir manqué de peu de la tuer. Celle-ci conserve sur la main une cicatrice voyante, rappel de cette rencontre et conséquence de la morsure venimeuse du traqueur.

Le personnage de James est interprété au cinéma par l'acteur Cam Gigandet.

Jared

Catégorie : personnages
Mots-clés : Indien Quileute, loup-garou, meute

Jared est le second loup-garou de la meute, après Sam Uley. Il fait partie des cinq loups-garous à s'être imprégnés : dans son cas de Kim, l'une de ses camarades de classe. Et pourtant, il n'avait jamais prêté attention à sa compagne avant sa transformation. Il lui suffit néanmoins d'un regard pour craquer.

Le personnage de Jared est interprété par Bronson Pelletier dans le second film de la série.

Jenks, Jason

Catégorie : personnages
Mots-clés : humain, famille Cullen, avocat

Avocat de la région, Jason Jenks (alias Jason Scott) fournit la famille Cullen en faux papiers. Plus que l'appât du gain, c'est la peur des Cullen qui motive son dévouement à leur égard. Un principe cher à Jasper, qui considère qu'il est plus efficace d'effrayer que de bien rémunérer certains individus.

Bella emploie les services de Jason Jenks sur les conseils d'Alice, en lui demandant d'établir de faux certificats de naissance, de faux passeports et un faux permis de conduire pour Jacob et Renesmée, en prévision d'une fuite précipitée face aux Volturi. Rassuré par sa personnalité, Jason se détend un peu face à Bella et se permet même d'exprimer quelques réticences en soupçonnant qu'elle veut arracher l'enfant à son père. Bella le rassure et décide par la suite de couper court afin de lui épargner tout stress supplémentaire, notamment du côté de Jasper.

Juneau, Alaska

Catégorie : références, culture générale
Mots-clés : géographie, USA, ville, Alaska

La ville de Juneau est la capitale de l'Alaska, une région choisie par le clan de vampires de Denali. C'est aussi la ville universitaire initialement choisie par Bella pour la suite de ses études.

Située au bord du détroit de Gastineau, Juneau est la seule capitale d'un État américain à ne pas être reliée au reste du monde par un réseau routier. L'unique moyen de rallier la ville est de prendre l'avion ou le bateau. Sa population était de 30 690 habitants en 2007, ce qui en fait la troisième ville d'Alaska, loin derrière Anchorage qui compte 279 671 habitants.

À la suite de la découverte d'or dans la région, un premier camp de prospecteurs s'y installe. Mais la ville n'existera réellement qu'à partir de 1881. Elle est baptisée en hommage au mineur canadien-français Joseph Juneau, originaire de Saint-Paul-l'Ermite, près de Montréal.

L

La Push

Catégorie : références, culture générale
Mots-clés : géographie, USA, ville, Indiens Quileute

La Push est une petite réserve indienne du comté de Clallam, dans l'État de Washington, aux États-Unis. Il s'agit du lieu d'origine de la nation indienne Quileute, situé au bord de l'océan Pacifique et le long de la rivière Quileute, qui porte donc le nom de la tribu.

Jusqu'à la publication de *Twilight*, l'une des plus grandes attractions de La Push était l'Ocean Park Resort, le long de James Beach. Mais comme ils le font pour la ville voisine de Forks, beaucoup de touristes visitent maintenant La Push en raison de son importance dans la saga de Stephenie Meyer. C'est dans cette réserve que vivent Jacob Black et ses compagnons de la meute de loups-garous et c'est bien sûr sur une de ses plages, First Beach, que Bella apprend de la bouche du jeune Indien qu'Edward et les membres de sa famille sont des vampires.

On ajoutera que le territoire de La Push est notoirement interdit aux vampires, selon un accord de paix passé par les anciens de la tribu avec la famille Cullen. Et bien évidemment, la réserve est le quartier général de la meute de loups-garous dirigée par Sam Uley.

Lake Union

Catégorie : références, culture générale
Mots-clés : géographie, lac, Seattle
Le lac de Lake Union se trouve entièrement dans la ville de Seattle, dans l'État de Washington, c'est un lac glaciaire, alimenté par la fonte du glacier de Vashon, comme le lac Washington. À proximité, le Gas Works Park accueille chaque année des concerts et une base de planeurs. Le parc et le lac sont les deux destinations favorites des habitants de Seattle et des touristes. Lake Union doit son nom à Thomas Mercer, qui avait eu l'intuition qu'un jour des canaux permettraient de rejoindre Lake Union et le lac Washington.

Las Vegas

Catégorie : références, culture générale
Mots-clés : géographie, ville, USA, mariage

Située au beau milieu du désert du Nevada, Las Vegas est une des villes les plus extraordinaires des États-Unis.

Fondée par les mormons en 1855 à cause de l'eau présente dans son sous-sol, elle devient une bourgade agricole au début du XXe siècle. Abandonné, le lieu est investi en 1857 par l'armée américaine qui y construit un fort et devient une étape importante sur la route entre Los Angeles et Albuquerque. Elle acquiert son statut officiel en 1911.

L'aménagement du barrage Hoover, situé à une cinquantaine de kilomètres au sud, et surtout la légalisation des jeux d'argent en 1931 contribuent, deux décennies plus tard, au développement de la ville. C'est à cette époque que la prostitution s'y développe et que la ville devient mondialement connue. Des investisseurs, derrière lesquels se cachent fréquemment des personnalités du crime organisé de la côte est, construisent des hôtels-casinos dans le centre-ville et sur le Strip.

Le Flamingo fut l'un des premiers casinos à apparaître en 1946, suivi par le Desert Inn et le Binion's en 1950 et 1951, puis le Sahara en 1952, l'Hacienda en 1956 et le Tropicana en 1957. Dans les années 1960-1970, le tourisme de masse augmente et contribue à la croissance économique de la ville, qui devient par la même occasion un très important centre de conventions au début des années 1990.

Las Vegas est toujours aujourd'hui la plus grande ville du Nevada. La ville du jeu a accueilli 37,4 millions de visiteurs en 2004, dont 80 % en provenance de Californie. La population de son agglomération a été multipliée par trois en l'espace de deux décennies et compte à présent 1 996 542 habitants. Illustration de son incroyable vivacité, les pages jaunes de son annuaire téléphonique sont réactualisées deux fois par an.

La ville a aussi pour particularité d'offrir un service de mariage express. Une possibilité à laquelle Edward fait référence dans *Hésitation* lorsqu'il propose à Bella d'aller se marier à Las Vegas en vieux jeans, dans une chapelle accessible en voiture.

Pour se marier sur place, il suffit de présenter une pièce d'identité, d'être âgé de plus de dix-huit ans et de se présenter personnellement au bureau des permis de mariage du centre-ville. Ouvert de 8 heures du matin à minuit les jours ouvrables, celui-ci attend les candidats 24 heures sur 24 durant les jours fériés. Un permis de mariage y coûte 30 dollars.

Une fois que les époux sont munis de ce permis de mariage, ils peuvent se présenter dans l'une des innombrables chapelles autorisées par l'État du Nevada à célébrer la cérémonie du mariage. Un témoin devant être présent lors de la cérémonie, la plupart d'entre elles vous en procureront un si vous n'en avez pas. Certaines chapelles disposent même d'un sosie d'Elvis Presley pour faire office de témoin.

Laurent

Catégorie : personnages
Mots-clés : vampire, nomade, clan du traqueur James, Victoria

Cheveux sombres et peau olivâtre, Laurent fait partie du clan de vampires errants dirigé par James. Il se sépare de son leader et de Victoria lorsque ceux-ci décident de traquer Bella pour la tuer, et part rejoindre le clan de vampires végétariens de Denali en Alaska. Durant son séjour dans le Grand Nord, il s'éprend d'une vampire, Irina. Mais son attirance pour elle n'est pas assez forte pour qu'il se décide à rester sur place et il n'arrive d'ailleurs pas à conjuguer sa soif de sang.

De retour à Forks dans le deuxième tome de la saga, il croise la route de Bella en pleine forêt, manque de la tuer avant de tomber lui-même dans une embuscade des loups-garous de la tribu Quileute qui mettent fin à ses jours.

Le personnage de Laurent est joué au cinéma par l'acteur Edi Gathegi.

Lautner, Taylor

Catégorie : comédiens
Mots-clés : Jacob Black, Indien Quileute, loup-garou

Taylor Lautner est né le 11 février 1992, à Grand Rapids dans le Michigan.

Il commence à pratiquer les arts martiaux à l'âge de six ans. Après avoir gagné quelques compétitions locales, Taylor remporte les premières places dans son premier tournoi de karaté à sept ans. À huit ans, il représente les États-Unis pour la catégorie des moins de douze ans à la Fédération mondiale de karaté. Il devient champion du monde junior, formes et armes, et triple médaillé d'or.

Grâce à ses talents de karatéka, Taylor est choisi pour un film à petit budget sur les combattants des arts martiaux, *Shadow Fury*. Passionné par le jeu d'acteur, il déménage avec sa famille à Los Angeles, où il fait des apparitions dans des séries TV comme *The Bernie Mac Show*, *Summerland* et *My wife and Kids*. Il joue aussi avec les L.A. Hip Kids, un groupe de danse hip-hop et Hot Shots, une formation de jazz.

Son deuxième rôle est celui de Shark Boy dans *Les Aventures de Shark Boy et Lava Girl*, une grosse production en 3D, réalisée par Robert Rodriguez. Il draine ensuite un grand nombre de fans en jouant Jacob dans *Twilight*.

À ses moments perdus, Taylor joue au basket et au base-ball.

Lefevre, Rachelle

Catégorie : comédiens
Mots-clés : Victoria, vampire, nomade

Rachelle Lefevre est née le 1er février 1979 et a été élevée au Canada, à Montréal, par un père professeur d'anglais et une mère psychologue. Plus jeune, elle parle principalement anglais, mais s'exprime aussi en français. Elle est scolarisée dans un collège privé, le Centennial Academy et rejoint ensuite l'université d'arts créatifs de Dawson, à Montréal. Elle étudie le théâtre pendant deux étés dans le Massachussetts et est diplômée en littérature.

Elle travaille en tant que serveuse dans un bar à sushis, sur l'île de Montréal, et un client régulier du bar l'aide à démarrer en lui trouvant une audition dans la sitcom pour ados *Student Bobies*. Malgré un échec, cette audition la conduit à un rôle dans la série TV *Big Wolf on Campus*.

Sa carrière de comédienne débute avec la comédie *Stardoom*, et se poursuit peu après avec le polar *Abandon* et *Confessions Of a Dangerous Mind* de George Clooney en 2002. Elle a ensuite participé à *The Big Thing*, *The River King*, *Twilight* au cinéma et à *Veronica Mars*, *Crime Scene Investigation NY*, *Boston Legal* et *How I Met Your Mother* à la télévision.

En 2009, elle a joué le rôle de Victoria dans *The Twilight Saga : New Moon* et *The Pool Boys*. Elle a également beaucoup d'occupations quand elle ne travaille pas : « J'aime vivre à l'extérieur, faire le marché et lire. Je suis très sédentaire, mais j'adore voyager. »

Lobishomen, légende indienne

Catégorie : références, culture générale
Mots-clés : croyances, légendes, folklore, Brésil
Citée par Huilen, un vampire sud-américain dans le quatrième tome de la saga, le lobishomen est une créature mythologique du folklore sud-américain, particulièrement présente dans les légendes brésiliennes. On l'a souvent associée aux vampires, bien qu'elle soit apparue à l'origine au Portugal sous une forme qui rappelle celle des loups-garous.

On retrouve cette idée dans le film *Blade* où les Lobishomen constituent le clan le plus important parmi ceux représentés dans la Maison Erebus, un conseil constitué de douze dirigeants de tribu de vampires de sang pur. L'histoire veut qu'ils soient liés aux loups-garous du Brésil, car chaque être humain tué par un loup-garou dans cette région du monde revient sur terre en tant que vampire.

Lord Alfred Tennyson

Catégorie : références, culture générale
Mots-clés : littérature, poésie, sources d'inspiration

Le premier Baron Tennyson est né le 6 août 1809 et est devenu l'un des poètes les plus connus de l'époque victorienne.

En 1833, il écrivit *La Princesse de Shalott* mais les critiques négatives lui firent renoncer à publier ses poèmes pendant une décennie, notamment après la mort de son ami Arthur Henry Hallam. Il lui fallut attendre 1842 avant de connaître le succès avec deux recueils de poèmes. Son œuvre étant appréciée par la reine, il devint poète lauréat et écrivit en 1855 son œuvre maîtresse *La Charge de la brigade légère*, et fut élevé à la dignité de Baron Tennyson de Aldworth dans le Sussex et de Freshwater dans l'île de Wight.

Il poursuivit son activité littéraire jusqu'à l'âge de quatre-vingts ans et mourut en 1892, à quatre-vingt-trois ans.

Loups-garous et métamorphes

Catégorie : références, culture générale
Mots-clés : littérature, cinéma, légendes, créatures fantastiques

Comme c'est le cas dans le film *Underworld* et ses suites cinématographiques, la présence de loups-garous est de plus en plus fréquente aux côtés des vampires dans la littérature et le cinéma fantastiques. Ces deux types de créatures surnaturelles y sont souvent opposés, comme c'est à nouveau le cas dans la saga *Twilight*, pour symboliser une forme de lutte des classes surnaturelle. Esclaves révoltés de vampires aristocrates dans *Underworld*, membres d'une tribu amérindienne chez Stephenie Meyer, les loups-garous incarnent les forces vives de la nature face à des vampires qui les surclassent généralement par leur richesse et leur beauté.

Sans être immortels, les loups-garous de la tribu des Quileute ont la particularité de vieillir lentement et de bénéficier ainsi d'une durée de vie largement supérieure à celle des humains. Ils guérissent rapidement de leurs blessures et profitent comme leurs ennemis d'une force et d'une vivacité largement au-dessus de la norme. Ils possèdent également la capacité de communiquer par télépathie sous leur forme animale, un don qui ne va pas sans gène quand Leah Clearwater rejoint la meute de La Push en parasitant leurs pensées par sa mélancolie.

Il serait néanmoins plus juste de parler de métamorphes ou de changeurs de peau dans le cas de la meute de Jacob, puisqu'ils ne se transforment pas en fonction du cycle lunaire et n'ont pas le mauvais goût de s'attaquer aux humains qu'ils protègent au contraire d'éventuelles attaques des vampires.

Loups-garous, personnages secondaires

Catégorie : personnages
Mots-clés : Indiens Quileute, meute

Il est fait mention de sept autres loups-garous dans le dernier tome de la saga. Des transformations provoquées par l'affluence de vampires en provenance du monde entier, à la demande de la famille Cullen pour témoigner en faveur de Renesmée face aux Volturi.

Luthérianisme

Catégorie: références, culture générale
Mots-clés: religion, Charlie Swan

Le luthérianisme est la religion de Charlie, le père de Bella. Elle doit son nom à Martin Luther, né en Saxe en 1483 dans une famille paysanne.

Après des études qui le conduisent au grade de maître *es* arts, Martin Luther, à la suite d'un serment fait à sainte Anne au cours d'un orage, entre au couvent des Ermites de Saint-Augustin d'Erfurth en 1505, à vingt-deux ans. Ordonné prêtre en avril 1507, docteur en théologie en 1512, il est alors nommé professeur de théologie à l'université de Wittemberg en Saxe. Au nom de la gratuité du salut, le théologien Luther s'oppose de toutes ses forces à la vente des indulgences que délivre le pape aux pénitents. Le 31 octobre 1517, il affiche sur la porte de l'église de Wittemberg ses Quatre-Vingt-Quinze Thèses sur les indulgences.

Le procédé, normal pour l'époque, ne choque personne. En revanche, les thèses s'en prenant indirectement au pape sont, elles, très violemment attaquées par les partisans de celui-ci. Martin Luther, dans ses débats avec les théologiens mandatés par la papauté, se retranche derrière la seule autorité qu'il peut opposer au pape et même mettre au-dessus de celui-ci, c'est-à-dire l'autorité de la Bible. En agissant ainsi, il contraint le pape, soit à se démettre, soit à l'excommunier. C'est la seconde solution que choisit le pape qui publie une bulle d'excommunication à l'encontre de Luther dès le 3 janvier 1521. Désormais, Martin Luther va mener un combat incessant contre la papauté, essentiellement par la plume. Ses très nombreux écrits qui, pour la plupart, sont des ouvrages de circonstance, précisent sa doctrine et la développent. Luther s'éteint en 1546 quelques mois après le début du concile de Trente. Il aura beaucoup influencé la pensée chrétienne et est à l'origine du protestantisme. Le 31 octobre, anniversaire des Quatre-Vingt-Quinze Thèses de Luther, est commémoré par les protestants sous le nom de fête de la Réformation.

La *Confession de foi d'Augsbourg* fédère encore 65 millions de fidèles des Églises luthériennes, principalement en Allemagne, en Scandinavie et dans les régions américaines d'immigration allemande.

Lutz, Kellan

Catégorie : comédiens
Mots-clés : Emmett Cullen, vampire

Jouer un membre de la famille Cullen dans *Twilight* nécessite d'avoir un look mortel. Avec son passé de mannequin pour Abercrombie & Fitch, Kellan était le candidat idéal pour le rôle d'Emmett Cullen. Il a réellement le physique pour incarner le plus grand et le plus coriace des frères Cullen. L'auteur de *Twilight*, Stephenie Meyer, remarquait que, quand elle l'avait pris dans ses bras sur le tournage, elle avait l'impression d'étreindre un bloc de granit, comme le corps d'un vampire dans son livre.

Kellan Lutz a grandi dans une ferme du nord Dakota. Il est passé du mannequinat au petit écran en 2003 quand il s'est installé à Los Angeles et a été immédiatement casté pour *The Bold and the Beautiful*. Il a poursuivi par de multiples apparitions dans des séries comme *Crime Scene Investigation* ou *Six Feet Under* et un petit rôle dans *Summerland*. Tout cela l'a amené à avoir un rôle régulier dans la série de la chaîne HBO *The Comeback* avec Lisa Kudrow. La série n'a pas duré longtemps, mais Kellan a tout de suite travaillé au cinéma pour le film sportif *Stick it* en 2006 et dans *Accepted* avec Justin Long. Il collabore aussi à des séquences sur *Crime Scene Investigation*, *Heroes* et *Ghosts of Goldfield*.

Kellan Lutz revient sur le grand écran en 2008 dans deux grosses productions : *Prom Night* et *Twilight*. Il est également présent sur les séries TV *Blowout for Bravo* et *Model Citizen*. Il apparaît également aux côtés d'Ashley Greene, sa petite sœur de *Twilight*, dans *Warrior* avant de revenir pour le second opus de la saga *Twilight* : *New Moon*.

En plus du cinéma et de la télévision, Kellan monte sur les planches dans *The Music Man*, *Joseph and the Amazing Technicolor Dream Coat*, *West Side Story* ou *The American Clock and Clowns*. Il occupe ses loisirs très sportifs en jouant au base-ball, au basket, en pratiquant la natation et le tennis. Il a déclaré que s'il n'avait pas été comédien, il aurait voulu être marin.

M

Macbeth de William Shakespeare

Catégorie : références, culture générale
Mots-clés : littérature, théâtre, sources d'inspiration

Sujet de dissertation de Bella en cours d'anglais dans le premier tome de la saga, *Macbeth* est une pièce en cinq actes de William Shakespeare, écrite en 1605 et publiée en 1623. Librement inspirée de la biographie d'un roi des Pictes qui régna en Écosse de 1040 à 1057, cette tragédie n'en comporte pas moins un grand nombre d'éléments surnaturels qui s'écartent de la réalité historique.

Depuis l'épidémie de peste, contemporaine de la création de la pièce, à la disparition du comédien Gérard Philipe, au moment où il s'apprêtait à interpréter le rôle-titre, une légende propre au milieu théâtral voudrait que cette Lady Macbeth porte malheur. Les acteurs éviteraient donc de prononcer son nom, ce qui vouerait sa représentation à l'échec. Plus sérieusement, le rôle de Lady Macbeth qui sombre dans la folie et se suicide est considéré par beaucoup comme l'un des plus difficiles du répertoire occidental.

La pièce a inspiré en 1847 un opéra à Giuseppe Verdi – sur un livret de Francesco Maria Piave –, et plus de quatre-vingts adaptations pour le cinéma et la télévision, la plus célèbre d'entre elles demeurant sans conteste celle réalisée en 1948 par – et avec – Orson Welles.

Mademoiselle Swann

Catégorie : références, culture générale
Mots-clés : littérature, Marcel Proust, Bella Swan

Lorsque Stephenie Meyer eut l'idée d'appeler l'héroïne de *Twilight* Bella Swan, elle dut se douter que chaque amateur de littérature chercherait forcément un rapport lointain ou subliminal avec la Swann de Marcel Proust dans *Du côté de chez Swann* et *Un amour de Swann*.

Marcel Proust... la terreur des cours de français au collège, où de bons ou de mauvais professeurs, convaincus ou non par la magie du verbe proustien, s'évertuaient et s'échinaient à faire entrer dans le crâne d'adolescents rétifs davantage accros à MSN qu'à La Pléiade, que trente pages pour décrire un sous-bois, il fallait au moins ça. Peut-être était-ce l'idée de vampiriser l'énergie de la jeunesse, de la madeleine dans la tasse de sang.

Magie

Catégorie : références, culture générale
Mots-clés : croyances, folklore, occultisme, ésotérisme

Le mot « magie », auquel font référence Bella et Jacob dans *Révélation*, peut avoir plusieurs sens. Il désigne parfois une technique ou un divertissement, comme la prestidigitation, ou dans d'autres cas une science occulte.

Dans ce dernier cas, la pratique de la magie repose sur la croyance que l'esprit humain possède un pouvoir sur le monde qui l'entoure et qu'un pratiquant déterminé et entraîné peut influer sur les choses et les êtres. Dans certaines traditions, le magicien se doit d'établir une connexion psychique avec la cible de son action, afin d'imaginer cette cible dans la situation qu'il souhaite voir arriver. Un procédé qui s'effectuerait par la pratique de certains rituels et l'utilisation de formules connues des seuls initiés.

La magie est généralement liée à la croyance en l'existence de forces surnaturelles et secrètes, ainsi qu'à la possibilité d'échanger et de dialoguer avec ces forces pour obtenir des effets qui ne relèvent pas du champ des possibles défini par les sciences modernes.

La Maison aux pignons verts de Lucy Montgomery

Catégorie : références, culture générale
Mots-clés : littérature, sources d'inspiration

La Maison aux pignons verts, qu'évoque Bella dans *Hésitation*, dans une vision bucolique d'Edward, est un roman de Lucy Maud Montgomery publié en 1908. Initialement prévu pour toucher les lecteurs de tous âges, il est actuellement considéré comme un livre pour enfants.

La légende veut que Montgomery ait trouvé l'inspiration en relisant un vieux bout de papier sur lequel elle avait inscrit plus jeune : « Un couple adopte par erreur une petite fille au lieu d'un garçon mais décide de la garder. » On dit aussi qu'elle s'est inspirée de sa propre enfance sur l'île canadienne du prince Édouard, ainsi que d'une photographie découpée dans un magazine américain et qui lui aurait servi de modèle pour Anne Shirley, l'héroïne de son livre. Une jeune orpheline dotée d'une imagination débordante, qui voit la vie avec un optimisme contagieux.

Résumé :

Matthew et Marilla Cuthbert sont frère et sœur. Personnages d'âge mûr, ils vivent aux Pignons Verts, une ferme située à Avonlea, sur l'Île-du-Prince-Édouard. Ils décident d'adopter un garçon dans un orphelinat de Nouvelle-Écosse pour les aider dans leur travail. Cependant, après une succession de mésaventures, ils se retrouvent avec une petite fille précoce de treize ans nommée Anne Shirley. Anne est vive, intelligente et aime faire plaisir mais elle n'aime pas vraiment son nom, son teint pâle, ses taches de rousseur ainsi que ses longues nattes de cheveux roux. Quoi qu'il en soit, elle est une enfant pleine d'imagination et pleine de joie de vivre qui s'épanouit au milieu des paysages de l'Île-du-Prince-Édouard.

Makah, peuple amérindien

Catégorie : références, culture générale
Mots-clés : Amérindiens, péninsule Olympique

Voisin des Quileute, le peuple Makah vit dans une réserve située au nord-ouest de la péninsule Olympique, dans l'État de Washington, aux USA.

La tribu a été estimée par recensement à 1214 membres en juillet 1999, dont la majeure partie vit toujours actuellement sur la réserve où le taux de chômage moyen est d'environ 51 %. Près de la moitié des ménages ont des revenus en dessous du seuil de pauvreté et 59 % d'entre eux des revenus considérés comme inférieurs à la norme.

Malgré cette situation affligeante, les Makah conservent encore de très fortes traditions et nombre d'entre eux reviennent à la réserve, après avoir obtenu un diplôme universitaire, pour mettre leurs compétences au service de la clinique locale ou de l'école publique.

Mallory, Lauren

Catégorie : personnages
Mots-clés : camarade de classe de Bella, Forks

Bien qu'elle soit elle-même populaire parmi ses camarades de classe, Lauren Mallory n'en éprouve pas moins de la jalousie pour Bella. Un ressentiment causé par les attentions dont cette dernière fait l'objet, notamment de la part de Tyler après l'accident qui aurait probablement coûté la vie à Bella sans l'intervention d'Edward. Son animosité restera vivace durant les trois premiers tomes de la série.

Le personnage de Lauren Mallory, combiné à celui de Jessica Stanley, est joué au cinéma par l'actrice Anna Kendrick.

Mapuche, peuple amérindien

Catégorie : références, culture générale
Mots-clés : tribu, Andes, Chili, Argentine

Cité dans le dernier tome de *Twilight* par une vampire sud-américaine originaire des Andes, le terme de Mapuche désigne les communautés aborigènes de la zone centre-sud du Chili et de l'Argentine.

Selon un recensement officiel de 2002, les Mapuches représentent moins de 5 % de la population chilienne, soit un peu plus de 600 000 personnes. On estime leur nombre à environ 200 000 individus en Argentine.

Originaires des Andes chiliennes, les Mapuches vivaient de chasse et de pêche et d'un peu d'agriculture et d'élevage. Guerriers redoutables, ils étaient réputés pour leur extrême habileté dans le maniement de l'arc, du javelot et du casse-tête. Ni les Incas, ni les conquistadors ne réussirent à les soumettre. Durant plus de deux siècles, les Espagnols ne se risqueront plus trop en territoire mapuche.

Ce n'est que vers la fin du XIXe siècle que l'Argentine et le Chili entreprirent des guerres de conquête qui firent des dizaines de milliers de morts parmi les Mapuches, dans des régions incontrôlées et difficilement pénétrables. Les Mapuches se sont ensuite peu à peu intégrés à la nation chilienne, même si des foyers de résistance ont poursuivi la lutte armée jusqu'à la fin du XXe siècle.

Le Marchand de Venise de William Shakespeare

Catégorie : références, culture générale
Mots-clés : littérature, théâtre, sources d'inspiration

Présent par l'intermédiaire de son copyright qui figure au dos d'un mot laissé par Alice à l'attention des autres membres de la famille Cullen, *Le Marchand de Venise* (*The Merchant of Venice*) est une pièce de théâtre de l'auteur britannique William Shakespeare probablement écrite entre 1594 et 1597 avant d'être enregistrée par James Roberts, le 22 juillet 1598, au Registre des Libraires sous le titre *Le Marchand de Venise*, également appelée *Le Juif de Venise* (*The Merchant of Venice, or Otherwise Called The Jew of Venice*). Inspiré par la pièce de théâtre *Le Juif de Malte* (*The Jew of Malta*) de Christopher Marlowe, *Le Marchand de Venise* met en scène l'inoubliable usurier Shylock.

Désireux de séduire la belle et fortunée Portia, Bassanio, un gentilhomme désargenté, demande à son ami et bienfaiteur, le marchand vénitien Antonio, de lui prêter la somme de 3 000 ducats. Antonio contracte alors une créance avec l'usurier juif Shylock, confiant au point d'accepter par contrat de lui donner une livre de sa chair s'il ne peut rembourser le prêt à la date convenue… Au terme du délai, le marchand ne peut faire face à son engagement, Shylock insiste alors pour que l'accord soit appliqué à la lettre…

Pièce antisémite ou pièce sur l'antisémitisme ? La question nourrit le débat et les questionnements d'exégètes depuis des décennies. Malgré les ambiguïtés du *Marchand de Venise*, le personnage de Shylock attira les plus grands comédiens au cinéma – Michel Simon dans *Le Marchand de Venise* (1953) de Pierre Billon avec Armando Francioli (Bassanio) et Massimo Serato (Antonio), Al Pacino dans *The Merchant of Venice* (2004) de Michael Radford avec Joseph Fiennes (Bassanio) et Jeremy Irons (Antonio) –, ou à la télévision – Orson Welles dans *The Merchant of Venice* (1969) d'Orson Welles avec Charles Gray (Antonio), Laurence Olivier dans *The Merchant of Venice* (1973) de John Sichel avec Jeremy Brett (Bassanio) et Anthony Nicholls (Antonio)…

Mariage, les traditions américaines

Catégorie : références, culture générale
Mots-clés : tradition, folklore, USA

Aux USA, le mariage est avant tout une tradition religieuse dans un pays marqué par la religion protestante, et par d'autres branches encore plus rigoristes comme celle des quakers ou des mormons. Les époux ont la possibilité de choisir une cérémonie classique et traditionnelle ou un mariage rapide près de Las Vegas. De nombreux couples préfèrent en effet s'envoler pour des villes dites « libérées » comme Reno ou la capitale américaine du casino, pour permettre à leurs noces d'être prononcées rapidement, la plupart du temps devant un prêtre qui a reçu une poignée de dollars pour consacrer les jeunes gens. Si le mariage express a du succès, les cérémonies traditionnelles continuent toutefois d'être pratiquées par des Américains soucieux de leur patrimoine et attachés à leur religion.

Plus réfléchies, plus longues dans la durée, les cérémonies civiles et religieuses, aux États-Unis, unissent souvent de jeunes gens qui ont mûri leur réflexion durant plusieurs années, comme c'est plus souvent le cas en Europe.

Les Mariners, Seattle

Catégorie : références, culture générale
Mots-clés : sport, base-ball, Seattle

L'équipe des Seattle Mariners évolue dans la division ouest de la Ligue américaine de base-ball où elle est entrée en 1977. Il s'agit de l'équipe préférée du père de Bella qui ne semble pas rater une diffusion télévisée de leurs matchs. Un engouement partagé par de nombreux aficionados de la région, au point qu'il est nécessaire de s'y prendre très longtemps à l'avance pour acheter des tickets pour un de leurs matchs.

Les couleurs de l'équipe sont dorénavant le bleu marine, le vert et l'argent, après une première période (1977-1992) symbolisée par le bleu royal et l'or. Médiocre à ses débuts, l'équipe ne gagnera pas un seul match important avant l'année 1995 et sa victoire contre les New York Yankees en championnat de première division. Ce qui ne l'a pourtant pas empêchée de jouer la plupart de ses matchs à domicile à guichets fermés.

Les Mariners sont aujourd'hui installés au Safeco Field, un stade d'une capacité de près de 48 000 places. L'équipe peine encore à se relever d'une décennie en demi-teinte depuis 2001, année de tous les exploits pour l'équipe. Une période marquée par de nombreux changements d'entraîneurs et de nombreux transferts de joueurs. La majorité des parts de l'entreprise commerciale qui sous-tend l'équipe sportive des Seattle Mariners est actuellement détenue par la firme japonaise Nintendo.

Une prise de participation qui n'apparaît pas si surprenante lorsque l'on connaît la popularité du base-ball au pays du Soleil Levant. Les amateurs avertis auront d'ailleurs noté la présence de certains des meilleurs joueurs japonais au sein de l'équipe américaine, notamment Kenji Johjima, Ichiro Suzuki ou Isao Harimoto. Des présences qui s'expliquent pour des raisons commerciales, mais aussi par la position de la ville de Seattle au bord de l'océan Pacifique, ce qui rapproche symboliquement les deux pays malgré une distance impressionnante.

Mercedes S 600 Guard

Catégorie : véhicules
Mots-clés : automobile, blindage, tank

Doté d'un blindage de 1,5 tonne, le modèle de Mercedes choisi par Edward pour protéger Bella des attaques de Victoria est effectivement des plus coriaces, car capable de résister à des rafales de mitrailleuse, mais aussi aux explosifs. Cette voiture fait partie d'un programme très particulier du constructeur allemand, le programme « Guard » destiné aux chefs d'États, aux diplomates et aux hommes d'affaires les plus importants, exposés à des situations particulièrement risquées. Le premier modèle de la gamme remonte à 1928.

La Mercedes S 600 Guard bénéficie du label B6-B7, le niveau de protection le plus élevé. En comparaison, le niveau de protection B4 ne résiste qu'aux armes de poing, jusqu'au fameux calibre 44 Magnum. Les chiffres de vente ne sont pas communiqués par la marque, mais l'ex-Union soviétique, le Proche-Orient, l'Asie, le Moyen-Orient, l'Afrique du Sud, et plus récemment l'Amérique latine, sont les marchés les plus porteurs pour ce type de véhicule.

Extérieurement, rien ne distingue les modèles de la gamme Guard des modèles classiques, bien que le poids du modèle S 600 Guard atteigne les quatre tonnes. Un poids qui nécessite un permis poids lourds pour avoir l'autorisation de le conduire. Les chauffeurs de ce modèle bénéficient par ailleurs d'une formation intensive, comprise dans le prix d'achat de 25 000 euros.

Outre leur blindage, ces voitures disposent d'autres atouts particuliers comme un système de vidéosurveillance pour voir ce qu'il se passe à l'arrière du véhicule, un dispositif de climatisation qui bloque l'admission d'air extérieur en cas de détection de fumée ou de gaz toxique, une série de gicleurs couplés à des extincteurs, et un réservoir qui se colmate de lui-même au cas où il serait perforé par une balle.

Mercuriale

Catégorie : références, culture générale
Mots-clés : histoire de France, royauté, remontrances

Peu usité dans la langue française moderne, le terme « mercuriale » se voit cité à l'occasion d'un échange un peu vif dans le quatrième tome des aventures de Bella et d'Edward. Pour trouver ses origines, il faut se plonger dans l'histoire de France qui nous apprend que la mercuriale désignait l'assemblée générale des chambres d'un Parlement, à l'époque de la royauté quand celui-ci se réunissait le mercredi, alors considéré comme le jour de Mercure.

Déjà fidèle à la tradition histrionique qui perdure encore largement dans les rangs de notre assemblée nationale contemporaine, comme on peut régulièrement le constater en se connectant sur la Chaîne parlementaire, cette assemblée était le théâtre de réprimandes houleuses auxquelles un glissement sémantique accorda le nom de « mercuriale ».

Il ne s'en fallait plus que d'un pas pour que le terme rentre dans le langage commun pour désigner une algarade ou des remontrances privées. Un langage fleuri, très « vieille France » qui finalement sied bien à l'environnement de vampires eux-mêmes séculaires, dont on peut imaginer qu'ils ont gardé l'éducation et des traces de la culture de leur vie humaine.

Mexico City

Catégorie : références, culture générale
Mots-clés : géographie, Mexique, ville, mégapole

Terrain d'une lutte sans merci entre différents clans de vampires, avant que les Volturi n'y mettent un terme, Mexico City est la capitale du Mexique, loin de l'imagerie traditionnelle mexicaine, une véritable mégapole mutante, digne des plus grands films de science-fiction.

Ville de tous les records, de tous les excès, Mexico s'est construite sur le site aztèque de Tenochtitlán qui remonte au XIVe siècle. La ville fut détruite par les conquistadores espagnols d'Hernando Cortez qui s'empara du pays avec une poignée de soldats au XVIe siècle. Reconstruite et démultipliée, elle compte aujourd'hui 8,7 millions d'habitants à l'intérieur de ses murs et près de 20 millions d'habitants dans l'ensemble de son agglomération (banlieues comprises). Il s'agirait de la troisième agglomération urbaine de la planète, après Tokyo et Séoul (bien que New York puisse se glisser à la deuxième place et remplacer Séoul selon les modes de calcul).

Mexico City occupe un plateau situé à 2 240 mètres d'altitude, au sein d'une zone montagneuse dont les sommets cumulent à plus de 5 000 mètres. Ce qui ne l'empêche pas de compter parmi les villes les plus polluées de la planète, une situation qui s'est considérablement dégradée en l'espace de quelques décennies et que l'on peut en grande partie imputer aux usines de la région qui produisent plus de 30 % de l'effort industriel national. 18 millions des résidents de l'agglomération vivraient en dessous du seuil de pauvreté, parmi lesquels 7 millions seraient cantonnés dans des bidonvilles.

Des chiffres inquiétants qui laissent entrevoir l'un des scénarios urbains les plus explosifs de la planète, avec plus de la moitié de la population qui aurait moins de vingt ans. Et, en tout état de cause, un terrain de jeu idéal pour les auteurs de romans fantastiques et d'horreur !

La Mire

Catégorie : références, culture générale
Mots-clés : film, cinéma, policier, thriller, action

Le film du même nom reste introuvable dans les annuaires du cinéma, en revanche, il doit s'agir du film *Dans la ligne de mire* qui met aux prises un agent du Secret Service et un tueur. Alors qu'il était présent dans l'équipe des *bodyguards* présidentiels à Dallas le 22 novembre 1963, Frank Horrigan n'a pas pu empêcher l'assassinat de John Fitzgerald Kennedy.

À l'approche de la fin de sa carrière, au milieu des années 1990, l'histoire se répète et Horrigan doit traquer celui qui veut tuer le président en exercice. Le rôle est joué par un Clint Eastwood en grande forme, qui campe un flic têtu et vieillissant, obsédé par son passé. Il partage l'affiche avec John Malkovich, excellent en psychopathe machiavélique, sur une musique de l'insurpassable Ennio Morricone.

Monster Garage

Catégorie : références, culture générale
Mots-clés : télévision, divertissement, mécanique

Monster Garage est une émission de divertissement diffusée entre 2002 et 2006 aux USA sur la chaîne de télévision Discovery Channel, puis rediffusée en France sur la chaîne AB Moteurs. Le concept de l'émission ne va pas sans rappeler celui de *Pimp My Ride*, un autre programme diffusé pour sa part sur MTV, puisqu'il consiste à transformer radicalement un véhicule dans un délai de sept jours avec un budget ne dépassant pas les 3 000 dollars (budget ne comptant pas les pièces gratuites fournies par les sponsors).

Le choix du véhicule de base et de l'engin à créer ayant été décidé par l'équipe de production de l'émission, la première journée est consacrée à la conception du véhicule par une équipe composée de professionnels dirigés par Jesse James, le patron du garage californien West Coast Choppers. Puis les cinq jours suivants sont consacrés à la construction, grâce à une équipe de cinq personnes recrutées par casting vidéo.

Cette étape de construction peut s'effectuer nuit et jour, sans interruptions, avec l'impératifde rendre un véhicule opérationnel le cinquième jour avant minuit. Le dernier jour étant consacré à l'essai de l'engin par Jesse James en personne. Dans l'hypothèse où le projet est couronné de succès, les membres de l'équipe remportent chacun une boîte à outils Mc Tools d'une valeur de 3 000 dollars. En cas d'échec, le véhicule est détruit d'une manière spectaculaire.

On ne s'étonnera donc pas qu'un tel programme se soit attiré les faveurs d'un fou de mécanique comme Jacob Black.

Monterrey

Catégorie : références, culture générale
Mots-clés : géographie, Mexique, ville

Troisième ville du Mexique en nombre d'habitants (1,1 million), Monterrey se situe dans le nord-est du pays, dans l'État du Nuevo Leon. Elle est évoquée par Jasper, au sujet des guerres vampiriques qu'il livra aux côtés de Maria.

La ville fut fondée dans la seconde moitié du XVIe siècle par des ecclésiastiques portugais et Don Diego de Montemayor, qui nomme la ville Ciudad Metropolitana de Nuestra Señora de Monterrey en référence à Don Gaspar de Zúñiga y Acevedo, comte de Monterrey, vice-roi de la Nouvelle-Espagne. La ville est occupée en 1846 par l'armée américaine qui y reste deux ans. Dix ans plus tard, le France installe Maximilien au pouvoir, provoquant la rébellion de Benito Juarez, qui fait de Monterrey la capitale : elle le restera trois mois durant en 1864. Elle fut très touchée par le cyclone Gilbert en 1988. Monterrey est la ville natale de l'écrivain Alfonso Reyes.

MySpace

Catégorie : références, culture générale
Mots-clés : Internet, site communautaire, adolescents

Stephenie Meyer pouvait difficilement faire l'impasse sur MySpace dans un roman mettant en scène des adolescents contemporains. MySpace est un site internet de réseau social fondé aux États-Unis, qui offre la possibilité à ses membres de créer un espace personnalisé.

Fondé en 2003 aux États-Unis par Chris DeWolfe et Tom Anderson, le site a été racheté en juillet 2005 par News Corp., le groupe du magnat de la presse et des média Rupert Murdoch.

D'après les statistiques officielles, MySpace était à cette époque le quatrième site le plus consulté au monde derrière ceux de Yahoo !, AOL et MSN. Mais le site communautaire doit aujourd'hui faire face à la rude concurrence de Facebook – 300 millions de membres à travers la planète en septembre 2009 – et Twitter.

MySpace est connu pour accueillir de nombreuses pages de musiciens qui y présentent leurs œuvres. Ces pages sont souvent plus fréquentées que leurs sites et de nombreuses maisons de disques conseillent dorénavant à leurs artistes de réaliser une page MySpace plutôt qu'un site officiel.

N

New Hampshire, État du

Catégorie : références, culture générale
Mots-clés : géographie, USA, État

L'État américain du New Hampshire fait partie de la région dite de la Nouvelle-Angleterre qui est considérée comme le berceau de la nation américaine. Situé au nord-est du pays et flanqué à l'est par l'océan Atlantique, le New Hampshire est une région chargée d'histoire. Après avoir figuré parmi les premières zones colonisées par les Anglais au début du XVIIe siècle, le territoire joue un rôle central primordial durant la guerre d'Indépendance. Le New Hampshire est la première des treize colonies insurgées à rompre avec le joug britannique en déclarant son indépendance, six mois avant la déclaration officielle du 4 juillet 1776. Une position qui lui vaudra sa devise officielle : « Vivre libre ou mourir. »

L'agriculture joue encore un rôle important dans l'économie de l'État, même si le tourisme est devenu la première industrie de la région. Le New Hampshire reçoit ainsi un afflux permanent de visiteurs tout au long de l'année, depuis une période estivale en bord de mer jusqu'aux stations de ski durant l'hiver, également prisées des randonneurs après la fonte des neiges. Il compte à lui seul cent quarante-deux parcs et forêts, dont la White Mountains National Forest qui recouvre près de 293 000 hectares. Comme de nombreux autres États américains, sa capitale, Concord, n'est pas la ville la plus importante de la région. Elle est largement devancée par les agglomérations urbaines de Manchester et de Nashua qui comptent un peu plus du double d'habitants.

C'est également dans le New Hampshire que se situe Dartmouth, l'université où Edward a inscrit Bella. Un choix de Stephenie Meyer qui n'est en aucun cas dû au seul hasard, tant cet État fait figure d'écrin traditionnel et protecteur, garant d'une certaine image de l'Amérique.

Newton, Mike

Catégorie : personnage
Mots-clés : humain, Forks, camarade de classe de Bella

Mike est un garçon sympathique, mais un peu gauche. Attiré par Bella, il n'est pas conscient des sentiments qui la lient à Edward et continue à la poursuivre de ses assiduités, malgré ses refus fréquents. Il n'apprécie pas Edward, ce que l'on peut comprendre dans sa position, et se met dans une situation de compétition avec Jacob lorsque les trois jeunes gens se rendent ensemble au cinéma.

Sa famille tient un magasin d'articles de sport et de randonnée, où il arrive à Bella de travailler. Il finit par sortir avec Jessica Stanley, ce qui ne l'empêche pas d'avoir des pensées incorrectes à l'égard de Bella, selon Edward qui lit dans son esprit comme dans un livre ouvert, durant leur mariage.

Le personnage de Mike Newton est joué au cinéma par l'acteur Michael Welch.

O

Olympus, massif montagneux

Catégorie : références, culture générale
Mots-clés : géographie, montagne, État de Washington

À ne pas confondre avec l'Olympe, territoire des dieux de la mythologie grecque, ou le volcan martien, Olympus est un massif montagneux du nord-ouest des États-Unis qui semble se jeter dans le Pacifique. Son altitude culmine à 2 427 mètres. Cette montagne fut découverte en 1774 par l'explorateur espagnol Juan Perez qui lui donna le nom de Sierra Nevada de Santa Rosalia. Si la montagne était largement visible à l'extrémité de l'État de Washington, il fallut attendre la fin du XIXe siècle pour que l'intérieur de la montagne soit parcouru. L'ascension du mont Olympus, le sommet, ne fut effectuée qu'en 1907. Le site est maintenant devenu un vaste terrain de jeu pour les grimpeurs, qui viennent en masse à l'assaut de ces falaises difficiles, et les sports d'hiver s'y sont également considérablement développés, dans un endroit relativement épargné par la pollution de l'Ouest américain.

Oz

Catégorie : références, culture générale
Mots-clés : film musical, cinéma, comédie

Seconde Guerre mondiale oblige, le public français aura dû attendre jusqu'au 26 juin 1946 pour découvrir le tant attendu

Magicien d'Oz (*The Wizard of Oz*, 1939), la comédie musicale de Victor Fleming, adaptée du roman éponyme de L. Frank (Lyman Frank) Baum, sortie aux États-Unis en août 1939, les films américains étant demeurés interdits dans l'Hexagone pendant l'Occupation…

Dorothy, une jeune fille persécutée et menacée par la vengeance d'une sorcière, doit suivre une route de briques jaunes pour requérir l'aide du magicien d'Oz. Finalement, le magicien n'en est pas un, mais tout se termine à merveille pour Dorothy qui retrouve sa famille dans le Kansas.

Authentique best-seller, *Le Magicien d'Oz* (*The Wonderful Wizard of Oz*) de Baum donne naissance en 1902 à une comédie musicale à Broadway – neuf ans de succès ininterrompu… –, à de multiples suites et *sequels*, et à plusieurs adaptations cinématographiques, Baum ayant même fondé à Hollywood, en 1914, le studio de cinéma Oz Film Manufacturing Company…

Les droits furent âprement négociés à partir de 1924, la MGM mettra dix ans à conclure un accord. La production mobilisa une petite armée de scénaristes pour finaliser l'adaptation et plusieurs réalisateurs – Richard Thorpe, George Cukor et King Vidor (non crédités au générique) – avant d'en confier la direction à Victor Fleming – futur réalisateur d'*Autant en emporte le vent* (*Gone with the Wind*, 1939). La jeune vedette des studios, Judy Garland, hérita, elle, du rôle de Dorothy Gale.

Malgré le souci d'empiéter sur le terrain de Walt Disney et l'obsession hollywoodienne du *happy end*, le film renforce l'aspect sombre du livre et n'en perd pas le sel. Le titre phare de la bande originale sera *Over the Rainbow*, composé par Edgar Yipsel Harburg (paroles) et Harold Arlen (musique).

Devenu un classique de la littérature enfantine dans le monde anglo-saxon, *Le Magicien d'Oz* ne sera curieusement publié en France pour la première fois que quarante ans plus tard, en une version condensée, dans la célèbre « Bibliothèque rose » des éditions Hachette. Et il faudra attendre 1998 pour lire l'intégralité du texte traduit chez Gallimard Jeunesse.

P

Palazzo dei Priori

Catégorie : références, culture générale
Mots-clés : géographie, Italie, palais, Moyen Âge

Dans la cité de Volterra, la place des Prieurs est entourée de palais médiévaux qui sont autant de signes du pouvoir qui dirigeait la commune au Moyen Âge. Ils rappellent que le pouvoir de l'évêché, au départ dominant, fut vite contesté par la commune nouvellement créée.

Le palais des Prieurs, qui date du XIIIe siècle, est le plus ancien de la place. Sa façade à trois étages est percée d'arches. Ses piliers latéraux accueillent des lions, qui sont les symboles de Florence. Le vestibule d'entrée est orné d'armoiries et de plusieurs médaillons. Ce palais reste à l'heure actuelle le siège de la mairie, les visiteurs peuvent se rendre dans la salle du conseil municipal pourvue d'un plafond à caissons. D'autres palais entourent la place des Prieurs : le palais Pretorio et la tour du « Petit Cochon ». Puis le Palais épiscopal, un magasin de grain qui fut transformé pour devenir la résidence de l'évêque à la fin du XVe siècle. Le palais Incontri héberge actuellement une banque, c'est une construction à la fois médiévale et Renaissance. En dernier lieu, le palais du Monte Pio est lui aussi un bâtiment médiéval qui a été grandement rénové au XXe siècle.

Pâris

Catégorie : références, culture générale
Mots-clés : mythologie, Grèce antique, guerre de Troie

Fils de Priam et d'Hécube, et frère du héros troyen Hector, Pâris déclencha la guerre de Troie en enlevant Hélène, la femme de Ménélas, frère du roi des Grecs Agamemnon. L'amour d'Hélène lui avait été promis par la déesse Aphrodite.

Au cours du siège de Troie, il est défié en combat singulier par Ménélas qui le surpasse et Pâris ne doit son salut qu'à l'intervention d'Aphrodite. Après la mort de son frère Hector, le plus valeureux guerrier troyen, tué par Achille, il vise ce dernier au talon, son seul point faible puisque sa mère la déesse Thétis le tenait à cet endroit lorsqu'elle l'immergea dans le Styx pour le rendre invulnérable. La flèche, guidée par Apollon, atteint son but et Pâris tue Achille, avant de succomber sous le trait de Philoctète. Les Troyens le ramènent blessé sur le mont Ida, où il supplie Œnone, sa première femme, de le soigner, mais celle-ci refuse et Pâris meurt.

Le héros troyen responsable de la guerre est assez peu considéré, tenu la plupart du temps comme un séducteur cynique, volontiers lâche, très éloigné de la haute opinion que même ses adversaires éprouvaient pour son frère.

Dans *Roméo et Juliette* de William Shakespeare, Pâris est un gentilhomme que les Capulet aimeraient voir épouser Juliette. Il se bat en duel avec Roméo qui le tue, une scène résumée en une maigre ligne par l'auteur, ce que relève Bella dans *Tentation*.

Les Parques

Catégorie : références, culture générale
Mots-clés : mythologie, Rome, divinités

Les Parques, auxquelles Bella fait référence dans *Révélation* véhiculent une image particulièrement noire et maléfique. Elles apparaissent chez les Grecs, sous le nom de « Moires ». La mythologie latine les reprend, elles deviennent alors les Parcae, que l'on traduit par Parques. Leur filiation est différente suivant les historiens : certains d'entre eux affirment qu'elles sont nées de l'union de Erèbus (Erèbe en grec) avec sa sœur Nox (Nyx en grec). Avec un père, symbole des ténèbres infernales, issu lui-même du chaos, et une mère déesse de la nuit, leur image est forcément négative. Pour d'autres, leur père est Jupiter (Zeus en grec), qui les aurait eus avec la titanide Themis.

Très souvent, un parallèle est établi entre les trois sœurs et la lune, dont les cycles correspondent aux rôles tenus par chacune d'entre elles : la naissance, la vie et la mort. Elles ont en effet la réputation d'étreindre entre leur main le destin de chaque homme. La première, Clotho dite la fileuse, a la charge de dérouler le fil de la vie ; elle correspond à la naissance. La seconde, Lachésis, que l'on surnomme l'implacable ou la fatidique, se charge de disposer du destin des individus, c'est elle qui répartit le sort de chacun. Enfin la dernière, Atropos, celle que l'on ne peut pas tourner, qui est inflexible, a la difficile mission de couper le fils de la vie. Elle est la plus terrible et la plus crainte. D'un geste, elle peut provoquer la mort. Suivant les artistes, elles furent représentées sous les traits de vieilles femmes très laides ou sous la forme de jeunes filles aux visages durs.

Pattinson, Robert

Catégorie : comédiens
Mots-clés : Edward Cullen, vampire

Né à Londres le 13 mai 1986, Robert Pattinson contracte le virus de la comédie à l'âge de quinze ans, et travaille avec le théâtre Barnes.

Après avoir tenu plusieurs rôles sur scène, Pattinson effectue ses débuts devant le grand public dans la série télévisée *Rings of Nibelungs*, où il attire l'attention de la réalisatrice Mira Nair.

Celle-ci offre au jeune Anglais encore inconnu un rôle de figurant dans son adaptation de *Vanity Fair* en 2004, mais ses scènes sont coupées et n'apparaissent que sur le DVD.

Sa malchance continue en 2005 ou il est renvoyé du Royal Court Theatre quelques heures avant la première de *The Woman Before*. Il retrouve rapidement le chemin du succès la même année en jouant le rôle de Cedric Diggory dans *Harry Potter et la coupe de feu*.

Pourtant quasiment inconnu à Hollywood, il est le premier comédien auditionné pour ce rôle convoité qu'il parvient à obtenir la semaine suivante. Son interprétation en fit une star mondiale. Après avoir incarné Cedric Diggory, Pattinson fut nommé « star anglaise de demain » par Times Online et présenté comme le nouveau Jude Law par *Teen People*. Son récent succès à Hollywood l'amène alors à décrocher le rôle prestigieux d'Edward dans l'adaptation très attendue du best-seller de Stephenie Meyers, *Twilight*.

Paul

Catégorie : personnages
Mots-clés : Indien Quileute, loup-garou, meute

D'un tempérament ombrageux, Paul est coutumier d'éclats de colère qui l'amènent à se transformer brutalement en loup-garou. L'idée que Jacob ait informé Bella de l'existence de la meute le met une nouvelle fois hors de lui, au point de se transformer et d'attaquer Bella.

Ceci sans pour autant détester Bella et Jacob. Au début du deuxième tome, Paul s'imprègne de Rachel, la grande sœur de Jacob, une situation qui ennuie Jacob et son père Billy, car Paul vide systématiquement leur garde-manger. Billy finit toutefois par s'en accommoder car il apprécie la présence de Rachel, qui passe plus de temps à la maison depuis qu'elle fréquente Paul.

Le personnage de Paul est joué par l'acteur Alex Meraz dans le second volet de la série.

Philadelphie

Catégorie : références, culture générale
Mots-clés : géographie, ville, USA, Alice Cullen, Jasper Hale

Théâtre de la première rencontre d'Alice Cullen et de Jasper Hale, Philadelphie constitue la plus grande agglomération urbaine de l'État de Pennsylvanie à la jonction des fleuves Schuylkill et Delaware.

Après sa fondation initiale en 1681, par le capitaine William Markham et son cousin William Penn avec l'intention d'en faire un refuge pour les Quakers, un mouvement dissident de l'Église anglicane persécuté en Angleterre, la ville de l'amour fraternel, également surnommée Philly, devint au XVIIIe siècle la ville la plus peuplée des treize colonies. C'est à Philadelphie que fut signée la Déclaration d'indépendance des États-Unis le 4 juillet 1776 et qu'aurait sonné, selon la légende, la fameuse *Liberty Bell* ou Cloche de la liberté. Elle deviendra même la capitale des tout nouveaux États-Unis d'Amérique, avant de perdre son statut au profit de la ville de Washington DC en 1800.

Autrefois leader durant la révolution industrielle américaine, la ville a remplacé ses locomotives et ses hauts fourneaux par des industries diversifiées, notamment dans les domaines de la chimie et du médical, de l'imprimerie et du transport. Une position renforcée par la présence de l'un des plus grands ports industriels d'eau douce du monde sur le fleuve Delaware.

Phoenix, Arizona

Catégorie : références, culture générale
Mots-clés : géographie, ville, USA, Bella Swan, Stephenie Meyer

Phoenix est la capitale de l'État de l'Arizona, mais aussi la ville où Bella Swan et Stephenie Meyer passèrent la majeure partie de leur enfance. On notera cependant que Stephenie Meyer n'est pas née à Phoenix, mais à Hartford dans l'État du Connecticut au nord-est des USA et qu'elle est arrivée dans le sud du pays à l'âge de quatre ans. Elle ne quittera d'ailleurs plus la région, à l'exception d'une incursion estudiantine en Utah, État mormon par excellence, où elle effectuera des études littéraires. Selon le peu d'informations dont on dispose, Stephenie Meyer vivrait encore aujourd'hui dans la région de Phoenix en compagnie de son mari et de leurs trois fils.

La ville de Phoenix, où se déroule une part importante de l'intrigue de Fascination, compte parmi les villes les plus agréables d'Amérique du Nord, malgré sa position étonnante en plein cœur du désert aride du Sonora. Elle fait partie des villes les plus dynamiques des USA, avec une population de 2,8 millions d'habitants dans l'ensemble de son agglomération, et compte parmi les destinations touristiques les plus prisées en recevant chaque année plus de 12 millions de visiteurs. Des chiffres qu'il convient d'estimer régulièrement à la hausse.

Fait encore plus surprenant : dans une région pauvre en eau, la ville est le paradis des golfeurs avec plus de 190 parcours qui demandent un arrosage intense. Une marotte qui oblige les autorités locales à importer l'eau depuis le Colorado au moyen du Central Arizona Project, un canal long de 541 kilomètres. Il s'agit selon les estimations officielles du projet d'aqueduc le plus coûteux jamais réalisé aux États-Unis, dans un pays pourtant habitué à la démesure. Hormis ce problème d'alimentation en eau, Phoenix est considérée comme une ville relativement sûre, contrairement à d'autres États du Sud, sujets aux tornades et aux tremblements de terre.

Phoenix International Airport

Catégorie : références, culture générale
Mots-clés : aéroport, Arizona, USA

Le Phoenix Sky Harbor International Airport se trouve sur la ville de Phoenix et est le principal aéroport de l'Arizona. C'est là que Bella échappe à la surveillance de ses gardiens pour se jeter dans les griffes de James dans le premier tome de la saga.

C'est un aéroport mixte civilo-militaire qui s'étend sur 5 kilomètres à l'est du quartier d'affaires de Phoenix. C'est l'axe aérien le plus emprunté de la région et le neuvième aéroport des États-Unis, en matière de traffic. Desservi au début par seulement quatre compagnies aériennes, ces dernières sont maintenant très nombreuses à utiliser une infrastructure qui accueille 20315544 passagers par an pour les vols commerciaux. En termes de fréquentation, c'est le dix-septième aéroport mondial, où presque 1500 avions et 109000 passagers transitent chaque jour. Sky Harbor a grossi si vite que l'agglomération de Phoenix va devoir utiliser comme aéroport secondaire celui de Phoenix-Mesa Gateway.

Porsche 911 Turbo

Catégorie : véhicules
Mots-clés : voiture de sport, Alice Cullen

Comme à son habitude, Stephenie Meyer apporte une attention particulière aux automobiles conduites par les protagonistes de ses romans. Dans le cas d'Alice Cullen, personnage rapide et espiègle, elle a choisi une Porsche 911 Turbo, automobile mythique par excellence.

Fabriquées par la firme de Stuttgart, ces voitures de sport allemandes font partie du club très fermé des véhicules les plus recherchés par les collectionneurs. Dès son lancement, la 911 remporte de nombreux succès en courses automobiles. La marque améliore le modèle au fil des années et les 911 successives seront toutes à la pointe de la technologie de leur époque. Une quinzaine de modèles de Porsche 911 sont sortis des usines depuis la première génération, lancée dans le commerce en 1964. Chaque nouveau modèle créé de la 911 est plus puissant que le précédent. En 1968, le modèle proposé gagne ainsi 10 chevaux et atteint allègrement les 215 km/h, ce qui est pour l'époque exceptionnel.

Plus de quarante ans après, le modèle phare de Porsche en conserve les traits et le nom. La 911, dans la version type 997, est toujours produite et vendue. L'architecture du moteur est restée inchangée jusqu'à aujourd'hui. Il s'agit du légendaire 6 cylindres à plat, disposé en porte-à-faux arrière.

Port Angeles

Catégorie : références, culture générale
Mots-clés : géographie, ville, USA, État de Washington

Port Angeles, une petite ville du comté de Clallam dans l'État de Washington aux États-Unis, est le théâtre d'un premier dîner en tête à tête entre Bella et Edward.

Sa population est estimée à 18 397 habitants, d'après un recensement de 2000, ce qui en fait la plus grande ville de la péninsule Olympique. La zone a d'abord été baptisée Puerto de Nuestra Señora de los Angeles en 1791 par l'explorateur espagnol Francisco de Eliza, avant que son nom soit abrégé et anglicisé pour prendre sa forme actuelle au milieu du XIXe siècle.

Prince charmant

Catégorie : références, culture générale
Mots-clés : littérature, cinéma, archétype

Le prince charmant que l'on rencontre surtout dans les contes populaires fait rêver les jeunes filles.

Il est souvent riche parce que prince et donc fils de roi, beau, pour les mêmes raisons, et doté bien évidemment d'un charme fatal. On le rencontre le plus souvent à la fin des histoires, au moment où il vient délivrer d'un péril effroyable une jeune fille pouvant être d'extraction populaire, mais le plus souvent par erreur. Il finit traditionnellement par épouser la jeune fille après avoir, au choix, terrassé une armée, abattu un dragon ou assommé un monstre. Il revêt parfois la vile apparence d'un crapaud, victime d'un sortilège affreux qui ne peut être brisé que par le baiser de la jeune fille susmentionnée.

Ses apparitions les plus connues sont dans *Cendrillon*, *La Belle au bois dormant*, *Peau d'âne* ou encore *Blanche Neige*. Il évoque le mâle adulte éveillant une jeune fille à l'amour et à la sensualité.

Psychose

Catégorie : références, culture générale
Mots-clés : psychologie, psychiatrie, pathologie

Évoquée à plusieurs reprises au cours de la saga, la psychose est une pathologie psychiatrique qui rassemble un certain nombre d'épisodes caractérisés par une perception altérée de la réalité.

C'est le terme qui se rapproche le plus de ce que le sens commun entend par folie, des formes de délire et des hallucinations. Ces épisodes sont d'une durée variable, mais peuvent être permanents. La racine de la maladie se situe la plupart du temps dans l'enfance où l'enfant s'échappe pour fuir un environnement invivable, et se réfugie dans un imaginaire qu'il construit. Freud établira le premier une distinction entre la psychose et la névrose, qu'il tentera de soigner par la psychanalyse. De nos jours, la psychose est soignée en milieu hospitalier au moyen de médicaments comme les neuroleptiques, produits chimiques issus des travaux du professeur Laborit.

Dans certaines cultures, notamment celles ou existe le chamanisme, ces états transitoires sont similaires à une folie temporaire ou à une traversée de la mort comparable à des rituels initiatiques de passage à l'âge adulte. Les rites chamaniques peuvent induire de tels épisodes de traversée de la folie ou de la mort, parfois avec l'aide de substances psycho-actives locales, ou de produits comme le LSD. Le rapport entre consommation élevée de cannabis et développement de psychoses est régulièrement évoqué.

Puebla Culiacan

Catégorie : références, culture générale
Mots-clés : géographie, ville, Mexique

Culiacan est la plus grande ville du nord-ouest du Mexique, située dans l'État de Sinaloa. Elle fut le théâtre d'une guerre entre factions de nouveau-nés vampires à laquelle les Volturi mirent un terme définitif avec les méthodes qu'on leur connaît.

La cité est construite dans les vallées fluviales Tamazula et Humaya, sur le confluent de deux rivières. La ville a été fondée en 1531 par le capitaine espagnol Nuño Beltrán de Guzmán. Son nom original est San Miguel de Culiacan. La ville possède de nombreuses universités et l'aéroport international de Culiacan. Les sites les plus appréciés des touristes sont Imala avec ses eaux thermales et, dans les environs du lac, la plage Altata. On y vient aussi pour visiter la Cathédrale, du XIXe siècle, l'église de Nuestra Señora de Guadalupe, le Regional History Museum et le Jardin botanique. Le Sinaloa est un État fédéral situé sur la côte du golfe de Californie, à l'ouest du pays, sur l'océan Pacifique Il est bordé par les États de Sonora, de Chihuahua, de Durango et de Nayarit, sa superficie est de 58 092 km^2. Le Sinaloa est l'État le plus peuplé du nord-ouest du Mexique, il compte 2 536 844 habitants répartis dans 18 municipalités. L'économie de cet État repose essentiellement sur l'agriculture, avec une grande partie de ces secteurs cultivés grâce à l'irrigation. Le Sinaloa produit principalement du riz et des légumes, surtout dans les municipalités de Culiacan, Navolato, Angostura, El Fuerte et Ahome.

Q

Quileute, peuple amérindien

Catégorie : références, culture générale
Mots-clés : Amérindiens, histoire, personnages, La Push

Située à une petite vingtaine de kilomètres de Forks, La Push est le territoire du peuple Quileute, une tribu dont les origines remonteraient à la période glaciaire, ce qui en ferait les plus vieux habitants de la côte nord-ouest des USA. La légende voudrait d'ailleurs que les premiers membres de la tribu aient d'abord été des loups, avant d'être métamorphosés en humains par une intervention surnaturelle.

Ces excellents chasseurs de baleines construisaient des canoës dont la taille variait, d'esquifs réduits pouvant emporter deux hommes à de véritables vaisseaux océaniques capables de supporter une charge de trois tonnes. Les Quileute pratiquaient également l'élevage d'une race de chiens connus pour leur pelage, dont on tirait des couvertures très prisées en hiver. Leur premier contact avec l'homme blanc remonte à l'année 1855, où ils signèrent un traité avec des représentants d'Isaac Stevens, le gouverneur local. Fallacieux, comme ce fut trop souvent le cas, le traité stipulait que les Indiens seraient déplacés vers une autre réserve, à Taholah. Une décision qui fut abandonnée, tant le territoire Quileute était éloigné du reste du monde.

Aujourd'hui, La Push propose une série d'installations balnéaires en front de mer, sa propre usine de transformation de poisson, une société de commercialisation de ses fruits de mer et de nouvelles installations portuaires. Le quartier général et les institutions Quileute se situent toujours dans le vieux village, à côté d'un petit musée. La tribu a renoué avec son passé et son artisanat que l'on enseigne de nouveau à l'école locale, comme la langue Quileute, si spécifique qu'on ne lui connaît pas de parenté sur l'ensemble de la planète. Elle fait notamment partie des cinq langues nasales répertoriées dans le monde.

La meilleure époque pour visiter La Push est la saison hivernale, où il est plus facile de trouver à se loger. La fréquentation touristique baisse de manière significative et les orages y offrent un spectacle impressionnant. La fête nationale Quileute se tient chaque année à La Push entre le 17 et le 19 juillet. Elle comprend un feu d'artifice, des danses et des chants traditionnels, un banquet de saumon, plusieurs tournois sportifs, ainsi que des expositions d'art et d'artisanat traditionnels.

R

Rathbone, Jackson

Catégorie : comédiens
Mots-clés : Jasper Hale, vampire, famille Cullen

Né à Singapour, le 21 décembre 1984, Jackson Rathbone a commencé à jouer dans le théâtre local une fois sa famille installée à Midland, au Texas. Après le lycée, il s'installe à Los Angeles afin de poursuivre une carrière d'acteur, qu'il commence en présentant une séquence du Show Disney 411, dans lequel il interviewe des stars de Disney Channel comme Hilary Duff ou Raven Simone.

Il travaille sur des séries comme *Close to Home* et *The O.C.*, puis on le voit régulièrement sur la série dramatique de Sony Pictures *Beautiful People*. Lorsque la série s'arrête, il joue dans des films indépendants : *River's End* et *Big Stan* en 2007. Son heure arrive en 2008 quand il est choisi pour incarner Jasper, l'un des frères Cullen de *Twilight*.

Le film part sur un petit budget, mais la notoriété du livre est telle que le film finit dans le Top Ten du box-office en 2008. Jackson va continuer de jouer Jasper dans le deuxième et le troisième épisode de la saga *Twilight : New Moon* et *Eclipse*. Il tiendra aussi le rôle principal dans *The Last Airbender* en 2010.

Quand il ne travaille pas, il joue de la guitare dans son groupe de rock.

Reaser, Elisabeth

Catégorie : comédiens
Mots-clés : Esmée Cullen, vampire

L'actrice Elisabeth Reaser est née le 15 juin 1975 à Bloomfield, dans le Michigan et a grandi à la campagne. Son père et sa mère ont divorcé et sa mère s'est remariée avec le milliardaire William Davidson. Elle a fait ses études aux lycées de Birmingham Seaholm et d'Avondale et fait divers petits boulots comme caddy dans un club de loisirs. Elle a su très vite qu'elle voulait être comédienne, en « faisant subir à sa famille de très mauvais shows dans le salon ». Elle suit les cours de l'Université du Michigan pendant un an avant de décider d'intégrer l'école d'arts dramatiques Juilliard School.

Une fois acceptée, elle revient s'installer à New York et obtient sa licence d'arts dramatiques en 1999. Elle commence sa carrière en jouant dans des spectacles comme *Guiding Light*, *Les Sopranos*, *Law & Order : Criminal Intent* et *Saved*, puis campe ensuite une amnésique enceinte dans *Grey's Anatomy*, ce qui lui valut une nomination pour le Primetime Emmy Award en octobre 2004. Le magazine *Interview* la présenta comme l'un des quatorze espoirs artistiques de l'année.

Son premier film fut *Stay* en 2005, puis *Sweet Land* qui lui vaut des critiques flatteuses pour son interprétation d'une jeune russe qui se marie par le biais d'une petite annonce. Elle est cette fois encore récompensée par l'Independent Spirit Award. On la voit ensuite dans le rôle d'Esmée Cullen pour *Twilight.* Elle a aussi joué dans des films TV à succès, même si elle se soucie peu de l'audience, ayant une fois joué une pièce à Londres devant deux personnes.

Elisabeth Reaser a joué dans le sitcom *The Ex List*, et outre son rôle dans le prochain *Twilight : New Moon*, elle sera présente dans l'équipe de *Against the Current*, fin 2009.

Elle vit avec un homme dont elle ne souhaite pas divulguer l'identité, mais qui ne travaille pas dans le show business, et elle est végétarienne.

Reed, Nikki

Catégorie : comédiens
Mots-clés : Rosalie Cullen, vampire

Nikki Reed, née Nicole Houston Reed, à Los Angeles le 17 janvier 1988, a commencé à écrire des dialogues à treize ans et à jouer l'année suivante. Cela a commencé quand la réalisatrice et scénariste Catherine Hardwicke est sortie avec son père Seth, un directeur artistique qui avait travaillé sur des films comme *Minority Report* ou *Heart Huckabees*. Catherine Hardwicke rencontre la jeune fille et s'intéresse à l'écriture de l'histoire d'une rebelle de treize ans. Elles travaillent sur un premier jet en moins d'un week-end pendant les vacances d'été de Nikki. Catherine Hardwicke dut par la suite bousculer la production pour commencer le tournage l'été suivant, afin que Nikki puisse jouer le rôle.

Le film *Thirteen* commence lorsqu'elle a quatorze ans. Elle prend le rôle d'Evie plutôt que celui de Tracy, inspiré de sa propre vie. Elle joue avec Holly Hunter et Evan Rachel Wood et remporte en 2004 l'Independent Spirit Award du meilleur premier rôle, une récompense destinée aux jeunes comédiens. Elle partage aussi avec Catherine Hardwicke le prix du scénario au Festival du film de Nantucket.

De retour au collège, elle se rend compte que le cinéma lui manque et retourne travailler sur *Man of God* en 2005, avant de refaire équipe avec Catherine Hardwicke pour *Lords of Dogtown* en 2005, avec Heath Ledger. Depuis, elle a joué dans *Mini's First Time* avec Alec Baldwin et *American Gun* avec Forest Whitaker en 2005.

Quand elle ne travaille pas, elle va au lycée à Los Angeles, pratique la gymnastique, l'équitation et la peinture.

Ridgway, Gary - The Green River Killer

Catégorie : références, culture générale
Mots-clés : crime, tueur en série, Seattle

Né le 18 février 1949, Gary Leon Ridgway est le serial killer américain le plus prolifique des années 1980 et 1990. Son cas est cité par Stephenie Meyer, en liaison avec la nouvelle épidémie de jeunes vampires créés par Victoria à Seattle.

Sa spécialité était le meurtre par strangulation, effectué avec le matériel dont il disposait sur le moment, à savoir, corde, fil de pêche, bas et autres. Il fut finalement arrêté le 30 novembre 2001, à Renton, dans l'État de Washington, alors qu'il quittait paisiblement l'usine où il travaillait. Né dans l'Utah, à Salt Lake City, il vit avec une mère violente et dominatrice, son père et ses deux frères : ils vivent entre eux sans parvenir à tisser des liens sociaux, à cause de leur mère qui les en dissuade. Le voisinage décrit une mère hargneuse, criant sans discontinuer sur ses enfants et son mari, à propos de tout et de rien. Il est d'une intelligence moyenne mais d'une précocité remarquable, il poignarde à seize ans un enfant de six ans, qui survivra à l'agression. Au cours des années 1980 et 1990, la police fédérale lui attribue pas moins de 48 meurtres, essentiellement perpétrés entre Seattle et Tacoma.

Enfin confondu après son arrestation par un test ADN, il finit par avouer ses crimes, allant jusqu'à s'accuser de 65 assassinats. Il fut condamné à 480 années de prison, qu'il purge au pénitencier de Walla Walla, dans l'État de Washington.

Riley

Catégorie : personnages
Mots-clés : Victoria, vampire

Personnage secondaire, Riley est changé en vampire par Victoria. Il officie comme second auprès d'elle et l'aide à former son armée de vampires nouveau-nés. Une tâche qu'il accomplit avec dévotion, par amour pour elle.

Edward tentera de le raisonner en lui démontrant qu'elle ne l'aime pas en retour et qu'elle le manipule pour se servir de lui. Riley refusant de l'écouter, Edward finit par le tuer au terme d'une lutte épique avec l'aide du jeune loup-garou Seth Clearwater.

Riley est joué au cinéma par l'acteur Xavier Samuel.

Rochester, New York

Catégorie : références, culture générale
Mots-clés : géographie, ville, USA, État de New York

Située dans l'État de New York, la ville de Rochester est dans le comté de Monroe, elle est traversée par la Genesee River, grâce à laquelle la ville est reliée au lac Ontario. C'est la ville où grandit Rosalie Hale, avant de s'y voir transformée en vampire par Carlisle Cullen qui voulait la sauver.

Rochester est également bordée à l'ouest par le lac Erié. La ville comptait environ 220 000 habitants en 2005, pour une agglomération de plus d'un million de personnes, constituant ainsi la troisième ville de l'État. La ville est surtout connue pour ses entreprises, très dynamiques dans le domaine de l'image. Les deux sociétés les plus prospères furent pendant des années Xerox et Kodak, spécialisées dans la photographie et l'optique. Les progrès de la micro-informatique ont fait décliner ces deux géants, qui peinent à diversifier leurs activités. Le port de Rochester se situe sur le lac Ontario, et bénéficie d'un débouché sur l'Atlantique grâce au fleuve Saint-Laurent. L'université de Rochester est spécialisée en économie, en philosophie, en sciences politiques et en musique. Son Master of Business Administration est considéré comme l'un des meilleurs aux États-Unis.

Roi Salomon, jugement du

Catégorie : références, culture générale
Mots-clés : histoire, légende, Bible

Jacob et Bella font référence au célèbre « jugement du roi Salomon », contenu dans le Premier Livre des Rois, à l'occasion d'une discussion qui intervient dans *Hésitation.* Salomon est le quatrième fils de David, et le fils de Bethsabée. Il monte sur le trône d'Israël du vivant de son père. Il régnera quarante ans et se distinguera par sa sagesse exceptionnelle. Le royaume prospérera et connaîtra une longue phase de paix.

Dans le Premier Livre des Rois, un récit prouve sa sagesse. Deux prostituées viennent le voir avec un enfant, chacune d'entre elles affirme qu'elle est la mère du nourrisson. Le roi fait alors chercher une épée et déclare qu'il va couper le petit en deux, les femmes auront ainsi chacune une moitié. L'une accepte sans hésiter, tandis que l'autre supplie qu'on laisse l'enfant vivant, elle préfère renoncer à lui. Salomon comprend que c'est elle la véritable mère et ordonne qu'on lui rende le nouveau-né. Cet habile stratagème démontre également l'intelligence du souverain et comme nous l'apprend la Bible : « Tout Israël apprit le jugement qu'avait rendu le roi, et ils révérèrent le roi car ils virent qu'il y avait en lui une sagesse divine pour rendre la justice » (1 Rois, chapitre 3).

Roméo et Juliette de William Shakespeare

Catégorie : références, culture générale
Mots-clés : littérature, théâtre, sources d'inspiration

Inspirée du mythe de Pyrame et Thisbé tiré des *Métamorphoses* d'Ovide, la lutte entre les familles Capulet et Montaigu apparaît également dans l'œuvre de Dante.

Cette rivalité met la ville de Vérone à feu et à sang, pendant que Roméo et Juliette, qui appartiennent chacun à l'une des familles, s'aiment d'une passion impossible. La tragédie culmine à l'acte V, lorsque Roméo, croyant Juliette morte, revient à Vérone résolu à mourir sur la tombe de son amour. Il provoque en duel le comte Pâris, et le tue. Il entre alors dans la crypte et avale un poison devant la tombe de Juliette. Lorsque celle-ci se réveille, elle embrasse une dernière fois son amant avant de se tuer avec son poignard. Choquées par le drame, les deux familles se revoient au cimetière et se réconcilient. Shakespeare n'ayant jamais signé ni daté ses pièces de théâtre, les historiens considèrent qu'il rédigea *Roméo et Juliette* entre 1595 et 1596.

La pièce sera adaptée à plusieurs reprises au cinéma, au théâtre et à l'opéra et inspira Prokofiev, Berlioz et Tchaïkovski. Elle est étudiée par Bella et Edward en cours de littérature anglo-saxonne.

Roméo et Juliette de Franco Zeffirelli

Catégorie : références, culture générale
Mots-clés : cinéma, sources d'inspiration

Adapté de la pièce de Shakespeare par le réalisateur Franco Zeffirelli en 1968, *Roméo et Juliette* reçut deux Oscars (meilleure photo et meilleurs costumes) et fut deux fois nommé pour le prix du meilleur réalisateur et celui du meilleur film.

Cette adaptation originale de la pièce classique de Shakespeare met en scène l'opposition célèbre entre les Capulet et les Montaigu dans la ville de Vérone. En confiant à deux jeunes inconnus les rôles de Roméo (Leonard Whiting) et de Juliette (Olivia Hussey), Franco Zeffirelli stupéfia le monde du cinéma. C'était un pari audacieux qui se solda par un fantastique succès populaire et quatre nominations aux Oscars. La première grande adaptation cinématographique de l'œuvre classique de William Shakespeare prit vie à travers le jeune couple d'amoureux, apportant vitalité et fraîcheur à la plus impérissable histoire d'amour jamais écrite. Les deux comédiens étaient nus dans une séquence du film, et cela fit scandale, surtout lorsque l'on s'aperçut qu'ils étaient mineurs, ce qui a ajouté une touche sulfureuse à l'œuvre de Zeffirelli. Pour l'anecdote, le premier comédien prévu pour le rôle de Roméo était… Paul McCartney.

Roumanie

Catégorie : références, culture générale
Mots-clés : pays, Europe centrale, Dracula, vampires

La Roumanie est le pays d'origine du prince Vlad III, surnommé Vlad Tepes (l'empaleur), qui inspira Bram Stoker pour son personnage de Dracula. Vlad Tepes fit régner la terreur au XVe siècle ; il est à l'image de l'histoire de son pays, une histoire faite d'invasions, de guerres sanglantes et de révoltes permanentes.

Pendant l'Antiquité, les Thraces s'installent sur les terres. Après l'invasion des Celtes, ils deviennent des Daces. Excessivement nombreux, ils vivent pourtant sous la domination romaine. Ils deviendront orthodoxes, adoptant ainsi la religion de l'Empire byzantin.

Au cours des siècles suivants, ils devront subir les dominations des Goths, des Huns, des Slaves, mais c'est l'Empire ottoman qui finalement s'installera durablement, occupant la totalité des Balkans à partir du XVe siècle. Pourtant le désir d'indépendance des peuples roumains ne faiblira jamais. À cette même époque, Michel le Brave tente pour la première fois d'unifier les Moldaves, les Valaques et les Transylvaniens. Il faudra attendre le XIXe siècle, en juillet 1866, pour que le nom de Roumanie soit enfin adopté. Cette région des Balkans reste cependant sous la domination de l'Empire ottoman. Douze ans plus tard, en 1878, l'indépendance de l'État roumain est proclamée lors du congrès de Berlin. Elle est consécutive à la guerre russo-turque de 1870.

Lors de la Première Guerre mondiale, la jeune nation s'engage auprès de la Triple-Entente. Cela ne sera pas le cas au moment du second conflit. Elle tente de conserver une neutralité, mais se soumettra finalement à la volonté allemande. Vaincue, elle se retrouve sous la domination de l'URSS et se voit contrainte d'opter pour le communisme. En 1965, Nicolae Ceaucescu devient secrétaire général du Parti. Il en profite pour prendre le pouvoir et impose à son peuple une terrible dictature. Le 22 décembre 1989, il est renversé. Le monde entier, stupéfait, suivra en direct à la télévision, la première révolution entièrement médiatisée. Lors d'un simulacre de procès, il sera condamné à mort et exécuté avec sa femme Elena. À l'heure actuelle, pour la première fois de son histoire, le pays est dirigé par un gouvernement libéral.

S

Saint-Valentin

Catégorie : références, culture générale
Mots-clés : mœurs, coutumes, sentiments amoureux

La fête de la Saint-Valentin apparut sur le calendrier catholique en 495. L'Église décida de la fixer le 14 février pour éclipser les réjouissances païennes du 15 février, jour de Lupercalia. Les Romains célébraient à cette date Lupercus, dieu des troupeaux et des bergers, et Junon, déesse chargée de protéger les femmes et le mariage. Les prêtres, à demi vêtus, sacrifiaient des boucs et des chèvres, et se mettaient à poursuivre les femmes dans les rues. Ils les frappaient avec des lanières de peaux des caprinés, et leur assuraient alors la fécondité. Il va sans dire que de tels rites choquaient à l'extrême les bien-pensants dignitaires de l'Église catholique. Celle-ci choisit d'honorer à la place la mémoire de saint Augustin, décapité sur les ordres de l'empereur Claude II, dit le cruel, le 14 février. Augustin était un prêtre chrétien, qui fut jeté en prison et exécuté, mais deux versions différentes circulent sur les raisons de son incarcération. Pour les uns, il avait bravé l'interdiction de mariage qui frappait alors l'ensemble de l'empire et, emprisonné, il tomba amoureux de la fille aveugle de son gardien, la guérit et, avant de mourir, lui envoya une lettre signée « Ton Valentin ». Pour d'autres, il fut jeté dans les geôles, car conquis par ses vertus et sa sagesse, de nombreux Romains voulaient, comme lui, choisir la religion chrétienne. Interrogé par le juge Astérius, il rendit la vue à sa fille adoptive, et provoqua ainsi la conversion d'une quarantaine de personnes. Inquiet, Claude II décida de tous les exécuter. Certes, l'histoire du saint martyr est bien moins ludique que les rites païens. Ainsi les catholiques décidèrent de consacrer cette journée aux amoureux. Ce choix fut favorisé par une légende populaire, fixant le 14 février comme le début de la saison des amours chez les oiseaux.

À partir du XVIe siècle, les Anglais et les Français prirent l'habitude d'envoyer à leurs amoureuses des billets doux ce jour-là. Une charmante coutume qui prit un essor particulier pendant l'ère victorienne où fut lancée la mode des cartes de vœux, merveilleusement illustrées. Une coutume perpétrée au XXe siècle, essentiellement aux États-Unis.

Scottsdale, Arizona

Catégorie : références, culture générale
Mots-clés : géographie, ville, USA, Arizona, Phoenix

Destination touristique de luxe, Scottsdale est une ville résidentielle de la banlieue de Phoenix dans l'État de l'Arizona, aux États-Unis. Sa population connaît depuis le début du XXIe siècle une très forte croissance (200 000 habitants en 2000, et plus de 220 000 en 2004).

Avec plus de 330 jours d'ensoleillement par an et plus de 200 lieux dédiés au golf, Scottsdale a la réputation d'être une des meilleures destinations pour les amateurs de ce sport aux États-Unis et dans le monde. La ville accueille le tournoi FBR Open organisé au Tournament Players Club et le tournoi Ping LPGA. Ce qui a poussé de nombreux joueurs professionnels à s'installer dans la région.

C'est à Scottsdale que Bella manque de mourir sous les crocs de James, le traqueur du clan de vampires nomades de *Fascination*, dans une salle de danse de Cactus Boulevard. Mais c'est aussi à Scottsdale que Stephenie Meyer fit ses études secondaires et rencontra son futur mari.

SeaTac

Catégorie : références, culture générale
Mots-clés : géographie, ville, USA, État de Washington

SeaTac est une ville de la périphérie de Seattle. Elle entoure l'aéroport international de Seattle et Tacoma (Seattle-Tacoma International Airport) dont elle tire son nom. Un cas assez surprenant de contraction, résultant de sa situation géographique entre les villes de Seattle et Tacoma. SeaTac comptait 25 000 habitants au dernier recensement opéré en 2000.

Seattle, ville

Catégorie : Références, culture générale
Mots-clés : Géographie, ville, USA, État de Washington

Située à environ 155 kilomètres au sud de la frontière américano-canadienne, Seattle est l'une des villes les plus importantes de la côte pacifique des États-Unis et la plus grande ville du nord-ouest des États-Unis d'Amérique. Elle constitue un des principaux pôles industriels d'Amérique du Nord et comprend un grand port spécialisé dans le commerce transpacifique. D'une superficie de 369,2 km^2, Seattle compte 602 000 habitants, que l'on appelle en anglais les *Seattleites*.

Fondée au milieu du XIXe siècle et baptisée en hommage à Seattle, un chef amérindien, elle est surnommée la « cité émeraude » pour la couleur verte des immenses forêts qui l'entourent. Seattle est également connue pour avoir été le berceau de la musique grunge, un dérivé du rock alternatif inspiré par le hardcore punk et le heavy metal, au début des années 1990 autour de Sub Pop, un label de disques local. Des groupes comme Nirvana, Soundgarden, Pearl Jam ou Alice in Chains ont fait leurs premiers pas à Seattle et ainsi contribué à l'inscrire sur la carte de la culture populaire contemporaine.

Séraphique, adjectif

Catégorie : références, culture générale
Mots-clés : contes, légendes, croyances, folklore

Séraphique signifie : qui est relatif aux anges.

Les anges sont des créatures intermédiaires entre la divinité et l'homme. L'idée de l'existence de ces êtres n'est pas l'apanage des chrétiens ; les Indiens, les Perses et les Chinois ont eu des doctrines analogues à celle des chrétiens sur les bons anges et les mauvais anges. Les livres des Hébreux parlent d'anges ou messagers célestes : un ange arrête le bras d'Abraham, prédit à Sara qu'elle sera mère, console Agar dans le désert, sauve Loth de l'incendie de Sodome, lutte avec Jacob... Toutefois, l'existence des anges n'est qu'une croyance populaire des Hébreux, et les hébraïsants pensent que les messagers de Yahvéh s'identifient à Dieu lui-même, et ne sont que les symboles de ses facultés et de sa puissance.

Si l'on en croit l'Église catholique, les anges furent créés par Dieu pour être bons, mais certains devinrent mauvais et se retournèrent contre leur créateur. Les anges n'ayant pas besoin de la foi puisqu'ils ont déjà la connaissance de toutes les choses célestes, leur rébellion contre Dieu constitue un acte impardonnable.

Seth, origine du prénom d'un loup-garou

Catégorie : références, culture générale
Mots-clés : divinité, Égypte antique, loup-garou

Prénom d'un membre du clan de loups-garous de La Push dans *Twilight*, mais aussi prénom de l'un des frères de Stephenie Meyer, Seth (Set, Setekh, Setesh, Seti, Sutekh, Setech, Sutech) est le nom du second fils de Geb et de Nout, l'un des dieux les plus anciennement connu en Égypte puisqu'il figure déjà sur un objet en ivoire de l'époque nagadienne (4000-3500 av. J.-C.).

Seth est souvent décrit comme un être humain doté d'une tête d'animal, d'un long museau fuselé et de grandes oreilles dressées terminées en carré, et d'une queue fourchue.

Complexe et ambigu, Seth est dépeint par les légendes comme un dieu ambitieux, comploteur, manipulateur, voire tout simplement comme un assassin. Maître du tonnerre, de la foudre et du chaos, Seth est aussi le dieu du désert et de l'aridité. Selon les légendes, il est associé au meurtre d'Osiris, à la lutte contre Horus et/ou à la défense de Rê.

Les Grecs l'assimileront plus tard avec leur dieu Typhon – également nommé Typhée.

Mais il convient de ne pas confondre Seth (Shet), le fils d'Adam, avec Seth, le dieu égyptien ! Seth – le prénom qui signifie : « Le don de Dieu » –, est, en effet, selon la Genèse de la Torah-l'Ancien Testament dans la Bible des chrétiens, le troisième enfant d'Adam et Ève, conçu après le meurtre de Caïn par Abel.

« Adam, âgé de cent trente ans, engendra un fils à sa ressemblance, selon son image, et il lui donna le nom de Seth » (5,3).

Seth eut des fils – dont Hénoch – et des filles avant de disparaître à l'âge de neuf cent douze ans.

Selon le Coran, Seth est considéré comme un des quatre prophètes « syriens » antédiluviens avec Adam, Noé et Hénoch (Idris).

Shéhérazade

Catégorie : références, culture générale
Mots-clés : littérature, Perse, sources d'inspiration

C'est dans le deuxième tome de la saga que Bella se compare à Shéhérazade, un personnage de fiction du livre des *Mille et Une Nuits*. Une série d'histoires rassemblées à partir d'un ancien livre persan nommé *Hezār-afsāna*, soit *Le Millier de mythes*.

Résumé :

Le roi de Perse, Schâhriar, est trompé par sa femme. Persuadé de la perfidie de toutes les femmes, il épouse chaque jour une vierge qu'il tue au matin de la nuit de noces pour se venger. Shéhérazade, fille aînée du grand vizir, se porte alors volontaire pour faire cesser le massacre, et met au point un stratagème avec sa sœur cadette Dinazar.

Après son mariage, le soir venu, elle raconte une histoire palpitante au sultan sans la terminer. Son époux veut alors tellement connaître la suite qu'il lui laisse la vie sauve pour une journée de plus. Ce stratagème dura pendant mille et une nuits (ce qui correspond à un cycle de trois ans) au bout desquelles le sultan abandonna sa résolution et décida de garder Shéhérazade auprès de lui pour toujours ayant reconnu ses qualités de cœur et d'esprit.

Les Mille et Une Nuits sont souvent citées comme exemple du procédé de mise en abyme, car il raconte l'histoire de Shéhérazade qui raconte l'histoire d'un personnage, qui parfois va conter quelque chose à son tour.

Slade, David

Catégorie : réalisateurs
Mots-clés : *Hésitation*, *Hard Candy*

Ce réalisateur de nationalité anglaise, né en septembre 1969, a commencé sa carrière en réalisant d'abord des films publicitaires, puis des vidéos musicales (notamment pour l'artiste électronique Aphex Twin).

C'est en 2006 qu'il réalise son premier long-métrage, *Hard Candy*, un huis clos qui met aux prises une adolescente de quatorze ans et un photographe de trente ans. Son second film, *30 Jours de nuit*, sort en janvier 2008. Il s'agit d'un film d'horreur avec des vampires, qui met en scène Josh Hartnett.

Particulièrement violent, nihiliste et aux antipodes de la vision des vampires par Stephenie Meyer, ce choix de réalisateur peut laisser supposer que les producteurs ont décidé d'orienter la saga cinématographique vers des ambiances plus sombres et plus adultes.

Solimena, peintre italien

Catégorie : références, culture générale
Mots-clés : peinture, baroque, rococo, Italie, Naples

Comme ce fut souligné plus haut, les personnages, les lieux et les événements historiques cités dans *Twilight* ont généralement existé. Stephenie Meyer prête ainsi un portrait de Carlisle Cullen aux côtés des Volturi à Francesco Solimena, peintre et architecte italien de la période baroque. Reconnu internationalement comme l'un des plus fameux artistes de son époque, Solimena (1657-1747), dit l'abbé Ciccio, est une des grandes figures du développement du baroque et du rococo.

Francesco Solimena est né le 4 octobre 1657 dans la région de Naples ; son père, Angelo Solimena (1629-1716), dirigeait lui-même un atelier de peinture où le jeune Francesco fait ses premiers pas. Après un apprentissage à Naples auprès de Francesco di Maria (1623-1690) et de Giacomo del Po, et des études à Rome, il ouvre son propre atelier où il réalise de nombreuses fresques et retables. La composition de ses tableaux est souvent soulignée par des éléments architecturaux qui concentrent l'attention sur les personnages, de même que le jeu d'ombres et de lumières des étoffes. Son atelier devient pratiquement une académie qui occupe le cœur de la vie culturelle napolitaine durant la première moitié du XVIIIe siècle. Le succès de Francesco Solimena est considérable. Il travaille pour de grandes cours européennes, dont celle de Louis XIV, et accumule une fortune considérable. Il reste actif jusqu'à la fin de ses jours et meurt à l'âge de quatre-vingt-neuf ans à Barra, près de Naples, le 5 avril 1747.

Songe d'une nuit d'été de William Shakespeare

Catégorie : références, culture générale
Mots-clés : littérature, théâtre, comédie, fantastique

Cité dans l'ouverture du livre 2 (consacré au point de vue de Jacob) du quatrième tome de la saga, *Le Songe d'une nuit d'été* est une pièce de William Shakespeare, que l'on pourrait qualifier de fantastique selon les canons actuels.

Le Songe d'une nuit d'été narre les aventures nocturnes de quatre jeunes Athéniens, d'une troupe de théâtre d'amateurs, du duc d'Athènes, de la reine des amazones et des créatures fantastiques qui habitent une forêt inondée par le clair de lune. Cette pièce complexe située dans la Grèce antique et dans laquelle s'entremêlent plusieurs histoires fait partie des titres les plus populaires de l'œuvre de Shakespeare.

Elle a été adaptée au cinéma à de nombreuses reprises, dont une première tentative particulièrement réussie par Max Reinhardt et William Dieterle en 1935. Son influence s'est fait sentir en musique au travers d'œuvres parfois très variées d'Henry Purcell, de Felix Mendelssohn ou de Carl Orff. Sans oublier un court-métrage méconnu de Walt Disney dans lequel Mickey, Minnie, Donald et Daisy interprètent à leur tour les personnages de Shakespeare.

Stanley, Jessica

Catégorie : personnages
Mots-clés : Forks, camarade de classe de Bella

Pipelette aux cheveux noirs bouclés, Jessica fait partie des camarades de classe de Bella et devient sa première amie au moment de son arrivée à Forks. C'est elle qui lui parle de la famille Cullen lors de sa première journée de cours.

Malheureusement, l'amitié de Jessica pour Bella est plus motivée par sa popularité que par sa personnalité. Jessica éprouve aussi un peu de jalousie à l'encontre de Bella pour l'affection que lui porte Mike. Des sentiments confirmés par Edward qui le lit dans ses pensées dans *Songe d'une nuit d'été*, un texte incomplet de Stephenie Meyer dont on peut télécharger un manuscrit sur son site officiel.

Après un passage à vide pendant la dépression de Bella que Jessica ne comprend pas, leurs relations se concluent sur une bonne note à l'occasion de la remise des diplômes et elle accompagne Mike au mariage de Bella et d'Edward.

Le personnage de Jessica Stanley est interprété au cinéma par l'actrice Anna Kendrick.

Stewart, Kristen

Catégorie : comédiens
Mots-clés : Bella Swan, humaine puis vampire

Fille du producteur John Stewart, Kristen Stewart est née dans le Colorado, mais a passé son enfance à Los Angeles.

En 2001, son premier rôle fut celui d'un garçon manqué, la fille de Patricia Clarkson, dans le film indépendant *The Safety of Objects*. Dans le suivant, un an plus tard, elle joue la fille diabétique de Jodie Foster dans *Panic Room*.

À l'origine, d'autres jeunes comédiennes avaient été castées quand Nicole Kidman devait jouer le premier rôle, mais après la blessure de cette dernière qui l'obligea à renoncer au film, le rôle échut à Jodie Foster et Kristen Stewart, grâce à sa ressemblance avec l'actrice, fut engagée. Elle fut nominée pour le meilleur premier rôle féminin pour sa performance dans le film. *Panic Room* fut un succès commercial et Kristen Stewart fut rapidement engagée pour jouer Angel, la fille de Dennis Quaid et de Sharon Stone dans *Cold Creek Manor* (2003). Elle incarna ensuite une fille devenue criminelle pour aider son père dans *Catch the Kid*. L'année suivante, elle incarna Lila dans *Undertow*, aux côtés de Dermot Mulroney et de Josh Lucas, rôle pour lequel elle fut nominée dans la catégorie jeune interprète.

Dès qu'elle a un peu de temps pour elle, Kristen fait du surf, elle vit avec ses parents et son grand frère Cameron dans la banlieue de Los Angeles.

Succubes

Catégorie : références, culture générale
Mots-clés : créatures fantastiques, contes, folklore, légendes

Personnages de légendes, les succubes prennent des formes féminines afin de séduire les hommes durant leurs rêves. Ils sont de nature ambivalente, car en même temps redoutés et désirés. On les retrouve à la fois à la source des songes érotiques et des cauchemars, particulièrement au Moyen Âge.

Le terme succube vient du mot latin « succuba » qui signifie « concubine ». Les vampires, particulièrement dans leur version féminine, présentent de nombreux points communs avec les succubes. On retrouve dans les deux cas le mythe de la femme fatale, séduisante et dangereuse, car dévorante, et comme son nom l'indique… fatale.

D'autres créatures féminines, comme les dryades et les nymphes grecques, ou encore la déesse chatte Bastet de la mythologie égyptienne, partagent cette ambivalence.

Swan, Bella

Catégorie : personnages
Mots-clés : humaine puis vampire, personnage principal

Isabella, plus couramment appelée Bella dans la saga de Stephenie Meyer, est une adolescente maladroite, légèrement perdue, après le divorce de ses parents, entre une mère absente et un père taciturne. Choisissant de quitter le soleil de l'Arizona pour les étendues sylvestres et pluvieuses de l'État de Washington, elle emménage dans la maison de son père Charlie à Forks, l'une des villes les plus pluvieuses des États-Unis.

Bien que de nombreux garçons s'intéressent à elle dès son arrivée au lycée de Forks, elle tombe amoureuse d'Edward Cullen, un adolescent mystérieux dont elle découvre que c'est un vampire, comme tous les membres de sa famille recomposée.

Une idylle se noue, mais Edward choisit de quitter Bella car il est inquiet des dangers qu'elle encourt à cause de sa nature réelle et de son mode de vie.

Celle-ci tombe alors dans une profonde dépression, au désespoir de ses rares amis, et c'est auprès de Jacob Black, fils d'un vieil ami de son père et membre de la tribu indienne des Quileute, qu'elle trouve un peu de réconfort. Sans l'aimer comme elle aime Edward, elle s'attache à Jacob, dont elle découvre à son tour que c'est un loup-garou et que sa meute a pour mission de défendre la région contre les vampires.

Après de longues péripéties, moult rebondissements et des passages par le sud des USA, l'Italie ou le Brésil, Bella épouse enfin Edward et donne naissance à une petite fille au terme d'une grossesse très particulière. En effet, celle-ci se révèle être hybride, mi-femme, mi-vampire, et dévore sa mère de l'intérieur, ce qui oblige Edward à transformer Bella malgré ses réticences initiales.

Le personnage de Bella est joué au cinéma par l'actrice Kristen Stewart.

Swan, Charlie

Catégorie : personnages
Mots-clés : humain, Forks, policier, père de Bella

Charlie Swan est le père de Bella. Il occupe le poste d'officier de police de Forks. Ses hobbies incluent la pêche, qu'il pratique avec Harry Clearwater et Billy Black, et, comme tout Américain qui se respecte, les retransmissions sportives à la télévision.

Charlie épouse Renée, la mère de Bella, aussitôt après la fin de leurs études, peu de temps avant la naissance de leur fille. Le divorce est tout aussi rapide et Renée quitte avec Bella le climat pluvieux de Forks pour le soleil de l'Arizona. Bien que toujours amoureux de son ex-femme, Charlie se fait une raison et s'habitue à vivre seul. Un isolement familial égayé chaque été par la visite de Bella qui passe ses vacances à Forks.

C'est à l'âge de dix-sept ans que Bella décide de revenir vivre avec son père, afin de laisser sa mère vivre sa nouvelle idylle avec Phil Dwyer, un jeune joueur de base-ball. Charlie commence par accepter la présence d'Edward, avant de changer d'avis, dans le deuxième tome de la série, lorsqu'il voit sa fille sombrer dans la dépression. Il apprécie Jacob et les efforts du jeune Indien pour réconforter sa fille. Entre Edward et Jacob, son choix est fait.

Charlie n'explose pas de joie lorsque les deux amoureux, Bella et Edward, lui annoncent leur mariage. Il n'en restera pas moins proche de sa fille après sa transformation en vampire et semble reprendre goût à la vie à la fin de la série au contact de Sue Clearwater avec laquelle il noue une relation romantique.

Le personnage de Charlie est joué au cinéma par Billy Burke.

Système scolaire américain

Catégorie : références, culture générale
Mots-clés : mœurs, coutumes, USA

Le système éducatif américain est décentralisé ; il relève davantage des États que du gouvernement fédéral. Il gagne en souplesse puisque chaque État prend en charge 45 % des dépenses et décide donc des programmes, des manuels, de la répartition des dépenses, mais ce système est également plus inégalitaire.

Les Américains fréquentent en majorité des établissements publics qui sont totalement gratuits. Les établissements privés sont en général gérés par des institutions religieuses. Le philosophe John Dewey a eu, au début du XXe, une influence non négligeable dans la constitution du système que nous connaissons, avec ses travaux démontrant la place capitale de l'enseignement dans la formation d'une société démocratique. Dans les cinquante États, les cours sont dispensés en anglais.

Depuis 1974, les étudiants ne parlant pas l'anglais ont dans l'obligation de suivre une formation bilingue.

T

Tacoma

Catégorie : références, culture générale
Mots-clés : géographie, ville, USA, État de Washington

Citée parmi les villes de la région dans *Twilight*, Tacoma se situe à un peu plus de 150 kilomètres de Forks. La ville tire son nom du mont Rainier, originellement baptisé mont Tacoma. Elle était également connue comme la « ville du destin » à la fin du XIXe siècle, surnom lié à l'installation du terminus ferroviaire de la Northern Pacific Railroad où atterrissaient de nombreux émigrants en provenance du reste du pays. Encore aujourd'hui, la devise officielle de Tacoma est : « Quand les rails rencontrent les voiles », pour cette jonction entre le chemin de fer et son port international, construit sur une baie protégée des vents qui mène vers l'océan Pacifique.

Après une période de restructuration industrielle difficile, Tacoma se découvre actuellement une nouvelle vie et de nouvelles énergies, grâce aux efforts de la municipalité pour améliorer le centre de la ville mais aussi l'ouverture d'une branche de l'université de Washington, dont le quartier général se trouve à Seattle, qui attire de nombreux étudiants.

Télépathie

Catégorie : références, culture générale
Mots-clés : paranormal, surnaturel, talent, don

La télépathie consisterait en un échange d'informations entre deux personnes qui n'impliquerait aucune interaction sensorielle ou énergétique connue. Une de ses formes les plus connues est la lecture des pensées ou de l'esprit d'une autre personne. Le terme vient du grec « tele » (loin) et « pathos » (sentiment : souffrance, ce que l'on éprouve). À l'instar de l'extralucidité dont il fut question plus haut, la télépathie n'est pas un phénomène reconnu par la communauté scientifique.

La télépathie est un sujet très utilisé par de nombreux auteurs de science-fiction et de romans fantastiques. De nombreux vampires, monstres et créatures mutantes ont ainsi été dotés de dons télépathiques dans l'histoire de la littérature et du cinéma de genre. Le don d'Edward Cullen, qui lui permet de lire dans l'esprit des gens, à l'exception notable de Bella, est incontestablement du domaine de la télépathie.

Thanksgiving, fête américaine

Catégorie : références, culture générale
Mots-clés : mœurs, coutumes, USA

Le quatrième jeudi du mois de novembre, dans tous les États d'Amérique, on fête Thanksgiving. Cette journée « d'actions de grâce » est rythmée par des cérémonies religieuses, mais le repas reste un moment crucial. Familles et amis se réunissent autour de la traditionnelle dinde rôtie et farcie, arrosée de sauce aux airelles et accompagnée de patates douces et de maïs. Le « pimpkin pie », un gâteau au potiron, conclut le copieux et succulent festin. L'histoire même de Thanksgiving s'est construite autour de mets similaires.

En 1620, une centaine de pèlerins, les *Pilgrim fathers* fuient le royaume britannique et ses persécutions. Ses hommes refusent de se soumettre aux règles de l'Église d'Angleterre et s'embarquent à bord du *Mayflower* ; ils espèrent trouver la paix et la tolérance dans le nouveau monde. Ils débarquent au mois de décembre de cette même année, sur le futur emplacement de l'État du Massachusetts où sera érigée la ville de Plymouth. Ils se trouvent confrontés à un hiver rigoureux et la moitié d'entre eux décède. Au printemps, ils doivent affronter de nouvelles difficultés. La terre et le climat leur paraissent hostiles, les plantes et les animaux leur sont inconnus. Les autochtones, des Indiens iroquois, leur viennent en aide. Leurs chefs, Samoset et Squanto, et leur tribu, apprennent aux colons à faire pousser le maïs et les potirons, à distinguer les plantes nocives. À l'automne 1861, le travail a déjà porté ses fruits, la première récolte est magnifique. Pour fêter la moisson et remercier leurs bienfaiteurs, William Bradford, le gouverneur chargé de la petite communauté anglaise les invite à festoyer avec eux. Les convives apportent en cadeaux des dindes rôties, volailles alors inconnues en Europe.

En souvenir de ce jour, au moment des moissons, les Américains prennent l'habitude de reconstituer le repas d'origine. En 1789, la fête sera instituée officiellement le 26 novembre par George Washington. La date sera légèrement modifiée par Abraham Lincoln qui déclara, en 1863, journée nationale le quatrième jeudi du mois de novembre. À l'heure actuelle, la tradition est maintenue par presque tous les Américains.

Ticuna, peuple amazonien

Catégorie : références, culture générale
Mots-clés : Indiens, Amazonie, Brésil, Pérou

Évoqués au cours du quatrième tome de Twilight, les Ticunas font partie des peuples du bassin amazonien. Ils sont présents au Brésil, mais aussi au Pérou et en Colombie.

Les Ticunas représentaient encore l'ethnie indienne la plus importante du Brésil à la fin du XXe siècle, avec une population estimée à plus de 20 000 individus. Un chiffre important pour peu qu'on le rapporte à la petite taille des villages de la région. Leur langue serait actuellement parlée par plus de 40 000 individus dans l'ensemble de la région.

La légende des Ticunas dit qu'ils se seraient d'abord incarnés sous la forme de poissons dans les rivières du bassin de l'Amazone, avant de se transformer en hommes à l'invitation de leur père fondateur Yoi, qui les attira hors de l'eau en utilisant des morceaux de yuccas (famille de plantes vertes bien connue des intérieurs français). Yoi serait ainsi le grand héros de leur cosmogonie, auteur des lois et des coutumes qui dirigent la vie quotidienne des Ticunas.

Confrontée au contact de l'homme blanc depuis le XIXe siècle, la culture Ticuna a longtemps souffert avant de se trouver un nouveau souffle dans les années 1970 grâce au soutien de la FUNAI (Fundação Nacional do Índio), l'agence brésilienne de protection des intérêts indiens.

Toscane, région de

Catégorie : références, culture générale
Mots-clés : géographie, région, Italie

Située au centre-ouest de l'Italie, la région de Toscane a pour capitale Florence. Elle est dotée d'un climat méditerranéen réputé pour sa clémence, les quatre saisons s'y succèdant de manière marquée. Des étés chauds et secs, des hivers relativement cléments, avec d'importantes variations entre la côte, au climat plus doux, et l'arrière-pays, au climat plus rugueux. Ce qui n'empêche pas ce dernier d'être réputé pour la douceur de ses paysages vallonnés, lieux de villégiature d'une bourgeoisie dorée.

Apparu au Xe siècle, son nom est un dérivé de l'antique « Tuscia » qui désignait l'ancienne Étrurie, territoire des Étrusques, ou Tuscie, compris entre le Tibre et l'Arno.

Terre de Léonard de Vinci, la Toscane est connue pour avoir abrité les prémices de la Renaissance au XVe et XVIe siècles (« Cinquecento »). Une période exceptionnelle caractérisée par une grande prospérité économique et artistique. Florence, la capitale toscane, en représente à cette époque la plus éblouissante incarnation sous l'influence de la dynastie des Médicis, richissime famille de banquiers considérés comme les mécènes les plus prestigieux de l'histoire européenne.

Transylvanie

Catégorie : références, culture générale
Mots-clés : géographie, région, Roumanie, vampires, Dracula

La Transylvanie tire son nom de l'expression latine « trans-silvam », qui signifie au-delà des forêts. Située au centre-ouest de la Roumanie, elle est délimitée par les sombres montagnes des Carpates qui culminent à 2543 mètres et constituent un cadre idéal pour tous les fantasmes vampiriques. L'écrivain britannique Bram Stoker fut ainsi bien inspiré en y établissant le territoire de son personnage, Dracula.

Formée de plateaux (entre 305 mètres et 488 mètres d'altitude), de dépressions et de vallées, elle marque la limite occidentale de la Roumanie actuelle et borde la Hongrie, autre territoire d'élection des buveurs de sang avec la comtesse Bathory de sinistre mémoire.

Tuniques rouges

Catégorie : références, culture générale
Mots-clés : armée, Royaume-Uni,

Les « tuniques rouges » où *Red Coats* fut le surnom accolé à l'armée britannique, depuis bien avant la guerre d'Indépendance des États-Unis d'Amérique jusqu'au début de la guerre de 1914-1918, moment où les stratèges militaires prirent conscience de la nécessité du camouflage pour l'armée.

Leur uniforme écarlate visible à 10 kilomètres devint le symbole des troupes coloniales dans le vaste empire de ce qui deviendrait le Commonwealth. En Inde et aux Malouines en passant par l'Amérique et le Nigeria, l'Angleterre maintenait la moitié du globe sous un joug de fer, aidé en cela par une force navale hors pair. Le rouge était l'apanage de la maison de Lancastre, puis la couleur des Tudor. Il était utilisé au départ pour tromper l'ennemi dans les batailles d'infanterie, celui-ci pouvant alors penser que son adversaire comptait un grand nombre de blessés. La tunique rouge se portait généralement avec une chemise blanche à longues franges et des bottes d'équitation noires. Puis le kaki s'imposa dans toutes les armées du monde et ce fut la fin d'une forme d'élégance militaire.

U

Uley, Samuel

Catégorie : personnages
Mots-clés : Indien Quileute, loup-garou, meute

Sam Uley est le leader de la meute de loups-garous de La Push. Après une enfance difficile, où son père l'abandonne avec sa mère, il se rapproche de Leah Clearwater qui fut son amour de lycée. Mais leur relation prend une mauvaise tournure après sa première transformation en loup-garou, un changement d'état rendu d'autant plus difficile par l'interdiction qui lui est faite d'expliquer à sa compagne ce qui lui arrive. Leur relation prend finalement fin lorsque Sam s'imprègne d'Emily, une cousine de Leah, brisant par la même occasion toutes les promesses faites à son amoureuse. Selon Jacob, Sam se sent coupable d'avoir trahi Leah et responsable de l'amertume qui habite celle-ci aujourd'hui.

À l'occasion de ses métamorphoses, Sam se transforme en loup noir de très grande taille. Jacob est le seul à le dépasser avec le temps. Sam reste le mâle alpha de la meute, bien qu'il n'hérite pas de cette position par son hérédité. Celle-ci revient à Jacob qui laisse Sam diriger la meute jusqu'au dernier tome de la saga.

L'acteur Solomon Trimble est crédité dans le rôle d'un ami de Jacob dans le premier film de la série, bien que de nombreux spectateurs aient reconnu en lui le personnage de Sam. Ce sera bientôt Chaske Spencer qui incarnera Sam au cinéma.

V

Vampire

Catégorie : références, culture générale
Mots-clés : créatures fantastiques, légendes, mythes, folklore

Comme ce fut souligné plus tôt, les vampires de la série de Stephenie Meyer différent par bien des points des créatures nocturnes de la mythologie, de la littérature et du cinéma fantastiques. Meyer a d'ailleurs revendiqué n'avoir fait aucune recherche sur la mythologie vampirique pour écrire ses romans. Elle proclame même n'avoir jamais vu de film d'action violent (encore moins d'horreur) et non plus de scène érotique. Une déclaration à considérer avec prudence tant l'image traditionnelle du vampire a imprégné depuis plus d'un siècle tous les champs de la culture populaire, du cinéma à la littérature en passant par les jeux vidéo et les séries télévisuelles.

De fait, il n'apparaît pas essentiel de faire des recherches approfondies pour avoir une idée de ce à quoi ressemble un vampire selon la tradition classique. On notera d'ailleurs que les buveurs de sang de *Twiligh*t partagent encore de nombreuses ressemblances avec le canal historique des enfants de la nuit. Ce qui nous laisse supposer que Stephenie Meyer en sait sans doute plus qu'elle ne veut bien nous l'avouer. Nonobstant ce détail, on accordera à l'auteur d'avoir su renouveler le genre et ses codes, d'une manière qui lui est toute particulière. Des libertés que ne semblent pas lui reprocher ses millions de lecteurs à travers le monde.

Contrairement au comte Dracula et à ses très nombreux et sanguinaires héritiers, Edward et ses congénères ne craignent pas l'ail, les reliques sacrées ou les pieux de bois. Certes, ils ne respirent pas, mais sont néanmoins capables d'ingérer des aliments humains, quitte à les régurgiter plus tard puisque leurs estomacs sont incapables de les digérer. Leur reflet est visible dans un miroir et ils peuvent même s'exposer à la lumière du soleil sans prendre feu et tomber en cendre. Bien au contraire, leur peau s'illumine de mille éclats adamantins face aux rayons de l'astre du jour.

On retrouve néanmoins des caractéristiques plus traditionnelles au fil des romans. Les vampires de Stephenie Meyer possèdent tous une beauté surnaturelle, argument bien utile pour approcher leurs proies, ainsi qu'une force et une agilité bien au-dessus de la moyenne. Et les adeptes d'un régime végétarien, à base de sang animal et non humain, ne sont pas légion, comme le souligne la cruauté de la scène du massacre d'humains dans le palais des Volturi.

Également plus classique, les yeux des nouveau-nés vampires se teintent de rouge vif avant de tourner vers un pourpre profond au bout d'une année. Une coloration accentuée par la consommation de sang humain. À l'inverse, un régime strict à base de sang animal (comme dans le cas des Cullen) teintera leurs yeux d'une belle couleur dorée. En dehors de cette particularité, leurs yeux s'assombrissent avec la soif, jusqu'à devenir entièrement noirs. Les nouveau-nés vampires sont aussi réputés pour leur force exceptionnelle, due à la grande quantité de sang encore présente dans leurs corps durant l'espace d'une année à partir de la date de leur transformation.

Les sens des vampires sont si aiguisés qu'ils peuvent voir et entendre à des kilomètres à la ronde, et ils sont capables de se déplacer à des vitesses telles que l'œil humain ne les perçoit plus que dans un vague flou. Quasi immortels, ils sont difficiles à tuer. La seule façon de s'en débarrasser étant de les démembrer pour ensuite brûler leur corps. Les vampires ne dorment pas, ce qui leur permet de rester éveillés en permanence, notamment durant la nuit.

Bien que ce ne soit pas le cas pour tous, nombre d'entre eux conservent certains traits de leur caractère humain. Ce qui peut se manifester sous la forme de dons particuliers, comme la télépathie dans le cas d'Edward, un certain talent divinatoire chez Alice Cullen, ou encore une forme de bouclier psychique présent chez Bella dans sa première incarnation humaine, mais renforcé après sa transformation.

Tout comme les humains, les vampires de *Twiligh*t peuvent choisir de vivre seuls ou de s'installer en familles ou en clans. Certains, à l'instar de la famille Cullen, optent pour un mode de vie sédentaire en s'établissant durant plusieurs décennies, voire siècles ou millénaires au même endroit. Tandis que d'autres privilégient une existence nomade, comme dans le cas du trio constitué par James, Victoria et Laurent dans le premier volume de la série.

Vampires, personnages secondaires

Catégorie : personnages
Mots-clés : vampires, monde entier

Le clan de vampires d'Amazonie

Zafrina, Senna et Kachiri constituent un clan de vampires amazoniens. Zafrina possède le don de créer des illusions. Celles-ci n'affectent cependant pas Bella, dont l'esprit reste toujours aussi hermétique, pas plus que les personnes qu'elle protège derrière son bouclier psychique.

Zafrina n'en construit pas moins une relation étroite avec Renesmée, qui apprécie Zafrina et les jolies images que celle-ci crée pour elles. Avant de repartir vers sa forêt tropicale, l'Amazonienne fait promettre à Bella qu'elle viendra lui rendre visite avec sa fille.

Les nomades américains

Peter, Charlotte, sa compagne, Mary et Randall sont des vampires nomades qui parcourent le sol américain. Peter est un vieil ami de Jasper qu'il a aidé à s'échapper de l'armée de Maria où il entraînait les nouveau-nés vampires. Mais leur cohabitation ne dure qu'un temps car Jasper ne supporte pas de ressentir les émotions de leurs proies humaines et choisit de les quitter.

Le clan égyptien

Tia, Amun, Benjamin et Kebi constituent le clan égyptien qui accourt du pays des pharaons à la demande de la famille Cullen. On notera pourtant qu'Amun, le compagnon de Kebi, n'apprécie pas son rôle de témoin en faveur des vampires de Forks. Une situation qui provoque quelques tensions. Benjamin, le compagnon de Tia, a le talent exceptionnel de contrôler les quatre éléments : l'eau, la terre, l'air et le feu. Un don d'autant plus particulier qu'il s'applique à des éléments physiques, alors que la plupart des dons des vampires s'arrêtent aux illusions de l'esprit et non de la matière.

Les nomades européens

Alistair, Charles et Makenna sont des vampires nomades européens. Bien qu'étant un vieil ami de Carlisle, Alistair ne lui rend que rarement visite. Ce traqueur choisit d'ailleurs de partir avant l'arrivée des Volturi de peur d'avoir à témoigner devant eux. Charles est le compagnon de Makenna : son don est de savoir distinguer le vrai du faux dans ce que l'on dit devant lui.

Le clan de vampires irlandais

Siobhan, Liam et Maggie sont les membres de ce clan de vampires irlandais. Lima est très protecteur vis-à-vis de ses deux compagnes. Maggie, rouquine comme toute Irlandaise qui se respecte, a le don de sentir les mensonges. Ils quittent les verts rivages de l'Irlande pour témoigner face aux Volturi en faveur des Cullen et de Renesmée.

Le clan de vampires roumains

Il y a 1 500 ans, Vladimir et Stefan faisaient partie de l'aristocratie vampirique roumaine. Déchus de leur position par les Volturi qui ont détruit leur château, ce sont les seuls survivants de cette rébellion. Ils vouent une haine tenace aux Italiens et sont prêts à tout pour avoir leur revanche.

Victoria

Catégorie : personnages

Mots-clés : vampire, nomade, clan de James le traqueur

Rouquine et féline, Victoria est un des membres du clan de vampires errants dirigé par son amant, le traqueur James. Elle joue un rôle mineur dans le premier livre, et se révèle véritablement nuisible après la mort de James dont elle veut se venger en tuant Bella, quitte à décimer la région tout entière.

Une menace qu'elle met à exécution en levant depuis Seattle une armée de nouveau-nés vampires, connus pour leur force et leur soif de sang incontrôlable, contre la famille Cullen et la meute de loups-garous amérindiens. C'est au cours de cette bataille qu'elle se fait tuer par Edward et le jeune lycanthrope Seth Clearwater.

Le personnage de Victoria est joué par l'actrice Rachelle Lefevre dans les deux premiers films tirés de la saga. Elle sera par la suite remplacée par l'actrice Bryce Dallas Howard.

Le vieillissement

Catégorie : références, culture générale
Mots-clés : médecine, biologie, vie humaine

Évoqué à maintes reprises par Bella qui s'inquiète de perdre Edward qui a reçu la jeunesse éternelle, le vieillissement est un processus d'usure de la mécanique humaine qui met en jeu des éléments d'ordre physique et psychologique, mais aussi social.

Le vieillissement des cellules commence à la naissance, se poursuit à la fin de l'adolescence, au moment de la myélinisation, mais s'accélère entre soixante-cinq et quatre-ving-dix ans, on parle alors de troisième et de quatrième âge. Les connexions neuronales deviennent plus lentes, la division cellulaire se ralentit. Le déclin physique et mental qui l'accompagne fait l'objet d'études médicales dans le cadre de la gériatrie, à qui l'on doit les découvertes récentes sur les radicaux libres et sur les maladies neurodégénératives comme la maladie d'Alzheimer.

La gérontologie constitue l'étude du vieillissement humain, au sens biologique, mais aussi dans ses aspects sociologiques, démographiques, anthropologiques et économiques. Le vieillissement général de la population dans les pays occidentaux développés entraîne une réflexion sur l'allongement de la durée du travail, l'équilibre des comptes sociaux puisque la proportion entre actifs et retraités atteindra rapidement un point unique dans l'histoire de l'humanité.

Volterra

Catégorie : références, culture générale
Mots-clés : géographie, ville, Italie, Toscane

Volterra est une petite ville italienne d'environ 11 200 habitants située non loin de Pise, en Toscane, dans le centre de l'Italie.

Perchée sur une colline, entourée de remparts et dominée par une forteresse, Volterra est une ancienne cité étrusque et ensuite médiévale, ce qui est de toute évidence visible dans sa structure architecturale.

On y trouve le Palazzo del Priori et sa tour crénelée la Torre del Porcinello, où résident les inquiétants Volturi qui s'y adonnent à des orgies de sang humain. C'est dans cette bourgade qu'Alice et Bella vont sauver Edward d'une mort certaine.

Volturi, le clan des

Catégorie : personnages
Mots-clés : vampires, Volterra

Considéré comme l'aristocratie des vampires, notamment en raison de leur âge avancé, le clan des Volturi est basé dans la ville italienne de Volterra, au sud-est de la riche province de Toscane. Ils agissent comme une sorte de police du monde des buveurs de sang, en imposant une grande règle d'or : l'existence des vampires se doit rester secrète aux yeux des humains. Les Volturi s'entourent d'une garde rapprochée particulièrement efficace qu'ils n'hésitent pas à envoyer dans d'autres pays et sur d'autres continents pour punir et éliminer leurs congénères récalcitrants.

Carlisle Cullen a passé du temps à leurs côtés, avant de quitter l'Italie pour le Nouveau Monde où il choisit de développer sa propre famille. Un départ en grande partie suscité par son éthique et son régime végétarien qui s'accommodent mal des orgies de sang de la vieille noblesse vampirique. On note que l'éloignement géographique n'enlève rien aux dangers que font peser les Volturi sur le clan Cullen. Comme le fait remarquer un personnage de la saga, le temps joue en faveur des Volturi et ils finissent toujours par rattraper leurs condamnés.

Ce sont eux qui demandent à ce que Bella soit tuée ou transformée en vampire, car elle en sait beaucoup trop pour une humaine. Et ce sont de nouveau les Volturi qui se déplacent jusqu'à Forks, à la fin de *Révélation*, pour se débarrasser de Renesmée et de tous ceux qui se trouvent en travers de leur route. Deux cas de figure où leur pouvoir est démontré, car ils obligent dans un premier temps Bella à changer de condition, avant de forcer les Cullen à convoquer des vampires du monde entier pour les convaincre que Renesmée ne représente aucun danger pour leur espèce.

Les chefs de Volturi sont Aro, qui possède le don de lire dans les pensées d'autrui après un simple contact physique, Marcus qui peut ressentir les liens unissant les personnes, et Caius, dont on ne connaît pas les pouvoirs. Leur garde est composée de trente-deux membres, parmi lesquels Jane qui est capable d'infliger des profondes douleurs, Demetri qui a la capacité de traquer sans limite toute personne dont il a goûté l'esprit, Chelsea qui peut modifier les liens émotionnels qui unissent les gens, et enfin Renata qui a le don de distraire et d'égarer toutes les personnes autour d'elle. Hormis cette garde rapprochée, les autres Volturi restent anonymes. À l'exception d'une secrétaire humaine, Gianna, qui finit mal en dépit de son espoir de devenir, elle aussi, vampire.

Au cinéma, le casting des Volturi est le suivant : Michael Sheen dans le rôle d'Aro, Jamie Campbell Bower dans le rôle de Caius, Christopher Heyerdahl dans le rôle de Marcus, Dakota

Fanning dans celui de Jane et Charlie Bewley dans celui de Demetri.

Volvo

Catégorie : véhicules
Mots-clés : Edward Cullen

Dans *Twilight*, Edward Cullen possède une Volvo S 60, une berline familiale quatre portes, capable de rouler à 203 km/h en vitesse maximale et de passer en 10,3 secondes de 0 à 100 km/h.

Sa remplaçante sera commercialisée en 2009. Indépendante depuis 1927, la société Volvo est devenue en 1999 la propriété du groupe Ford, à l'exception de la branche qui fabrique des camions et qui est demeurée autonome. La réputation de Volvo est basée sur la sécurité des automobiles qu'elle fabrique, régulièrement confirmée lors des crash-tests et des divers contrôles de sûreté. Le nom Volvo vient du latin et signifie : « Je roule. »

Dans *Twilight*, Edward roule également avec une Aston Martin V 12 Vanquish, qu'il utilise de manière plus exceptionnelle que la Volvo S 60 (C 30 T 5 dans le film).

W

Washington, État de

Catégorie : références, culture générale
Mots-clés : géographie, USA, côte Pacifique

L'État de Washington – à ne pas confondre avec la ville de Washington DC qui est la capitale fédérale des États-Unis et se situe dans le district de Columbia à l'est du pays –, forme l'angle nord-ouest des USA, bordé par la côte Pacifique et la frontière canadienne.

C'est un État sauvage qui compte de nombreuses forêts et parcs nationaux, avec de très nombreuses zones protégées. Des zones sauvages propices à l'épanouissement d'une flore et d'une faune uniques au monde, qui compte encore des ours grizzlis et des caribous. Comme le souligne bien évidemment Stephenie Meyer, les profondes forêts de la péninsule Olympique font aussi partie des endroits les plus pluvieux au monde. Une caractéristique bien pratique pour les membres de la famille Cullen qui y trouvent un refuge idéal pour dissimuler leurs particularités dermiques et des zones de chasse où ils peuvent trouver de quoi répondre aux besoins de leur régime « végétarien ».

L'État de Washington est coupé en son centre, du nord au sud, par une chaîne de montagnes, les Cascades, qui le divise en deux. Cette frontière naturelle ne se limite pas à compliquer le passage entre la région de la côte et l'intérieur des terres, mais influe aussi largement sur le climat, très différent de chaque côté avec des végétations adaptées : tempéré et pluvieux à l'ouest, dans la partie coincée entre les Cascades et le bord de mer, sec, voire presque aride à l'est, dans une zone rurale peu fréquentée, beaucoup plus pauvre que la zone côtière.

Avant la découverte de la région en 1775 par Don Bruno de Heceta, un navigateur espagnol, la côte Pacifique était déjà le territoire de nombreuses tribus indiennes dont les Quileutes et les Makahs, toutes deux citées dans la saga *Twilight*. La région n'obtiendra finalement le statut de quarante-deuxième État des États-Unis d'Amérique qu'en 1889. Encore peu peuplé, l'État compte actuellement un peu plus de 6,5 millions d'habitants dont plus de la moitié vit dans la zone métropolitaine de Seattle-Tacoma-Bellevue. C'est une région dynamique qui bénéficie de l'implantation d'entreprises de référence dans le secteur des nouvelles technologies ou de l'aviation comme Microsoft, Amazon.com et Boeing.

Weber, Angela

Catégorie : personnages
Mots-clés : Forks, lycée, camarade de classe de Bella

Décrite comme une grande fille calme et timide, Angela Weber fait partie des camarades de classe de Bella. On apprend dans *Songe d'une nuit d'été*, le texte incomplet de Stephenie Meyer auquel il est fait référence plus haut, qu'elle fait partie des rares amis de Bella qui ne la fréquentent pas par intérêt.

Respectueuse des autres, elle devient la meilleure amie de Bella (dans la catégorie humaine) durant *Hésitation*. Bella apprécie le caractère de cette jeune femme posée, qui entretient une relation équilibrée avec son compagnon, Ben Cheney. Bien que son rôle soit limité, c'est elle qui attrape le bouquet de la mariée dans le dernier tome de la série.

Le personnage d'Angela est joué au cinéma par l'actrice Christian Serratos.

Weitz, Chris

Catégorie : réalisateurs
Mots-clés : *American Pie*, *Tentation*

Chris Weitz est né en 1969 à New York City. Fils de l'actrice Susan Kohner et d'un père écrivain, John Weitz, cet héritier d'une dynastie cinématographique, fait ses études à l'université de Cambridge où il obtient un diplôme de littérature. Son grand-père n'est autre que le légendaire agent Paul Kohner qui a représenté des stars comme John Huston, Billy Wilder ou Ingrid Bergman.

Il commence à travailler comme journaliste, avant de s'atteler à l'écriture de scénarios avec son frère Paul Weitz. C'est ensemble que les deux hommes interviendront sur de nombreux scripts, notamment ceux de *Fourmiz* (1998), *Shanghai kid* (2000) et *La Famille Foldingue* (2000).

C'est en 1999 que Chris Weitz décide de passer à la réalisation en signant en collaboration avec son frère la mise en scène du film *American Pie*. Une comédie pour adolescents, à l'humour potache, qui remporte un immense succès à travers le monde. Les deux frères dirigent ensuite Chris Rock dans la comédie *Les Pieds sur terre*, puis Hugh Grant dans *Pour un garçon*, adaptation cinématographique d'un roman de Nick Hornby.

Chris entreprend alors un projet plus ambitieux, en acceptant d'adapter *À la croisée des mondes : la boussole d'or*, d'après le roman de Philip Pullman. Portée par Nicole Kidman et Daniel Craig, cette aventure fantastique dont le budget avoisine les 150 millions de dollars est sortie dans les salles en décembre 2007.

Et c'est finalement avec un budget largement revu à la hausse, qu'il s'attelle à *Tentation*. Soit 80 millions de dollars, ce qui représente par rapport au budget du premier chapitre (37 millions de dollars) une augmentation de 116 %.

Y

Yorkie, Eric

Catégorie : personnages
Mots-clés : Forks, lycée, camarade de classe de Bella

Eric Yorkie fait partie de la longue liste de camarades de classe qui tombent amoureux de Bella à son arrivée à Forks. Petit et peu avantagé par la nature, Eric semble d'un naturel complexé et en veut à Mike pour ses avances envers Bella. On le voit partir discrètement après que Mike a reçu une boule de neige en pleine figure.

Le personnage d'Eric est joué au cinéma par l'acteur Justin Chon.

Young, Emily

Catégorie : personnages
Mots-clés : Indienne Quileute, La Push

Cousine de Leah Clearwater, Emily est la seconde fiancée de Sam Uley. C'est en sortant avec Leah que Sam s'est imprégné d'Emily. Elle doit sa peau cuivrée et ses longs cheveux noirs à son ascendance amérindienne, et ses trois longues cicatrices sur ses bras et le côté droit de son visage à une transformation de Sam.

Le côté gauche de son visage reste magnifique, témoignage de sa beauté avant l'accident qui l'a défigurée. Malgré ses cicatrices, Emily ne semble pas éprouver de ressentiment envers

Sam et le reste de la meute de loups-garous. Bella discerne en elle une figure maternelle, tant elle s'occupe de la meute, en cuisinant pour les loups-garous et en gardant sa maison ouverte à leur attention.

Le personnage d'Emily Young est interprété au cinéma par l'actrice Tinsel Korey.

Z

Zombie

Catégorie : références, culture générale
Mots-clés : folklore, légende, horreur, épouvante

Le zombie est une créature appartenant à la tradition vaudou, en particulier à Haïti.

C'est un mort réanimé par un sorcier et qui se trouve sous le contrôle absolu de ce dernier. Le processus de transformation est le suivant : le houngan, sorcier vaudou, fait ingurgiter à sa victime un poison brutal, composé apparemment de tetradotoxine, uns substance que l'on trouve dans le tetraodon, le poisson-ballon. Cette drogue est administrée par voie cutanée et donne à la victime toutes les apparences de la mort, les fonctions vitales sont suspendues mais le sujet reste parfaitement capable d'entendre. Quelque temps après l'enterrement, le sorcier déterre sa victime et lui fait prendre un antidote qui le fait sortir de son état, mais qui l'asservit.

Cette pratique, courante au Bénin et à Haïti, est interdite, mais le zombie demeure ancré dans la culture vaudou. Les travaux de l'anthropologue canadien Wade Davis montrent que les propriétés de la tetradoxine, que l'on retrouve aussi chez le poisson-globe au Japon, aggravées par une forte autosuggestion due à l'importance de la culture vaudou, pourraient en effet provoquer les symptômes constatés.

Sites internet, blogs et forums de discussion, la rencontre de ceux qui font vibrer la toile…

Il serait difficile de réfuter que *Twilight* fait figure de véritable phénomène culturel mondial. Une position accréditée par les spectaculaires chiffres de vente de livres, de DVD, les entrées en salle et l'immense popularité des acteurs qui incarnent les personnages créés par Stephenie Meyer au cinéma, mais aussi et surtout par l'incroyable déploiement de sites, de blogs et de forums de discussion sur Internet consacrés à l'univers de Bella Swan et de la famille Cullen. Un dédale international, transcontinental et multilingue au travers duquel évoluent quotidiennement des dizaines de milliers d'aficionados, parmi lesquels une très forte composante féminine.

Comme il est d'usage, les Anglo-Saxons, Nord-Américains en tête, constituent le gros du peloton, avec des fleurons comme TwilightersAnonymous.com, Twilighters.org ou encore TwilightLexicon.com, ce dernier se trouvant adoubé par Stephenie Meyer en personne ! Les sites les plus populaires bénéficient ainsi de connexions directes avec les publicistes de Little, Brown and Company, la maison d'édition de *Twilight* et de Summit Entertainment, la société de production responsable du premier opus réalisé par Catherine Hardwicke et de la suite de la série sur grand écran. Leurs instigateurs sont régulièrement reçus avec les honneurs dans les conventions de fans, animent des émissions de radio et pour les plus heureux ont eu la chance de rencontrer et d'interviewer les comédiens.

Des échanges qui profitent à la fois aux fans de la saga, avides d'informations et de nouveautés, mais aussi aux professionnels de la communication qui ne perdent pas ces initiatives de vue, tant l'importance du marketing viral et des réseaux est aujourd'hui reconnue par l'industrie du divertissement. Une forme de partie de ping-pong virtuel initiée dès la fin des années 1990 par Haxan Films pour soutenir la sortie du film *The Blair Witch Project*. À une différence près. Là où le marketing en ligne autour du film de Daniel Myrick et d'Eduardo Sánchez était entièrement orchestré par la production, ce sont les fans eux-mêmes qui se sont emparés de l'œuvre de fiction pour lui offrir une caisse de résonance sans réel précédent.

Un engouement qui va très loin, jusqu'à motiver des carrières littéraires en herbe. On ne compte par exemple plus les sites de *fanfictions*, des nouvelles écrites par des amateurs, parfois éclairés, qui poursuivent et développent les quatre tomes de la série. Chacun choisissant d'approfondir le point de vue de tel ou tel autre personnage, en offrant parfois de véritables surprises. Il existe même des sites ayant pour seul objet de répertorier ces créations spontanées qui se comptent maintenant par milliers, voire dizaines de milliers. Chaque nouvelle est inventoriée par son titre, un résumé et le nom de son auteur, système de commentaires et de notation à la clé, comme sur les meilleures librairies digitales.

Certes, ce genre d'initiative n'est pas propre à *Twilight* et remonte au moins, comme le fait remarquer l'une de nos interviewées, au film *La Guerre des étoiles* (*Star Wars*) de George Lucas, sorti en 1977, soit à une époque lointaine et quasi préhistorique où le réseau des réseaux n'était qu'embryonnaire. Pour situer le contexte, il aura encore fallu attendre sept ans après la sortie du film et l'année 1984 pour arriver au chiffre d'un millier d'ordinateurs connectés sur l'ensemble de la planète. En comparaison, la plupart des instituts de statistiques annoncent que nous aurions actuellement dépassé le chiffre vertigineux de 1 700 000 000 d'utilisateurs d'Internet dans le monde. De quoi offrir un inépuisable réservoir d'enthousiasme aux nouvelles séries à succès.

Mais revenons à nos vampires et autres loups-garous amérindiens... Quoi qu'il en soit des antériorités et de l'ancienneté de ce phénomène des *fanfictions*, nul ne contestera qu'il a pris une autre ampleur depuis le succès de *Twilight* et ce jusqu'en France. Un argument qu'il serait bon de renvoyer aux critiques littéraires parisiens, toujours prompts à s'émouvoir de l'influence néfaste de la culture de masse anglo-saxonne sur les chères têtes blondes du pays de Molière. De nombreux jeunes Français(es) prennent, elles et eux aussi, leur plume ou leur clavier en puisant leur inspiration dans l'œuvre d'un écrivain mormon américain. Un pied de nez d'autant plus amusant à une époque où la mauvaise influence du langage propre au Net et aux communications par SMS est fréquemment évoquée par les commentateurs et les universitaires de tous poils.

Car l'hégémonie américaine se trouve de plus en plus concurrencée par d'autres nations, parmi lesquelles l'Hexagone tire son épingle du jeu grâce au dévouement de passionné(e)s qui donnent à leur tour une voix aux fans français. Et l'importance de ce réseau est aujourd'hui telle que nous ne pouvions passer à côté. Cela justifie la présence dans ce livre d'un chapitre entièrement consacré à des entretiens avec ces fans et ces amatrices éclairé(e)s qui s'investissent dans la création, l'animation et la mise à jour de sites, de blogs et de forums de discussion consacrés aux étranges résidents de la petite ville de Forks et à leur incarnation sur grand écran. L'occasion de mettre à mal bon nombre de préjugés sur le public de *Twilight,* tant nos interviewé(e)s se sont montré(e)s lucides, non sans humour et parfois avec des avis divergents, voire critiques à propos de l'œuvre de Meyer et de ses adaptations.

Elles sont loin, bien loin de l'image que les média aiment coller à la peau des amateurs de ce genre de série. Et c'est d'ailleurs avec une gentillesse et une disponibilité remarquables, dont je tiens vraiment à les remercier, que Lozia de Twilight France, Artemissia Gold de Songe d'une nuit d'été, Mary de L'Univers de Twilight, Cé', Yoone, Maxxy et So de The Meadow, et enfin Céline et Jennifer de Twilight Central ont accepté de répondre à mes questions.

Lozia – Twilight France

Pseudonyme : Lozia
Site : Twilight France
Adresse : http://www.twilight-france.blogspot.com

Fond noir, tons pastels, design sobre, orné d'un graphisme floral et dominé d'une photographie de Kristen Stewart et Robert Pattinson toute en sensualité, Twilight France se distingue dans la jungle du *fandom* français par sa maturité et son professionnalisme. Une rigueur nécessaire face à l'avalanche quotidienne de publications par Lozia, qui gère seule un des blogs français les plus fréquentés. Revues de presse françaises et étrangères, concours, interviews, suivis des avant-premières, marketing autour du film et de la série littéraire, photographies exclusives, annonces et détails des conventions à venir, rumeurs et anecdotes de tournage, rien ne manque sur Twilight France qui mérite amplement sa popularité. Détail qui a son importance et ne manquera pas d'attiser la curiosité de nos lecteurs qui ne connaîtraient pas son travail, Lozia fut l'une des quatre fans françaises à avoir remporté un concours leur octroyant le droit d'accéder aux coulisses du tournage du deuxième volet de la saga à Montepulciano, dans la province de Sienne, en Toscane.

Pour commencer, puis-je vous demander de vous présenter ? Selon votre inspiration, cette présentation peut ou ne doit pas nécessairement être très détaillée. Vous êtes complètement libre de choisir la forme et les termes qui vous conviennent.

Je m'appelle Pauline et utilise le pseudo de Lozia sur Internet. J'ai vingt-quatre ans et habite à Nantes. Après des études supérieures en Information et Communication, j'exerce maintenant le métier de chargée de communication. Je suis une passionnée des livres (romans et documentaires), d'Internet, d'informatique et de l'actualité en général.

Je suis, depuis un an, l'administratrice d'un blog sur la saga *Twilight* nommé Twilight France.

Votre blog est aujourd'hui très connu, voire reconnu. Comment s'est déroulée sa création et quelle fut l'évolution de son audience pour en arriver à son aura actuelle ?

À l'origine, je souhaitais créer un blog sur la saga littéraire de Stephenie Meyer. L'engouement autour de mon site me dépasse totalement et m'étonne encore plus chaque jour. Je pensais faire quelques petits apartés sur le film de temps en temps, car je ne m'imaginais pas que l'adaptation cinématographique aurait autant de succès. Depuis de nombreuses années, je m'intéresse beaucoup à l'actualité et à la recherche d'informations. Grâce à mes études, j'ai pu acquérir des techniques efficaces en veille documentaire. Ce qui m'a beaucoup aidé pour mon blog. En fait, avant de le lancer, j'avais pris le temps de regarder ce qui existait alors sur le web francophone. Mis à part deux ou trois exceptions, la majorité des sites et des blogs français ne faisait que récapituler des liens menant vers des articles anglais, sans aucune analyse ou traduction. J'ai donc souhaité partager ma passion sur cette saga, tout en apportant de la valeur ajoutée aux informations recueillies sur d'autres sites ou obtenues en exclusivité. Car au bout de quelques mois, j'ai pu me créer un véritable réseau de contacts (à petite échelle, mais réellement efficace). Que ce soit auprès du diffuseur français (SND), des journalistes français ou des éditeurs (Hachette, MEB...).

L'audience de Twilight France a été grandissante au fil des mois pour réellement exploser fin 2008, deux semaines avant la sortie de *Twilight* sur les écrans français. Les semaines suivantes, les visites se sont considérablement multipliées, principalement grâce au bouche à oreille. Alors qu'en 2008, j'étais ravie de mes 200 voire 300 visites quotidiennes, j'en suis actuellement à 9 500 visiteurs uniques par jour. Des pointes de fréquentation ont également lieu dès lors qu'une nouvelle bande-annonce ou que des images inédites sont diffusées dans les média.

De quel ordre sont vos échanges avec les visiteurs de votre blog ? Avez-vous par exemple développé des liens d'amitié, professionnels ou autres ? Est-ce qu'il vous arrive de vous croiser à certaines occasions ? Je pense à la convention qui aura bientôt lieu en France... Il est également intéressant de voir quels liens peuvent se créer autour d'une passion commune pour une œuvre de fiction.

Les échanges avec les visiteurs de mon blog se font sur différentes plates-formes : par email (où me parviennent principalement des questions relatives aux événements officiels), sur les commentaires de mes articles (où les lecteurs réagissent à l'actualité du jour), sur le forum du blog (où plus de 2370 personnes sont inscrites) et sur Twitter (http://twitter.com/twilight-france – un support que j'apprécie beaucoup). Je n'ai développé (pour le moment) aucun lien professionnel. Quant aux liens affectifs, j'ai en effet pu connaître grâce à ce site et à certains événements (comme mon voyage en Italie) des personnes et nouer des contacts que je n'aurai jamais eu l'occasion d'avoir autrement. Malhcureusement, le fait de ne pas habiter à proximité de Paris limite rapidement les choses (malgré la possibilité de me déplacer parfois). J'espère que la prochaine convention française sera l'occasion de croiser de nombreux internautes du site. J'ai pour cela prévu de faire imprimer des badges aux couleurs de Twilight France (que je proposerai à la vente sur mon blog pour un euro symbolique) afin que chacun puisse se retrouver et engager la conversation plus simplement.

Pourriez-vous nous raconter la manière dont s'est déroulé votre premier contact avec Twilight *et vos premières impressions lors de la découverte d'un des livres ou du film ?*

Ayant travaillé dans une médiathèque et dans une librairie durant mes études, je voyais très souvent les deux premiers tomes de la saga achetés par des adolescentes, mais aussi fréquemment commandés, réclamés ou réservés par des adultes (mères de familles, étudiants, trentenaires). Au détour d'une de mes visites dans une librairie, et à la recherche d'une nouvelle lecture, j'ai repensé à cette saga dont le succès me semblait grandissant. J'ai donc acheté puis dévoré le premier tome en deux jours à peine, m'obligeant ainsi à retourner à toute vitesse à la librairie pour me procurer les deux tomes suivants (le quatrième n'était pas encore paru en France). Mes lectures se sont ensuite enchaînées (trop rapidement ou trop lentement selon mes humeurs). Je me suis donc retrouvée au bout d'une dizaine de jours avec les trois tomes empilés sur ma table de nuit, en train d'essayer de me convaincre que les deux mois qui me séparaient de la parution du quatrième volume n'étaient pas si longs... Mon impatience a cependant été trop forte, et après m'être renseignée sur Internet, j'ai commandé le livre en anglais.

Jusqu'à maintenant, je n'étais pas véritablement passionnée par la littérature fantastique. Pourtant, cette saga est devenue rapidement une sorte d'« addiction » et ce dès le premier tome. L'auteur que je ne connaissais pas (et pour cause, c'était son premier livre) a su insérer un réalisme bluffant dans un univers intégrant intelligemment du fantastique. Ma toute première lecture a été quelque peu déroutante, car je me basais sur les stéréotypes que j'avais sur les vampires (issus notamment de *Nosferatu*, *Dracula* et *Buffy*) : dents longues, cercueils, créatures nocturnes. Or Stephenie Meyer a su raccrocher leur existence à une sorte de réalité accessible à tous. Je me rappelle ainsi avoir relu plusieurs fois certains passages pour voir si Bella, l'héroïne de la saga, mentionnait ou non les crocs (car rien n'est explicitement précisé dans le premier tome à ce sujet).

Concernant le film, j'ai appris l'existence du tournage de *Twilight* seulement au moment où j'avais décidé de créer mon blog sur la saga littéraire. En faisant quelques recherches complémentaires, je pensais (comme beaucoup de gens à l'époque) qu'il allait s'agir d'un petit film indépendant dont la sortie passerait inaperçue...

Quelle fut votre réaction à la découverte du film ? Comment avez-vous réagi face à l'interprétation du roman par Catherine Hardwicke ? Et que pensez-vous du choix des réalisateurs pour les films suivants ? Chris Weitz est connu pour ses adaptations de romans fantastiques, mais aussi pour des comédies potaches comme American Pie, *tandis que David Slade s'est fait remarquer avec deux films plutôt durs :* Hard Candy *et* 30 Jours de nuit…

Ma première réaction à la découverte du film *Twilight* a été extrêmement positive. J'étais vraiment ravie que l'atmosphère, l'histoire et les personnages du livre soient respectés et non sacrifiés au nom du box-office ou des dollars… Malgré quelques petites coupures (ce qui est inévitable dans toute adaptation d'un livre en film), Catherine Hardwicke a su imposer ses choix et impliquer fortement Stephenie Meyer dans toute la phase de réflexion et de production. Certains petits défauts me sont cependant apparus au fil de mes visionnages, comme le manque de « silence » dans certaines scènes (la musique ambiante était parfois trop présente) et la qualité limitée des effets spéciaux – budget oblige (déplacements et scintillement d'Edward).

Personnellement, je suis assez ravie que différents réalisateurs prennent les rênes de chaque volet de la saga. Même si, au fur et à mesure que Chris Weitz nous dévoile son travail, j'aimerais vraiment qu'il revienne pour *Breaking Dawn*. Concernant les réalisateurs en eux-mêmes, je ne connaissais aucunes de leurs œuvres avant l'annonce de leur arrivée. Comme beaucoup de fans, je me montre cependant très prudente envers David Slade. Après une première polémique où il avait critiqué le film de Catherine Hardwicke, les acteurs nous confirment tous à tour de rôle que son film sera beaucoup plus sombre que les précédents. J'avais pourtant le sentiment durant mes lectures que le deuxième tome de la saga était le plus noir de tous. Bref, j'ai l'impression que la première bande-annonce d'*Eclipse* sera observée avec minutie par toute la communauté de fans.

Quels étaient vos livres de chevet avant de découvrir la quadrilogie de Stephenie Meyer ? Par exemple, est-ce que vous vous intéressiez déjà aux vampires et à la littérature fantastique ? Ou à une série telle que Harry Potter, *à laquelle on compare souvent* Twilight *(vous pouvez aussi nous dire ce que vous pensez de cette comparaison) ?*

Avant dc découvrir la quadrilogie de Stephenie Meyer, mes livres étaient principalement des romans historiques et des mangas. *Harry Potter* demeurait jusqu'à présent la seule saga fantastique que j'avais lue. En effet, ce genre littéraire ne m'intéressait que peu, jugeant les univers trop surréalistes. Concernant *Harry Potter*, j'ai lu et apprécié tous les tomes. Cependant, je pense avoir grandi plus rapidement que le personnage. Au fil des tomes, ses intérêts, ses questionnements et ses inquiétudes différaient de plus en plus de mes propres sentiments. Surtout, *Harry Potter* avait été jusque-là la seule exception dans mon critère impératif lors du choix de mes lectures : le personnage principal doit être une femme. Je crois que c'est pour cela que *Twilight* a eu une résonance et un impact plus fort (et plus durable) sur moi. Les comparaisons entre *Twilight* et *Harry Potter* ne me dérangent pas, du moment qu'elles restent respectueuses et construites. La seule chose que je n'apprécie pas c'est lorsque certains estiment que Stephenie Meyer s'est entièrement inspirée de la saga de J. K. Rowling. Il y a tellement de livres dans ce monde pour alimenter son imagination, pourquoi ne se serait-elle limitée qu'à ça ?

Votre réflexion sur l'importance des personnages féminins à vos yeux est intéressante, même intrigante. Comment expliquez-vous que vous teniez particulièrement à ce que les personnages centraux de vos lectures soient des femmes ?

Cette habitude me suit depuis plusieurs années. Ce critère était au début totalement inconscient dans mes choix de lecture, puis j'ai remarqué que toute ma bibliothèque (à quelques exceptions près) mettait en scène une ou plusieurs femmes comme personnage(s) principal(aux). Je pense que ce choix me permet de m'impliquer plus rapidement dans ma lecture. J'ai en effet besoin de m'imprégner totalement du narrateur ou du protagoniste, d'où mon incapacité à lire des romans dans des lieux publics ou en présence de bruits, de musique (voire en présence d'autres personnes).

Qu'est-ce qui vous a vous-même touchée dans cette série, au point de consacrer de nombreuses heures à développer un site autour de l'univers et des personnages de Stephenie Meyer ?

Ce qui m'a le plus touchée dans cette saga, c'est la sincérité avec laquelle les sentiments et les émotions de Bella sont exprimés et retranscrits. Le personnage se retrouve malgré elle dans un univers fantastique, et malgré cela ses inquiétudes et ses questions restent on ne peut plus réalistes et terre à terre. Cette approche renforce ainsi inévitablement mon affection pour elle et l'impression de vivre à travers elle ses choix, ses regrets et ses aventures.

Quel est le personnage dont vous vous sentez la plus proche ? Est-ce qu'il s'agit de Bella ? Et quels sont les autres personnages, sortis de Bella et d'Edward, que vous chérissez tout particulièrement, qui vous touchent, qui vous émeuvent, qui vous amusent et que vous appréciez ?

Le personnage dont je me sens la plus proche dans le livre est bien évidemment Bella Swan. Je pense que je n'aurais pas autant apprécié ma lecture si ça n'avait pas été le cas. Je préfère préciser « dans le livre » car le film diffère légèrement, notamment au niveau de la narration et des points de vue. Dans le film, je n'ai pas réellement de personnage (bon ou mauvais) préféré, ils ont tous des qualités, des défauts, des réactions et des histoires personnelles dont je me sens plus ou moins proche.

Dans l'œuvre de Stephenie Meyer, Bella a une part de réalisme que j'apprécie beaucoup. Dans le sens que ce n'est pas une héroïne caricaturale (une beauté sans pareil, une force et un courage à toute épreuve) comme on peut parfois le voir. Elle peut se montrer réservée, inquiète, colérique…

J'apprécie également beaucoup le personnage de Rosalie, l'une des « sœurs » d'Edward. Sa froideur envers Bella et son mutisme plein de ressentiment ne s'explique qu'au deuxième tome, poussant ainsi le lecteur à éprouver les mêmes émotions que Bella lorsqu'elle passe de la prudence (voire de la peur) à la tristesse et à la compassion.

Outre votre blog, vous êtes connue pour avoir vécu une aventure exceptionnelle en vous rendant sur le tournage du second film de la série. Pourriez-vous nous en parler et nous raconter ce que vous avez vu et vécu sur place ?

J'ai en effet eu cette chance exceptionnelle de participer durant une journée entière au tournage de *New Moon* dans la ville de Montepulciano en Italie. Nous étions quatre Françaises (de vingt à vingt-six ans) à avoir remporté des concours nous offrant le droit d'accéder aux coulisses de la saga. Ça a été un réel bonheur de découvrir l'envers du décor, la concentration et le travail des acteurs (Robert Pattinson et Kristen Stewart), l'organisation quasi militaire d'un tournage hollywoodien… La surprise faite par Summit Entertainment est que nous avons également eu l'occasion d'être parmi les 1 200 figurants présents ce jour-là. Vêtus de notre cape rouge, nous avons ainsi pu vivre, au premier rang, certaines scènes aperçues dans les bandes-annonces du film. Je ne vais cependant pas pouvoir en dire plus car les producteurs nous ont tous fait signer un contrat de confidentialité nous obligeant à ne rien divulguer, que ce soit avant ou après la sortie du film dans les salles de cinéma.

Une question qui brûle les lèvres de tous les fans de Twilight… *Sans aller jusqu'à vous demander de révéler des secrets de production, avez-vous eu l'occasion d'approcher Robert Pattinson et Kristen Stewart, voire d'autres comédiens.*

J'ai eu durant le tournage l'occasion d'observer Robert Pattinson et Kristen Stewart en plein travail, de parler avec deux des producteurs de Summit Entertainment, mais également de croiser Chris Weitz et Charlie Bewley.

De manière générale, ne pensez-vous pas que l'impact de cette œuvre soit lié à ce qu'elle touche à des valeurs essentielles, telles que l'amour, l'honnêteté, le romantisme, la tolérance, la fidélité… Des valeurs qui font peut-être défaut dans le monde actuel et que les lectrices et lecteurs de Stephenie Meyer retrouvent dans ses romans ?

Je pense que toutes ces valeurs s'expriment de manière implicite à travers *Twilight*. Ce qui rend son auteur incroyablement proche de son lectorat. Ses livres ne sont pas perçus comme des leçons de morale, malgré ce que certains média et journalistes tendent à mettre en avant lors de leurs analyses faites après une lecture inattentive et superficielle. Toutes ces valeurs que vous m'avez énumérées ne se mettent en place qu'avec un groupe d'individus. Or selon moi, le sentiment le plus fort exprimé à travers toute cette saga est on ne peut plus personnel. Il concerne l'acceptation de soi, de ce que l'on est. Edward, qui a jusqu'à présent refusé sa nature de vampire (qu'il n'a pas choisie) arrive, en présence de Bella, à s'accepter. Mais cette évolution ne se produit pas en quelques lignes. Tout au long des quatre tomes, le personnage d'Edward hait ce qu'il est devenu, ce que sa nature lui impose et impose à ceux qui lui sont proches.

Est-ce que vous avez eu l'occasion de vous pencher sur le cas des fanfictions, *ces nouvelles ou segments produits par des amoureux de la série ? Et si c'est le cas, pouvez-vous peut-être nous en conseiller certains textes ?*

Malheureusement, que ce soit pour *Twilight* ou pour tout autre livre, je n'ai personnellement jamais accroché aux *fanfictions*... Cette saga appartient à Stephenie Meyer. Et même si tous les lecteurs se la sont appropriée, je ne préfère pas lire d'histoire (de plus ou moins bonne qualité) reprenant l'univers de la saga *Twilight*.

La série littéraire semble pour le moment arrêtée, bien qu'il ait été question durant une période d'un roman supplémentaire. Il reste bien sûr trois films à venir, dont le prochain sortira rapidement. Comment voyez-vous le futur de l'univers et des personnages de Twilight *et par conséquent celui de votre blog ?*

C'est une question que je me pose fréquemment. Je pense que tout comme l'engouement des fans pour la saga *Twilight*, mon blog aura une durée de vie limitée. Tout dépend si Stephenie Meyer décide de reprendre ou non l'écriture de *Midnight Sun*, voire de continuer l'aventure avec d'autres tomes sur les personnages « secondaires » de la saga. Une fois les quatre films sortis au cinéma et en DVD, je pense que la frénésie se calmera. Car, malheureusement, la mobilisation et l'intérêt des média déterminent fréquemment l'impact d'une saga littéraire ou cinématographique sur la population. Un détail devrait quand même rester dans les mémoires : le stéréotype du vampire (ou tout autre « monstre ») peut facilement être revisité, sans pour autant enlever l'aura et l'impact de ces personnages sur la littérature et le cinéma fantastique.

Artemissia Gold – Songe d'une nuit d'été

Pseudonyme : Artemissia Gold
Site : Songe d'une nuit d'été
Adresse : http://www.twilight-fascination.com

Ambiance sombre, nuances de rouges (sang), Songe d'une nuit d'été renoue au travers de son design graphique avec les racines de l'univers vampirique. Outre des galeries d'images, des répertoires de liens et un fil d'actualité particulièrement bien achalandé, mis à jour quotidiennement avec ses revues de presse françaises et internationales, la publication de photographies exclusives et de nombreuses séquences vidéo récupérées de télévisions internationales au travers de sites de partage, Songe d'une nuit d'été met l'accent sur les *fanfictions* et le *fanart*, avec des surprises comme *Le Sombre et le scintillant*, une nouvelle qui croise les univers de *Twilight* et de *Harry Potter*, ou une mystérieuse rubrique, *La Chambre des désirs interdits*, interdite aux mineurs et accessible sur demande par mot de passe. Sans oublier une rubrique un peu particulière, *Les Secrets de la famille Cullen*, où les visiteurs peuvent poser directement des questions aux membres de la famille Cullen. Une manière interactive, ludique et originale de poursuivre et de développer l'univers de *Twilight*.

Pour commencer, puis-je vous demander de vous présenter ? Selon votre inspiration, cette présentation ne doit pas nécessairement être très détaillée. Vous êtes libre de choisir la forme et les termes qui vous conviennent.

Contrairement à ce que l'on pourrait croire, je ne suis pas une adolescente de quinze ou seize ans. Non, bien au contraire, je suis une femme de trente et un ans ayant deux enfants et une vie bien remplie. Comme quoi, on peut être adulte et fan.

Pourriez-vous nous raconter la manière dont s'est déroulé votre premier contact avec Twilight *et vos premières impressions lors de la découverte d'un des livres ou du premier film ?*

J'ai lu tout d'abord les romans de la saga *Twilight*, il y a un an et demi de cela. Malgré un style assez maladroit et une intrigue plus que linéaire, je suis tout de suite tombée sous le charme. Pourquoi ? Je ne saurais le dire avec exactitude, mais je pense que le mystère entourant le héros Edward Cullen y a été pour beaucoup. De ce fait, je me suis retrouvée à vouloir connaître la suite et, de fil en aiguille, cette histoire m'a obnubilée, jusqu'à ce que je crée un blog concernant avant tout mes lectures vampiriques. Mais l'actualité autour de *Twilight* devenait tellement dense, que je me suis retrouvée à ne faire des articles que sur les romans et le film qui était alors en cours de promotion.

Quels étaient vos livres de chevet avant de découvrir la quadrilogie de Stephenie Meyer ? Par exemple, est-ce que vous vous intéressiez déjà aux vampires et à la littérature fantastique ? Ou à une série telle que Harry Potter, *à laquelle on compare souvent* Twilight *(vous pouvez aussi nous dire ce que vous pensez de cette comparaison) ?*

J'aime lire, je ne vous cacherai pas que j'ai été grandement séduite par la saga des vampires d'Anne Rice et bien avant par le *Dracula* de Bram Stoker. J'ai aussi beaucoup d'affection pour *Harry Potter*; l'œuvre de J. K. Rowling a su créer un univers riche et attractif aux yeux des jeunes lecteurs comme des grands. Au-delà de ça, j'ai aussi une affection particulière pour les romans d'horreur. Je lisais plus jeune du Stephen King et garde un souvenir ému lorsque j'ai découvert *Ça*. Je ne devais avoir pas plus de quinze ou seize ans à l'époque.

Pour en revenir à *Harry Potter*, je ne comprends absolument pas cette comparaison. La seule que l'on pourrait faire est qu'avant ce succès phénoménal, ces deux femmes n'étaient absolument pas connues. Vouloir comparer deux styles d'écritures et deux univers totalement différents, sauf peut-être au travers du buzz qu'ils engendrent, est selon moi purement marketing.

Vous citez Stephen King, les romans du maître de l'horreur sont bien sûr plus sombres et plus violents que les écrits de Stephenie Meyer. On pourrait aussi en dire autant de l'œuvre d'Anne Rice qui met en scène des vampires autrement plus immoraux et débauchés que les membres de la famille Cullen. Est-ce que cette retenue ou cette bienséance ne vous ont pas dérangée chez Stephenie Meyer ?

J'avoue que j'ai eu du mal à commencer le livre, au départ de mes réticences face à la littérature d'adolescent. Pourtant, une fois plongée dans les « pensées » de Bella Swan, je ne me suis plus posée aucune question, et encore moins fait de comparaisons avec mes autres lectures. Ce n'est qu'après que je me suis posée certaines questions. Stephenie Meyer dans son premier tome met en place l'univers des vampires tel qu'elle le conçoit. Edward explique même à Bella pourquoi il ne doit perdre aucune retenue vis-à-vis d'elle, question de vie ou de mort. Certes, c'est frustrant comme le dit si bien Edward dans le premier tome : d'un simple geste il pourrait la réduire en poussière.

Bien qu'au fur et à mesure des tomes, cette « abstinence » devienne lourde avec des justifications toujours un peu bancales.

Qu'est-ce qui vous a vous-même autant touchée dans cette série, au point de consacrer de nombreuses heures à développer un site autour de l'univers et des personnages de Stephenie Meyer ?

L'histoire d'amour bien sûr ! Sans compter la facilité que nous avons, nous lectrices, à pouvoir nous identifier à l'héroïne Bella. Chose facile puisque le roman est écrit à la première personne. De plus, j'ai toujours pensé qu'Edward Cullen, le vampire, était le prince charmant des temps modernes. Il faut bien dire qu'il en a les attraits. Il représente à la fois le danger et la sécurité, fantasme absolu de la jeune fille du XXIe siècle… Enfin je dis ça, mais je me trompe peut-être.

Vous évoquiez plus tôt le mystère qui entoure Edward Cullen. Et justement, j'aimerais que vous nous expliquiez ce que représente ce personnage à vos yeux ?

Edward Cullen est le prince charmant par excellence. Il est celui qui aime d'un amour inconditionnel et exclusif. Il est un vampire et représente le danger, la perfection, le charme et l'attirance pour les choses interdites. Edward, au-delà de sa perfection apparente, a tout de même plusieurs défauts : ainsi au fur et à mesure de la lecture, on s'aperçoit qu'il est trop protecteur, qu'il veut toujours diriger la vie de Bella et surtout qu'il est égoïste dans son amour pour elle face aux autres membres de sa famille.

Si on va plus loin et si on analyse la façon dont est construit ce personnage, on ne peut que faire un rapprochement avec les hommes qui doivent entourer son auteur qui est mormon. Dans la religion mormone, un homme peut avoir plusieurs femmes or dans *Twilight* on ressent bien ce sentiment de vouloir être l'« unique » aux yeux de l'être aimé. Bella aime Edward qui aime Bella d'un amour fou, exclusif et sans condition. Edward le dit lui-même, il ne pourrait vivre dans un monde où Bella ne serait plus. Il n'a jamais connu d'autre femme qu'elle et ne veut plus en connaître une, une fois qu'il l'a eue, elle.

Encore une fois, quelle femme ne soupirerait pas de bonheur face à un amoureux pareil ? Edward fascine autant qu'il agace par ses convictions vieillottes.

De manière générale, ne pensez-vous pas que l'impact de cette œuvre soit lié à ce qu'elle touche à des valeurs essentielles, telles que l'amour, l'honnêteté, le romantisme, la tolérance, la fidélité... Des valeurs qui font peut-être défaut dans le monde actuel et que les lectrices et lecteurs de Stephenie Meyer retrouvent dans ses romans ?

De nos jours, tout va mal et tout part un peu dans tous les sens. Ce qu'il y a de bien dans *Twilight*, c'est qu'on en oublie son quotidien. Tout tourne autour de Bella et d'Edward. Ensuite tout tourne autour de la possible transformation de Bella en vampire. Il est vrai que ce roman prône en quelque sorte le romantisme et la fidélité, mais moi je ne vois pas cela comme ça. Quand on sait que l'auteur, Stephenie Meyer, est mormon, on est en droit de se poser des questions sur sa vision de l'amour. (Bien sûr, je suis loin d'avoir dix-huit ans, ce qui explique que j'ai pris assez de recul après ma première lecture.) Je pense personnellement qu'elle en a une vision très réductrice et assez naïve. Pourtant, c'est cela qui a fait que ça marche. Quelle femme ne rêverait-elle pas d'un garçon au sourire parfait, vous contant fleurette, ne vivant que pour vous jusqu'à vous composer une berceuse ?

Quel est votre point de vue sur les prises de position que certains croient discerner chez Stephenie Meyer, notamment sur la question de l'abstinence sexuelle avant le mariage ou de l'avortement ? Considérez-vous que ces critiques sont très exagérées, puisqu'il ne s'agit après tout que d'une œuvre de divertissement et que les écrits sont forcément subjectifs, ou justifiées car Stephenie Meyer insuffle un message philosophique et religieux au travers de ses écrits ?

Personnellement ce n'est pas la première chose que je lis lorsque je prends un roman pour me détendre.

Je ne pense pas qu'elle l'ait fait exprès, mais c'est ancré en elle, puisque c'est dans sa religion. Ensuite, à chacun sa conception de l'amour, du mariage et de la conception. Si je commence à m'étendre sur le comment du pourquoi, nous risquerions d'y passer des heures car le sujet est vaste et prête à polémique.

Bien sûr, on peut comprendre ceux qui critiquent sa façon d'aborder ces thèmes très sensibles, mais dans ce cas nous devrions faire de même avec d'autres œuvres littéraires pour enfants, comme celles de la comtesse de Ségur qui (je le rappelle) sont truffées d'idéologie religieuse et pieuse... Ou encore George Sand ! Chacun est libre de concevoir sa vision des choses, du moment qu'on ne nous l'impose pas.

Le lecteur a son libre arbitre et ce n'est pas un idiot. Il est bien capable de faire le tri entre ce qui lui convient ou pas.

Tout cela pour dire que ça ne m'a pas choqué outre mesure.

Comme vous le soulignez dans votre réponse, la saga Twilight *est écrite à la première personne d'un point de vue féminin et semble en effet principalement destinée à un lectorat féminin. Cela dit, est-ce réellement le cas et que pouvez-vous nous dire de la composition du public de votre site ? Les hommes de tous âges sont-ils aussi minoritaires que l'on aurait tendance à l'imaginer ?*

Il y a quelques hommes et quelques adolescents qui lisent et ont lu *Twilight* et qui ont vu le film. Par exemple, la personne qui interprète Edward sur mon site est bien un homme d'une trentaine d'années comme moi. Bien sûr, ils sont très minoritaires. Il doit y en avoir moins de 10 %.

Pour quelle raison avez-vous choisi d'appeler votre blog Songe d'une nuit d'été (outre sa citation en ouverture du deuxième tome de Twilight*) ?*

J'ai créé mon blog en été et j'ai lu les livres à cette période-là aussi. De plus, j'aime beaucoup le film *Songe d'une nuit d'été*, sans compter les œuvres de William Shakespeare en général.

Qu'avez-vous pensé de l'adaptation cinématographique du premier volet de la série ? Est-ce que les lieux, les personnages et les situations correspondaient à votre imaginaire ?

Il ne faut pas se le cacher, le film (bien qu'assez joli dans son esthétisme) est plutôt mal fait. Entre les effets spéciaux dignes d'un film à petit budget asiatique et des raccords de scènes sans queue, ni tête… non il est loin d'être acceptable. Pourtant, on y trouve une certaine magie… sans doute la satisfaction de voir les personnages bouger et parler. C'est assez inexplicable.

Maintenant que la saga est a priori *terminée sous sa forme littéraire, comment voyez-vous la suite des événements ? Pensez-vous poursuivre vos activités autour de* Twilight *sur Internet en parallèle à la série de films ? Envisagez-vous de vous tourner vers un nouvel univers ?*

Bien qu'achevé sous sa forme littéraire, l'engouement pour *Twilight* n'a jamais été aussi fort que depuis la sortie du premier film. Il y a toujours eu un certain nombre de fans, mais encore plus depuis sa sortie cinématographique. Ce qui est étrange, c'est que j'ai ouvert mon blog quelques jours avant la sortie du tome 4. À la différence des autres sites internet ou blogs, je ne fais pas que relater les informations sur les acteurs et les films à venir.

En créant Songe d'une nuit d'été, j'ai voulu apporter un plus. Ainsi, régulièrement, interviennent la famille Cullen et d'autres personnages récurrents de la saga. Bien sûr, il s'agit d'interprétations de la part d'autres fans tout comme moi. On peut y lire les états d'âme d'Edward Cullen, des textes d'Esmée, ceux de Bella… Le but étant de recréer une atmosphère chaleureuse et conviviale autour de la série.

Comme je le dis assez souvent, tant que la passion et le plaisir sont là, pourquoi se priver ? Nous continuerons tant que *Twilight* nous passionnera et qu'il y aura des gens pour venir nous lire et faire vivre ce blog.

En effet, les fans de Twilight *sont particulièrement connus pour leur créativité et leurs* fanfictions. *Et j'aimerais que vous nous donniez quelques exemples de ces interventions de la famille Cullen et d'autres personnages récurrents de la saga sur votre site...*

Ah la famille Cullen... En général pour ce qui est d'Edward, il nous concocte toujours des textes soit sur l'amour qu'il porte à Bella, soit plus récemment sur ses états d'âme assez « noirs ». Ce qui n'est pas dit dans les livres est « extrapolé » sur le site. Pour les autres, ils nous content en général un épisode de leur vie non développé par Stephenie Meyer dans les romans. Ainsi récemment Jasper Hale nous parlait de certains faits avant sa rencontre avec Alice...

Il serait difficile de pouvoir vraiment expliquer de façon complète leurs interventions, le mieux serait encore d'aller lire leurs écrits.

De manière plus générale, pourriez-vous expliquer aux néophytes le fonctionnement de ces fanfictions *? Il s'agit donc de nouvelles ou du moins de courts textes de fiction inspirés de l'univers de* Twilight, *qui mettent en scène le plus souvent ses personnages principaux... Je sais que le phénomène est courant aux États-Unis. Qu'en est-il en France ?*

Le fabuleux milieu des *fanfictions*... qui a débuté aux États-Unis avec la folie autour de *Star Wars* ce n'est donc pas réellement récent. Pourtant, elles ne se sont démocratisées en France que très récemment grâce à *Harry Potter* ! Effectivement, le but est de continuer un récit avec notre propre vision, nos idées et fantasmes. En ce qui concerne *Twilight*, il y en a beaucoup et de tous les bords : histoires d'amour revues par les fans ou bien encore histoires centrées un peu plus sur les personnages secondaires. Chacun apporte sa vision de la saga.

Et de manière plus générale, comment vit-on la fin d'une saga dans laquelle on s'est tant impliquée ?

Bien. Très, très bien même. Le plus important étant de garder au fond de soi les raisons des plaisirs pris à travers notre lecture. Quand la passion est là, il n'y a jamais de fin et grâce aux *fanfictions*, aux sites, aux blogs sur Internet, ce n'est jamais réellement terminé.

Il n'y a jamais de fin mais un éternel recommencement.

Mary – L'Univers de Twilight

Pseudonyme : Mary
Site : L'Univers de Twilight
Adresse : http://www.twilighters.free.fr

L'Univers de Twilight, alias Twilighters.free.fr, est l'œuvre d'une équipe de sept rédactrices éparpillées aux quatre coins de la France et jusqu'à Londres ou en Belgique, réunies autour de Mary, la fondatrice du site. On y trouve, comme souvent, un fil d'actualité fourni qui se permet parfois des digressions avec les bandes-annonces de films sans rapport direct avec l'univers de Bella et d'Edward dans lesquels figurent néanmoins les comédiens de *Twilight*, voire d'amusants produits dérivés comme *Robsessed*, un double coffret DVD entièrement consacré à un Robert Pattinson qui n'en demandait pas tant et préférerait sans doute se faire un peu oublier de ses groupies les plus hystériques. L'Univers de Twilight offre également une longue série de courtes fiches pratiques, idéales pour parfaire ses connaissances et situer les différents ouvrages, les films présents ou à venir, jusqu'aux personnages, aux lieux qu'ils traversent et aux véhicules utilisés dans la série. Le tout agrémenté de photographies et d'extraits vidéo, comme des scènes coupées du film ou des apparitions sur les chaînes françaises, notamment celle de Kristen Stewart et de Robert Pattinson au Grand Journal de Canal +.

Pour commencer, puis-je vous demander de vous présenter ? Selon votre inspiration, cette présentation ne doit pas nécessairement être très détaillée. Vous êtes libre de choisir la forme et les termes qui vous conviennent.

Pour ne pas faire trop long, je m'appelle Marie et j'ai dix-neuf ans. Je fais des études de sciences politiques et me destine aux métiers du journalisme. Étant une très grande lectrice, j'ai découvert *Twilight* quelque temps après la sortie des premiers tomes en France et j'ai immédiatement décidé de partager cela en créant un site web.

Pourriez-vous nous raconter la manière dont s'est déroulé votre premier contact avec Twilight *et vos premières impressions lors de la découverte d'un des livres ou du premier film ?*

Au départ, *Twilight* ne m'attirait pas, mis à part *Harry Potter*, je n'étais pas portée sur les livres fantastiques ou de science-fiction. Mais on m'a prêté le premier tome en m'assurant qu'il était vraiment bien et j'ai fini par le lire. Les trois autres tomes se sont enchaînés très rapidement. C'est un de ces livres qui, une fois commencé, nous suit partout. Il est impossible d'en décrocher.

L'univers dans lequel Stephenie Meyer nous transporte dès les premières pages, nous absorbe. L'héroïne ressemble à « n'importe qui », avec ses qualités et ses défauts, et nous n'avons aucun mal à nous mettre à sa place. J'avais déjà débuté mon site web quand j'ai su qu'un film serait tourné. L'attente a été très longue et je suis allée voir le film dès sa sortie. Il ne m'a pas du tout déçue, les acteurs correspondaient tout à fait à ce que j'avais imaginé, je n'ai pas eu l'impression d'avoir une partie du livre tronquée, contrairement aux *Harry Potter* par exemple.

Qu'avez-vous pensé de l'évolution de la série au travers des différents tomes ? On sent par exemple une certaine noirceur s'infiltrer au fil des livres, que ce soit au travers des Volturi, de la guerre contre les nouveau-nés vampires de Victoria, voire des difficultés de Bella lors de sa grossesse...

Oui je pense que les tomes sont de plus en plus « noirs ». On garde cependant un « fil conducteur », qui serait la transformation (ou non) de Bella en vampire. Dès la première partie du premier tome, cette question se pose et elle revient constamment jusqu'au dernier livre, dans lequel la réponse est donnée. L'évolution se fait aussi « vers le fantastique ». *Fascination* est l'ouvrage le plus rationnel, même si on découvre l'existence de vampires. Au fur et à mesure, on apprend par exemple l'existence des nouveau-nés, de ce dont ils sont capables, puis de l'enfant de Bella et d'Edward...

Pourrait-on dire que vous vous sentez d'une certaine manière proche de Bella ou que vous partagez des points communs avec son personnage ?

D'une certaine manière, oui. Elle vit dans une petite ville où tout le monde se connaît, elle est plutôt maladroite. Ce qui nous rend proche d'elle, c'est aussi le fait qu'elle manque de confiance en elle, elle déteste être le centre des attentions.

Quels étaient vos livres de chevet avant de découvrir la quadrilogie de Stephenie Meyer ? Par exemple, est-ce que vous vous intéressiez déjà aux vampires et à la littérature fantastique ? Ou à une série telle que Harry Potter, *à laquelle on compare souvent* Twilight *(vous pouvez aussi nous dire ce que vous pensez de cette comparaison) ?*

Je suis une très grande lectrice, tant de romans classiques que récents, mais assez peu de fantastique. Je n'avais jamais lu de romans ayant trait aux vampires, quelques films tout au plus. Par contre, j'avais adoré *Harry Potter* et même commencé un site sur la série. De mon point de vue, la comparaison tient uniquement au phénomène que ces deux sagas ont généré. Elles touchent le même public et appartiennent au même genre littéraire. Mais les deux univers sont complètement différents. D'un côté, on a un vrai « héros », un monde auquel on voudrait croire, mais qui n'est pas la réalité comme on le sait. De l'autre, des protagonistes qui ne sont pas parfaits et un univers presque réel, qui nous semble tout à fait crédible.

Qu'est-ce qui vous a vous-même autant touchée dans cette série, au point de consacrer de nombreuses heures à développer un site autour de l'univers et des personnages de Stephenie Meyer ?

C'est d'abord l'envie de faire découvrir cette série aux autres. En effet, lorsque j'ai commencé à lire ces romans, ils étaient assez peu connus. J'aimais aussi créer des sites web et allier les deux m'a donc semblé naturel. Ce sont les caractères des personnages qui m'ont le plus touchée, ainsi que l'univers général de la série. La ville, froide, triste, mais où l'on se sent bien. Bella, qui arrive seule dans cette petite bourgade, mais devient rapidement le centre de l'attention. Edward, le vampire, qui semble parfait, mais reste dangereux. Cela change des romans ou l'héroïne possède toutes les qualités, habite dans une ville ensoleillée, et arrive à séduire qui elle veut. Bella est maladroite, Edward et sa famille, bien qu'ils soient le centre des attentions, ne fréquentent personne.

Est-ce que la force d'évocation de ces lieux et de ces personnages vous rappelle votre entourage ou votre environnement ?

Oui et je pense que c'est le cas pour tous. Nous sommes tous passés un jour dans une petite bourgade, avec un temps gris et pluvieux. Il n'y a aucun mal à se représenter l'atmosphère de Forks et de ses environs. Les amis de Bella sont bien sûr plus proches de nous que la famille Cullen. Mais on retrouve facilement des traits de caractère dans chaque personnage (Alice fan de shopping, Esmée avec son côté maternel, Angela et Jessica en attente du bal de fin d'année…).

Les fans de Twilight *sont réputés pour leur enthousiasme et leur créativité, notamment parce qu'ils écrivent eux-mêmes un grand nombre de fictions qui développent l'univers et les personnages de Stephenie Meyer. Pourriez-vous nous parler du contenu de votre site et des échanges qu'il occasionne entre amateurs de la série ?*

Je m'y connais assez peu en *fanfictions*, mais j'admire ceux qui les font. Pour ma part, les échanges sur le site se font par le biais d'un mini-chat et un système de commentaires, où les fans peuvent réagir aux différents articles postés sur le site. Mais un forum attaché au site va bientôt être mis en ligne, qui sera, du moins je l'espère, le lieu de nombreux échanges !

Et justement, pourriez-vous nous parler du fonctionnement de votre site ? Du contenu que vous publiez, des échanges avec les autres fans au travers du chat ou de commentaires et de la manière dont tout ça se passe ?

Nous sommes plusieurs à nous occuper du site. J'ai en effet été rejointe depuis quelques mois par six autres personnes, qui s'occupent avec moi des « nouvelles » et de rédactions d'article. Nous essayons de publier chaque jour le maximum d'informations concernant la série, que ce soit à propos des livres, de l'auteur, du film, des acteurs… Ensuite des articles permanents ont été écrits, et continuent à être mis à jour, concernant notamment les acteurs, présentant les livres, les personnages, afin que le site convienne tant à ceux qui connaissent déjà la série, qu'à ceux qui la découvrent. Les visiteurs peuvent réagir, ou poser des questions auxquelles nous essayons de répondre.

De manière générale, ne pensez-vous pas que l'impact de cette œuvre soit lié à ce qu'elle touche à des valeurs essentielles, telles que l'amour, l'honnêteté, le romantisme, la tolérance, la fidélité… Des valeurs qui font peut-être défaut dans le monde actuel et que les lectrices et lecteurs de Stephenie Meyer retrouvent dans ses romans ?

Le livre touche bien évidemment à toutes ses valeurs, mais elles font parfois défaut aux personnages ; je pense que c'est plutôt le fait que ces valeurs ne soient pas toujours « respectées » qui attire : les personnages nous ressemblent. Ils ne sont pas idéalisés, contrairement à ce que l'on pourrait croire en lisant un simple résumé du livre. Edward, la famille Cullen, Bella ou ses amis ne sont pas toujours honnêtes, ni tolérants. Ils sont en revanche irréprochables du point de vue de la passion. Mais il est vrai que l'interdit (qui est de mon point de vue le thème central du livre) peut toucher particulièrement un public adolescent, qui rechercherait alors dans ces livres « quelqu'un » se posant les mêmes questions que lui.

Cette notion de l'interdit, qui me paraît effectivement essentielle dans la série, semble étonner un grand nombre de commentateurs et de critiques littéraires, comme si les adolescents et les jeunes adultes ne s'interrogeaient plus sur ce genre de question. Qu'en pensez-vous, est-ce que les livres de Stephenie Meyer abordent des thèmes qui concernent les adolescents et les jeunes adultes des années 2000 ?

Je pense que ce sont des thèmes universels à travers les âges, c'est pourquoi la saga touche un large public. Je dirais au contraire que l'interdit est au centre des réflexions à cet âge : l'interdit par rapport à la religion, aux origines, aux désirs des parents… On a parfois l'impression que les critiques et commentateurs littéraires souhaitent faire un rapprochement, d'une manière ou d'une autre, au fait que Stephenie Meyer soit mormone, et donc à la notion d'abstinence.

La saga de Bella et d'Edward est a priori *terminée. Comment vivez-vous cette fin ? Est-ce qu'il vous arrive de vous replonger dans ces livres ?*

Plutôt bien en fait ! La fin m'a tout à fait satisfaite, et s'il n'y aura pas de suite pour les livres, il y a encore trois films qui restent à découvrir. Une fois qu'ils seront sortis, ce ne sera peut-être pas la même chose… Oui j'ai lu la série plusieurs fois, on se replonge sans difficulté dans l'atmosphère des livres, même en connaissant l'histoire.

Qu'est-ce que vous avez pensé du premier film adapté de Fascination*? Est-ce qu'il vous a plu, est-ce qu'il correspondait à l'image que vous vous étiez faite des personnages?*

Il m'a beaucoup plu, je n'ai eu que des bonnes surprises, mais il est difficile de retranscrire une atmosphère à l'écran, c'est pourquoi je conseillerais de lire le livre avant de voir le film.

En ce qui concerne les acteurs j'avais un peu peur du choix d'Edward, il me paraissait difficile de le rendre « humain ». Mais Robert Pattinson convient parfaitement. J'ai particulièrement apprécié le choix des acteurs pour la famille Cullen, je ne les imaginais pas autrement.

Est-ce que vous gardez un œil sur les autres projets littéraires de Stephenie Meyer? Pensez-vous lire ses prochains ouvrages traduits en français ou est-ce que vous resterez une inconditionnelle de Twilight*?*

Je n'ai pas lu le dernier livre sorti en France, je pense que je ne le lirai seulement que si j'en ai l'occasion. Peut-être est-ce la peur de ne pas retrouver un tel univers et d'en être déçue?

Cé', Yoone, Maxxy et So – The Meadow

Pseudonyme: Cé', Yoone, Maxxy et So
Site: The Meadow
Adresse: http://www.the-meadow.fr/

Un des sites les plus importants consacrés à *Twilight* sur le web français, The Meadow plonge en profondeur dans l'œuvre de Stephenie Meyer en étendant son contenu jusqu'aux autres projets de l'écrivain, comme *Les Âmes vagabondes* ou le recueil de nouvelles *Nuits d'enfer au paradis* qui a pour thème les bals de fin d'année en mêlant vampires, démons et autres créatures surnaturelles. On y trouve la traduction française des quatre premiers chapitres de *Midnight Sun*, contrechamp du premier tome de la saga qui raconte les mêmes événements du point de vue d'Edward et dont on ne sait pas s'il sera un jour terminé. Stephenie Meyer a pour le moment décidé de suspendre son écriture pour une durée indéterminée, suite à une fuite qui a rendu les douze premiers chapitres disponibles sur Internet. The Meadow compte également un forum de discussion, fort de 4 000 membres, des concours de *fanfictions*, des dossiers sur les vampires et les loups-garous, ainsi que de nombreuses pages qui couvrent toutes les facettes de cet univers.

Pour commencer, puis-je vous demander de vous présenter? Selon votre inspiration, cette présentation ne doit pas nécessairement être très détaillée. Vous êtes libre de choisir la forme et les termes qui vous conviennent.

Yoone: Moi c'est Hajar, mais mon surnom c'est Yoone. J'ai vingt et un ans et j'habite en France, à Angers. Je travaille (pour être plus précise, je cherche du travail) en freelance en tant que traductrice et/ou rédactrice. Je fais aussi du bénévolat dans quelques associations. J'aime énormément l'écriture, mon but ultime serait de finir mon roman et de le publier. J'aime aussi la musique et les concerts, ainsi que le cinéma.

Cé' : Je m'appelle Cécilia, j'ai dix-huit ans, je fais une seconde année de terminale littéraire pour obtenir mon bac et j'habite à Paris. Je suis intéressée par de nombreux domaines artistiques, principalement l'écriture, comme Hajar, et j'ai moi aussi un projet de roman sur lequel je planche depuis plus d'un an. Je suis passionnée par l'étude du comportement humain et j'envisage de faire une fac de psychologie.

Maxxy: Je m'appelle Typhaine, j'ai vingt-deux ans et j'habite à Clermont-Ferrand, pour y faire mes études de sciences du langage. Je suis passionnée de mythologie, notamment celtique. J'aime beaucoup la musique, le cinéma et la littérature, principalement britannique.

So : Sothea, vingt ans, étudiante en sciences du vivant à Paris. J'aime lire, la musique, le cinéma ; rien de bien original.

Question à l'attention d'Yonne et de Cé'... Si ce n'est pas trop indiscret, quels sont les sujets, ou même plus simplement les thèmes de vos romans ? Sont-ils en lien avec le genre fantastique, les vampires ou touchent-ils d'autres univers ?

Yoone : Le style de l'histoire que j'écris est en effet fantastique. Ce qui assez étrange, c'est que j'ai commencé à écrire ce récit avant de connaître *Twilight*, et il y a pourtant quelques similitudes dans la description des lieux et j'ai moi aussi créé un triangle amoureux. L'héroïne de mon livre a dix-huit ans et a un don. L'intrigue tourne autour de cela, mais ça n'a rien à voir avec les vampires.

Cé' : Mon histoire se déroule également dans un milieu fantastique et traite principalement des relations humaines qu'entretient chaque personnage avec les autres (amour, amitié, fraternité, famille, etc.) et je tente d'y exploiter des thèmes comme la mort, la maladie, la tolérance... Le milieu fantastique concerne très largement le mode de vie païen, une « religion » (je n'aime pas tellement ce terme) ancienne, oubliée, qui n'a rien de fanatique et qui vise à recréer des liens avec la nature en apprenant à la connaître, à la respecter et à la fêter et aussi à revoir ce qu'on appelle la magie sous un jour nouveau et moins surnaturel que dans les séries fantastiques classiques. Il y aura beaucoup de vérité dans mon récit, je fais régulièrement des recherches. Je précise que, bien évidemment, je suis moi-même païenne et qu'il me tenait à cœur de traiter le sujet que je pense très mal compris par la société actuelle.

Question à l'attention de Cé'. Vous vous définissez comme païenne, une perception du monde qui souvent ne fait pas bon ménage avec le christianisme et encore moins avec des formes de christianisme particulières comme l'Église des Saints des Derniers Jours à laquelle appartient Stephenie Meyer. De fait, est-ce que la présence d'éléments moralistes chrétiens ne vous a pas dérangée dans Twilight *?*

Cé' : Pas vraiment non, puisque je suis habituée à retrouver toutes formes de christianisme dans les livres, les films, surtout les productions américaines. Il y en a partout. Le fait est que la religion n'est pas le thème de base dans le roman de Stephenie Meyer, donc ça ne me dérange pas plus que ça.

En fait, j'apprécie même ce côté religieux lorsqu'il n'est pas poussé à l'extrême et que le contexte du livre, roman, est joli et que la religion ne sert qu'à accroître des sentiments d'amour, d'amitié, etc. Certains personnages sont attachants grâce à leur vision idéaliste de Dieu. Par contre, il est vrai que je déteste le côté moralisateur de certains personnages qui se révèlent être des fanatiques. Ce n'est pas le cas dans *Fascination*. La religion ne s'affiche qu'en fond de l'histoire et c'est finalement le thème de la famille qui tient plus au cœur de l'auteur.

Et je rebondis avec une autre question, cette fois-ci pour Maxxy. Justement, est-ce que l'on trouve des vampires ou des créatures semblables aux vampires dans la mythologie celtique ?

Maxxy : Oui tout à fait, c'est d'ailleurs dans la mythologie celte que la figure de vampire a fait son apparition, à travers des guerriers « buveurs de sang rouge », et d'autres qui se relèvent d'entre les morts.

Pourriez-vous nous raconter la manière dont s'est déroulé votre premier contact avec Twilight *et vos premières impressions lors de la découverte d'un des livres ou du premier film ?*

Yoone : Si mes souvenirs sont bons, j'ai découvert *Twilight* en septembre 2006 en l'empruntant dans une bibliothèque. Au début ça ne me tentait franchement pas, le résumé sur la quatrième de couverture m'a paru très guimauve, et ce n'était pas trop mon truc, mais j'ai commencé à le lire et ça a été un coup de cœur. J'ai tout de suite été l'acheter pour le relire encore et encore. Je ne pensais vraiment pas qu'il s'agissait d'une saga à l'époque, ce n'est qu'un an après que j'ai découvert la suite.

Cé' : J'ai découvert *Fascination* par le biais d'une amie, Typhaine, qui est également une des administratrices de The Meadow, courant 2006 ou 2007, je ne sais plus exactement. Je n'ai pas décroché du livre pendant un week-end. J'ai été très captivée par le genre de relation hors du commun que partageaient Edward et Bella, la connexion très forte qui s'établissait entre eux, et la manière qu'ils avaient de parler lors de leurs échanges en cherchant toujours à se connaître un peu plus. J'ai continué à lire la suite en anglais après ça.

Maxxy: *Fascination* venait de faire son apparition en France quand je l'ai découvert, en 2006, via une amie qui m'en a dit le plus grand bien. Je l'ai dévoré en une journée et une nuit, ne pouvant pas décrocher mon attention de l'histoire. Mêmc si le thème paraissait peu intéressant et relativement enfantin, l'écriture de Stephenie Meyer et l'intensité des relations entre les personnages deviennent très vite prenantes.

So: C'était en 2006. En cherchant de la lecture pour l'été, je suis tombée sur un forum où *Fascination* était conseillé. L'histoire m'a plu, j'ai jeté un coup d'œil au bouquin et j'ai tout de suite accroché. Quelques mois plus tard le deuxième tome est sorti. Depuis *Harry Potter*, je n'avais jamais autant été accro à une saga.

Quels étaient vos livres de chevet avant de découvrir la quadrilogie de Stephenie Meyer? Par exemple, est-ce que vous vous intéressiez déjà aux vampires et à la littérature fantastique? Ou à une série telle que Harry Potter*, à laquelle on compare souvent* Twilight *(vous pouvez aussi nous dire ce que vous pensez de cette comparaison)?*

Yoone: Avant *Twilight*, je m'intéressais déjà à la littérature fantastique. Les autres genres ne m'attirent pas spécialement.

J'ai besoin qu'un livre me sorte de la réalité pour l'apprécier. Une des sagas (oui, en général je ne lis que des sagas) qui m'a le plus accrochée, c'est celle de Robin Hobb : *L'Apprenti assassin*. Je lisais aussi les *Harry Potter* oui, que j'aime toujours autant. D'ailleurs la comparaison et la polémique autour des deux sagas n'ont, pour moi, pas lieu d'être. C'est juste un moyen de faire parler et donc de faire vendre, rien de plus. J'aime *Twilight*, j'aime *Harry Potter*. Vampires, magie, ce sont deux mondes totalement différents. Le seul point commun, c'est que les livres ont du succès partout dans le monde…

Cé' : Je pense la même chose quant à la comparaison entre *Harry Potter* et *Twilight*. Dès que l'objet d'un certain milieu prend de l'importance dans la société, on le compare à un autre objet célèbre de ce même milieu. C'est inévitable. Mais à chaque objet sa spécificité. Quant à ma lecture, eh bien oui, je lisais *H.P.*, mais aussi la *Trilogie de Bartimeaus*, qui reprend le thème de la magie et de la sorcellerie, et on pourrait même comparer cette saga à *Harry Potter*, beaucoup plus que *Twilight*. Il s'agit d'une très bonne trilogie mais qui passe plus inaperçue que les autres (et, dans le fond, ce n'est pas plus mal, car elle n'est pas touchée par toute la folie de la célébrité). Je lisais aussi le début d'une autre trilogie, *Chroniques des temps obscurs*, assez spéciale puisqu'elle ne s'ancre absolument pas dans la modernité, encore moins que *Le Seigneur des anneaux* (que je n'ai pas lu cependant), et peut-être du coup moins facile à apprécier. Je n'avais jamais rien lu sur les vampires avant de découvrir la saga de Stephenie Meyer.

Maxxy : J'ai toujours été attirée par la littérature fantastique, ayant des frères plus âgés et passionnés de Tolkien et des jeux de rôle, j'ai toujours été dans cette ambiance. J'ai donc lu assez tôt du Pratchett, et plus tard je suis venue à *Harry Potter*. *Le Portrait de Dorian Gray* d'Oscar Wilde est mon livre préféré, et même si l'on ne le situe pas forcément dans le fantastique, il en est pourtant fortement empreint ; certaines analyses comparent même le héros à un vampire.

Pour ce qui est de la comparaison entre *Harry Potter* et *Twilight*, comme dit précédemment, c'était inévitable. Deux séries fantastiques adaptées au cinéma, il fallait forcément que les média les mettent côte à côte. Mais il n'y a aucune réelle raison de les comparer.

So : J'aime tout ce qui est fantastique, science-fiction, et s'il y a une histoire d'amour dedans, c'est encore mieux. C'est pour cette raison que je me suis intéressée à *Twilight*. En ce qui concerne la comparaison *Twilight* et *Harry Potter*, si on enlève le fait que ce sont toutes les deux des sagas à succès qu'on peut trouver dans le rayon jeunesse, il n'y a pas beaucoup de points communs.

Qu'est-ce qui vous a vous-mêmes autant touchées dans cette série, au point de consacrer de nombreuses heures à développer un site autour de l'univers et des personnages de Stephenie Meyer ?

Yoone : J'ai intégré le staff de The Meadow il y a tout juste un an, quand je suis arrivée le site était déjà complet et très populaire mais quand on m'a proposé d'intégrer l'équipe je ne pouvais pas refuser. *Twilight* est un monde extraordinaire. Les personnages sont touchants, ils ont l'air si réels bien que ce soit une fiction. Je me suis attachée à eux, à leurs histoires. J'avais vraiment envie d'en faire plus, de me rendre utile face aux autres fans.

Cé' : Je suis la créatrice originale du site et j'ai rempli une bonne partie du site à l'aide de Typhaine. Il n'y avait que nous deux au départ. Comme je l'ai dit tout à l'heure, ce que j'ai avant tout apprécié, le côté fantastique mis à part, c'est la relation d'Edward et Bella. D'accord, il est vrai que l'on peut qualifier à juste titre la saga de « guimauve » mais, hey, c'est une histoire d'amour, on le sait depuis le début. La réalité n'est pas bien différente à ce niveau-là. Ce qui fait la différence, ce sont les personnalités et les spécificités de chaque personnage qui imposent très souvent des embûches entre Edward et Bella et rendent leur histoire difficile, mais pas impossible. Les notions du choix et du sacrifice (qui nous accompagnent au quotidien) sont très profondément ancrées et, finalement, bien que la seule chose qui puisse rendre Bella heureuse soit d'être avec Edward, on ne peut pas nier que le prix à payer est assez terrible et c'est l'envie de découvrir le choix qu'elle va faire et ses conséquences qui poussent à continuer la série. Cependant, le dernier tome a détruit toutes ces notions auxquelles je tenais et qui m'avaient fait aimer *Twilight*, et j'ai été très déçue. Je pense qu'il en va de même avec les autres lecteurs qui n'ont pas aimé le livre car tout ce qui faisait l'âme de *Twilight* a été balayé. Mais ceci ne suffira pas à me faire oublier mes premiers sentiments sur la saga et je continuerai à m'occuper du site jusqu'à la fin de l'époque *Twilight* avec plaisir.

Question pour So : J'aimerais mieux comprendre. De quelle manière est-ce que Twilight *avait pris une place importante dans votre vie ?*

So : Disons que tous les jours je ressentais le besoin de parler de *Twilight*, de partager ce que j'avais ressenti en lisant le livre pour la première fois. Je passais beaucoup de temps sur les sites consacrés à la saga et sur le forum Fascination.

Question à l'attention de Cé' : Pourriez-vous nous en dire un peu plus sur les motifs de votre déception à la lecture du dernier tome et la destruction des notions auxquelles vous teniez ?

Cé' : J'ai été très surprise notamment par la grossesse de Bella comme, à mon avis, beaucoup d'autres lecteurs. Je sais bien que nous sommes dans une série fantastique mais, les incohérences au niveau biologique et même mythique sont un peu trop grosses pour être zappées. Le vampire est connu pour représenter la mort, pas la vie et le don de la donner. C'est, à mon avis, un thème trop chéri, trop ancien, pour qu'on se permette de le toucher à ce point-là ; j'ai même trouvé ça dégradant… De plus, la quasi-totalité du bouquin se concentre sur l'inévitable bataille avec les Volturi,_qui pourtant n'arrive jamais. Je trouve l'issue bien trop facile, beaucoup d'informations arrivent tel un cheveu sur la soupe. Quoi, il existe des hybrides ? Et en plus de 1 000 ans de vie, les vampires les plus puissants du monde n'en ont jamais entendu parler ? Mouais. On en reparle.

Je n'ai pas non plus aimé l'évolution de Bella. Personnage si fragile et humain au début, elle se transforme soudainement en Wonder Woman. Elle devient parfaite, et forme une famille parfaite avec un homme parfait et une enfant parfaite… Je sais que la famille est la chose la plus importante au monde pour Stephenie Meyer. Mais je trouve cela simplement écœurant que, après nous avoir bassinés pendant trois tomes sur l'importance du sacrifice, Bella récolte le beurre et l'argent du beurre. Je ne vois pas quelle leçon il y a à en tirer, quelle réalité il y a à toucher. Les personnages, qui avaient tous quelque chose d'humain (même les vampires, oui) et d'attachant, perdent tout ce qui faisait leur caractère, et ce pourquoi on les aimait. Je ne suis pas contre le changement mais je considère qu'il ne faut tout de même pas perdre l'essence de ses personnages… Et je trouve que c'est ce qui se passe dans *Breaking Dawn*. Arrivée à un certain stade, je n'ai plus été surprise en lisant, je savais exactement comment le roman se finirait, sans qu'on ait besoin de me le dire. J'aime lire des choses inattendues, tant qu'elles suivent le fil de l'histoire. *Breaking Dawn* me fait l'effet d'être une *fanfiction* (et, à vrai dire, j'aurais sûrement apprécié cette histoire beaucoup plus si elle en avait été une). L'histoire s'est perdue en route. Tout est trop rose. Je préfère les histoires tristes en fait ; à mon avis, ce sont les plus belles, et elles donnent plus d'espoir que les histoires qui se finissent bien. Je ne dis pas que j'aurais voulu un massacre, ou quelque chose dans le genre, mais qu'il y ait une perte, comme promis depuis le premier tome. Quelque chose de simplement *vrai* sur un *fond imaginaire.* J'ai l'impression que ce livre est une tricherie et un tissu de mensonges.

Maxxy : Ce qui m'a le plus touchée, c'est l'intensité de la relation entre Edward et Bella, au premier tome. C'est là que j'ai créé le premier forum sur ce livre, à l'époque il n'y avait aucun site, aucune communauté française sur cette saga. Le plaisir de partager cette lecture avec d'autres, de savoir si cette intensité avait touché tout le monde de la même manière, c'est le premier motif pour créer un site. Cela aurait pu s'arrêter au premier tome, mais les deux suivants m'ont touché également, différemment, avec d'autres personnages. Je n'ai pas apprécié le dernier tome, mais tout comme Cé', ça ne suffira pas pour effacer mon amour pour les trois premiers tomes de la saga.

So: Je pense que c'est le fait de s'identifier un peu au personnage de Bella. L'histoire qu'elle vit, sa relation avec Edward, on a toutes un peu envie de connaître la même chose. Ça fait rêver. J'ai intégré l'équipe du site parce qu'à une époque, *Twilight* avait une place vraiment importante dans ma vie.

Cé' vient d'évoquer les Volturi plus haut. Que pensez-vous de ce clan de vampires sans âge ? Est-ce qu'ils représentent des ennemis assez crédibles et effrayants à vos yeux ? La scène du Palazzo dei Priori qui se termine sur un bain de sang avec les visiteurs menés à l'abattoir est plutôt inquiétante, mais le final retombe effectivement sans qu'il se passe grand-chose comme vient de le noter Cé'. Et par la même occasion, que pensez-vous de James et de Victoria ?

Cé' : Je ne suis pas certaine d'arriver à mesurer le danger que représentent les Volturi.

Peut-être parce que je savais à l'avance que Stephenie Meyer ne leur donnerait pas un bien grand méchant rôle dans *Breaking Dawn* à l'égard des Cullen, mais j'espérais… Je reste assez insensible au bain de sang de *New Moon*. Il ne s'agit que de personnages mineurs, tout comme Irina dans *BD*.

Tant qu'ils ne s'en prennent pas réellement aux personnages principaux avec d'assez lourdes conséquences, je n'arrive pas à percevoir une menace. Ce qui n'est pas le cas dans la dernière bande-annonce du film. Visuellement, je les trouve beaucoup plus impressionnants que dans le livre et j'ai hâte de voir la scène à Volterra. J'affectionne aussi beaucoup les acteurs qui les interprètent, notamment Michael Sheen, qui joue Aro. Le maquillage, les costumes… Tout est véritablement bien fait. Je pense que, de fait, je vais me forger une nouvelle opinion de ces personnages.

Yoone : Dans les livres, les Volturi sont crédibles oui. Leur moral, leur conscience est bien pensée, on sent clairement qu'ils n'ont plus aucune humanité. Enfin, là je parle des trois premiers livres… Le dernier étant pour moi tout sauf crédible. Stephenie Meyer s'est apparemment trop éloigné de ses personnages… Quant à Victoria et James, j'aime leurs rôles. Ils sont d'une perversité assez énorme. Le plan machiavélique de James pour arriver à ses fins m'a beaucoup plu. La soif de vengeance de Victoria était tout à fait réaliste et effrayante. Ils n'ont plus d'âme et ça se ressent.

Maxxy : Je pense sincèrement que oui, ils sont parfaitement crédibles en tant qu'ennemis. Bien qu'ils soient de la même « race » que les Cullen, ils ont des idées totalement différentes, et des pouvoirs assez importants. Le fait qu'Aro parle toujours calmement et avec gentillesse ne fait qu'accentuer son côté effrayant, à mon goût. C'est cependant vraiment dommage qu'il ne se passe rien au final, on dirait que ça ne leur correspond pas vraiment.

J'aime beaucoup James et Victoria, ils représentent tous deux une réelle menace et n'ont vraiment aucune limite pour parvenir à leur fin.

Quel genre d'échanges avez-vous avec les fans de Twilight *? Quelles sont leurs particularités ?*

Yoone : Les échanges se font sur le forum rattaché à The Meadow, c'est une véritable communauté avec plus de 4 000 membres. Les affinités se sont créées ainsi, selon les sujets de conversations. D'ailleurs c'est par ce biais que j'ai rencontré Cé', Maxxy et So. C'est vrai que la plupart des fans avec qui j'ai discuté aiment écrire des *fanfictions*, créer, imaginer. C'est vraiment très enrichissant et assez impressionnant de voir qu'un livre peut devenir une véritable source d'inspiration.

Cé' : J'ai moi-même rencontré tous les membres de l'équipe sur le forum, mis à part Maxxy et Am. Néanmoins, si j'étais active sur le forum, aujourd'hui je suis beaucoup moins présente, m'occupant surtout du site. Mais j'ai également créé des liens avec quelques membres lors des rencontres notamment. Je pense que ce qui est particulier est que nous sommes une très grande majorité de filles, donc les relations sont plutôt mixées... Elles sont plutôt bonnes en général mais quand ça pète, ça pète (en général, au sujet de *Twilight* surtout, beaucoup de jalousies en ce qui concerne les rencontres avec les acteurs), mais je n'en sais pas vraiment plus.

Question à l'attention de Cé' et en direction des non-initiés, que signifie le nom du site, The Meadow?

Cé' : Tout simplement La Clairière. Ce nom m'a paru très évident car il est un lieu quasi sacré pour Edward et Bella et c'est également le lieu qui est apparu dans le rêve de l'auteur qui a fait naître la saga. Dans cette clairière, Edward et Bella se livrent à plusieurs confessions, c'est un peu leur jardin secret, leur monde à eux, qui les isole de tout. On a préféré conserver ce titre en anglais car il est plus joli comme tel. La scène de la clairière était une des plus attendues du film et une des plus cultes du bouquin.

De manière générale, ne pensez-vous pas que l'impact de cette œuvre soit lié à ce qu'elle touche à des valeurs essentielles, telles que l'amour, l'honnêteté, le romantisme, la tolérance, la fidélité... Des valeurs qui font peut-être défaut dans le monde actuel et que les lectrices et lecteurs de Stephenie Meyer retrouvent dans ses romans?

Yoone: Bien sûr, oui, il y a de ça. On se reconnaît un peu toutes dans Bella, jeune fille banale, dans une ville banale, alors que le monde qui l'entoure est tout sauf banal. Ça m'a fait rêver, parce que j'aime le fantastique. Qui ne rêverait pas d'avoir en guise de meilleure amie, une vampire accro du shopping? Après, bien sûr on tombe sous le charme d'Edward. On se dit qu'un être aussi parfait n'existe pas alors on s'attache à ces livres.

Cé' : Je crois que ce n'est pas tant que ces valeurs manquent dans le monde réel, c'est plutôt qu'elles sont cachées, tandis que dans les livres, on les expose avec sincérité. On retrouvera ces valeurs chez chacun, bien que certains le nient. Tout le monde a besoin d'amour et ce qui dérange les gens, et en particulier les hommes (ceci n'est pas une critique féministe, hein) c'est peut-être de l'avouer. Si *Twilight* est moins aimé que *Harry Potter*, qu'il touche un public moins large, c'est parce qu'il aborde sans doute un thème trop sensible, trop honnête, dans le fond, trop réel (il existe forcément des couples aussi soudés qu'Edward et Bella), mais aussi trop complexe. Les gens vont forcément identifier leur propre vision de l'amour et du partage humain, mais je crois que *Twilight* touche surtout les jeunes filles parce que cette histoire semble être une histoire de rêve. Moi, je trouve cette histoire plutôt triste, le dernier tome mis à part. C'est aussi ce qui m'a attirée vers la saga. On en revient toujours à cette notion de choix, de sacrifice, d'abandon. Qui n'a jamais perdu un être aimé, de quelque manière que ce soit? On veut y trouver du rêve mais aussi de la réalité pour se dire que le bonheur est possible (parce que, malgré tout, Bella et Edward partagent de très bons moments ensemble, c'est ça qu'il faut en retenir aussi) malgré la souffrance que l'on est forcé de traverser pour y accéder.

Maxxy: Ça doit énormément jouer, bien sûr. La plupart des filles rêveraient de rencontrer un garçon tel qu'Edward, romantique, attentionné, amoureux… Une autre partie des lectrices, dont je fais partie, rêverait plus à un Jacob, amusant, plein de vie, attachant. Et le fait que l'on puisse s'identifier sans mal à l'héroïne, qui n'est pas une pimbêche, qui n'est pas l'héroïne américaine classique la plus populaire du lycée, nous aide à nous plonger dans cette histoire, chacune rêvant que la même chose puisse leur arriver.

So : Absolument. Je pense que tout a été dit plus haut.

À part Bella et Edward, quels sont les personnages les plus intéressants à vos yeux ? Que vous les trouviez attachants, amusants, effrayants... quels sont les personnages que vous aimeriez que Stephenie Meyer approfondisse si elle se décide à donner une suite aux quatre premiers romans ?

Yoone : Sans hésitation Jacob Black. Il est mon personnage préféré avec Bella parce qu'il est à moitié humain. Il a une conscience humaine très intéressante, on s'attache vite à ce personnage si dangereux mais si fragile à la fois. D'ailleurs dans le dernier tome, je n'ai aimé que la partie où il est le narrateur. On en apprend beaucoup sur lui et les siens, sur leurs méthodes de vie, c'était vraiment une bonne idée ! Sinon, j'aimerais en savoir plus sur Alice. Quelle était sa vie avant sa transformation ? Comment fonctionne son pouvoir ? Ce serait très intéressant d'en savoir davantage.

Maxxy : Sans aucun doute, Emmett. J'ai aimé ce personnage depuis le premier tome, et j'ai toujours été ravie de ses apparitions dans les autres romans. Il est très drôle, attachant et accepte sans souci Bella dans la famille.

Cé' : Jacob. Je sais qu'il a déjà une très grosse part dans les livres, mais j'adorerais lire un bouquin qui lui soit uniquement consacré. J'avais adoré son point de vue dans *Breaking Dawn*, et je pense qu'un livre sur lui ne ferait de mal à personne, ha.

Mais pour les personnages moins importants, je pensais à Jasper et Alice. J'aime leur côté un peu à part, le fait qu'ils soient les seuls à ne pas avoir été transformés par Carlisle et qui, de fait, les « exclue » un peu. Je pense que ça intéresserait beaucoup de monde de découvrir leur propre histoire avant l'époque Cullen.

Personnellement, j'adore le don d'empathie de Jasper et cette difficulté qu'il a à résister au sang humain. Je trouve que c'est un personnage assez brisé émotionnellement, notamment à cause de son passé. Sans Alice, il serait sans doute perdu.

Question pour tout le monde : quelles furent vos réactions en voyant le premier film tiré de la saga ?

Yoone : Comme tout le monde je pense, je n'ai pas réellement été surprise. En fait, la promotion du film a été tellement énorme que beaucoup d'images et de vidéos ont filtré... Du coup, en allant au cinéma je savais à quoi m'attendre. Bien sûr c'est toujours émouvant de voir les personnages que nous imaginions prendre vie sur grand écran. J'avais l'impression de redécouvrir *Twilight,* même si je connaissais déjà l'histoire. J'ai ressenti ce que j'ai ressenti en lisant le livre. J'étais intriguée par Edward... Par eux. Puis Kristen Stewart qui interprète Bella, est vraiment une actrice talentueuse. À vrai dire, elle m'a bluffée à tel point que depuis j'ai vu tous ses films.

Cé' : Je savais également à quoi m'attendre. J'ai aimé le film même si j'avoue avoir été très déçue par la scène de biologie, qui est capitale dans le premier tome et dont j'avais une image très précise. J'admets aussi que je n'apprécie pas particulièrement le jeu de Robert Pattinson que je juge poussé à l'extrême. Ma vision d'Edward est parfaitement claire et ne colle pas à celle de l'acteur. Mais j'aime beaucoup Kristen Stewart et c'est surtout elle qui a retenu mon attention. J'ai d'ailleurs adoré la scène de la salle de danse, je pense que c'est dans celle-ci qu'elle se donne véritablement à fond (peut-être aussi parce que c'est la première qui a été tournée), je l'ai trouvée visuellement très dynamique et bien filmée (ce qui était essentiel concernant le jeu des miroirs), contrairement à d'autres scènes qui laissent à désirer (par exemple, celle où Bella avoue à Edward qu'elle sait ce qu'il est ; je ne suis pas fan du tournoiement de la caméra autour des deux acteurs). Mais sachant qu'il s'agit d'un film à petit budget, je suis assez tolérante et l'apprécie pour ce qu'il est et je peux le revoir sans problème plusieurs fois.

So : J'ai trouvé le film assez réussi dans l'ensemble, mais comme pour toutes les adaptations de romans il y a toujours de petites différences avec le livre. Kristen Stewart est vraiment une excellente actrice et correspond très bien à l'image que j'avais de Bella, donc je n'ai pas été déçue de ce côté-là.

Maxxy: Comme dit ci-dessus, je savais aussi à quoi m'attendre. J'ai beaucoup aimé les interprétations des acteurs, qui ont bien su s'imprégner des personnages que l'on connaît si bien dans les livres. Malheureusement, à mon goût, le film paraît beaucoup plus guimauve que ne l'est le livre, et peut laisser une mauvaise impression aux spectateurs ne connaissant pas l'œuvre littéraire.

Qu'attendez-vous de la suite de la saga au cinéma? En sachant que les réalisateurs retenus, Chris Weitz connu pour ses adaptations de romans fantastiques mais aussi pour une comédie comme American Pie*, ou David Slade dont les deux premiers films* Hard Candy *et* 30 Jours de nuit*, sont avant ces commandes très loin de l'univers de Stephenie Meyer...*

Cé' : Je ne pense pas que le fait qu'ils aient réalisé des choses très différentes de *Twilight* puisse être un réel handicap. Néanmoins, j'avoue que, dès le départ, je faisais déjà beaucoup plus confiance à Chris Weitz, qu'à David Slade. Le fait qu'il ait critiqué la saga en premier lieu y est sans doute pour beaucoup.

Chris Weitz semblait très sûr de lui, très posé aussi et beaucoup plus calculateur que Catherine Hardwicke, à l'égard des fans notamment. Catherine avait une approche beaucoup plus personnelle du livre_que Chris, qui possède une vision plus étendue des choses, qui pense plus aux fans et qui paraît très à l'écoute de ses acteurs.

Yoone: Nous avons vu trois trailers de *New Moon* pour l'instant, plus toutes les images promotionnelles et je suis tout à fait convaincue, bien plus que je ne l'étais avec *Twilight.* Je connais les films de Chris Weitz, c'est un réalisateur épatant, il peut passer d'un genre à un autre en restant très professionnel. Il est très doué dans ce qu'il fait.

Maxxy : Je préfère ne m'attendre à rien pour ne pas être déçue. Je suis sûre que quel que soit leur univers, ils peuvent très bien faire des films correspondants à celui de Stephenie Meyer. Après, je ne sais pas comment, ni à quoi ça ressemblera, nous verrons bien.

La série littéraire de Stephenie Meyer a touché, pour le moins momentanément, à sa fin. Il reste trois films. Comment voyez-vous l'avenir de votre site et de cette grande communion des fans autour de Twilight*? Pensez-vous par exemple que l'enthousiasme ira en diminuant ou que Stephenie Meyer reprendra sa plume pour déployer l'univers de Bella et d'Edward, notamment au travers du regard d'Edward comme elle avait commencé à le faire ?*

Yoone : Le quatrième tome sera aussi adapté si *New Moon* a du succès, ce dont je n'ai aucun doute mais il est certain, oui, que lorsque le quatrième film sera sorti, la saga s'essoufflera et c'est normal, de ce fait le site aussi perdra de ses visites. Pour ce qui est de notre forum, il y aura forcément moins de visites, mais les réguliers resteront je pense. Nous sommes devenus amis et nous parlons d'autres sujets. J'espère sincèrement que Stephenie Meyer finira par reprendre l'écriture de *Midnight Sun*, les douze premiers chapitres sont merveilleux. Mais j'espère aussi qu'elle écrira d'autres romans que la saga. C'est un auteur génial.

Maxxy : Je pense qu'il y aura toujours des fans, des gens qui découvriront la saga plus tard, après tout le tapage médiatique, et ceux qui resteront fidèles. Notre site pourra toujours tenir au courant de l'actualité des acteurs de la saga, en attendant d'avoir des nouvelles de Stephenie Meyer. Peut-être qu'elle continuera à écrire sur les mêmes personnages, et nous serons toujours là pour relayer l'information.

Cé' : Je ne sais pas trop. Je ne suis pas certaine que Stephenie Meyer continue sa saga. Je pense plutôt que, après la sortie du tout dernier film, la folie *Twilight* mourra peu à peu. Peut-être à ce moment-là, nous voudrons fermer The Meadow. Mais à l'heure qu'il est, je réfléchis plutôt à un moyen de le faire vivre. Probablement en le renouvelant avec des news générales sur les membres du casting, ou en trouvant un nouveau projet, littéraire, à développer sur le site. Il y a des possibilités. La fin de *Twilight* ne signifie pas la fin du site.

Fin classique et néanmoins souvent intéressante, est-ce qu'il y a une question que vous auriez aimé que je vous pose ? Et comment y auriez-vous répondu ?

Yoone : J'aurais aimé que l'on parle de la gente masculine et de ses rapports avec *Twilight*. Le sujet est assez complexe et intéressant. Beaucoup refusent d'avouer qu'ils aiment, d'autres sont totalement allergiques, et la majorité gay.

Cé' : Je suis de l'avis d'Yoone. Je rajouterai que certains n'ont vu le film que pour accompagner leur copine, aussi, haha.

Céline et Jennifer – Twilight Central

Pseudonymes : Céline et Jennifer
Site : Twilight Central
Adresse : http://www.twilight-central.com

Tons de gris et fronton de bois qui évoque les constructions et les sombres forêts de la région de Forks, Twilight Central joue la carte de la sobriété, fruit du travail de Simply Coding et d'Urban Design, une jeune webdesigneuse amateur canadienne. Publications quotidiennes et arborescence simple, l'information y est mise en scène de manière claire et lisible dès le premier coup d'œil. Un pari réussi par sa fondatrice, Céline (avec l'aide de Jennifer, accourue en renfort), mais pas aussi évident qu'il n'y paraît quand on sait que le site n'a ouvert ses portes qu'au mois de mai 2009. Résolument moderne, Twilight Central a également su tirer parti avec succès des derniers outils du web 2.0. : fil d'actualité, playlist tirée des bandes originales de films et des morceaux originaux de Robert Pattinson, profil sur Facebook, système d'alerte par l'intermédiaire de Twitter, forum, messagerie interactive en temps réel et système d'affiliation avec d'autres sites du monde entier. Les fans de *Twilight* ne peuvent que se féliciter de cette relève et de la saine compétition qu'engendre ce foisonnement digital.

Interview de Céline

Pour commencer, puis-je vous demander de vous présenter ? Selon votre inspiration, cette présentation ne doit pas nécessairement être très détaillée. Vous êtes libre de choisir la forme et les termes qui vous conviennent.

Je m'appelle Céline Cheval, j'ai vingt-trois ans, je suis comptable dans un cabinet de syndic et je vis à Cannes. J'aime lire (plusieurs genres de livres. Mes favoris : *Twilight*, *Le Journal d'un vampire*, *Antigone*, Mary Higgins, Stephen King en particulier *Simetierre*), j'écris aussi, je fais un peu de graphisme, et j'ai des blogs, et le site bien évidemment.

Pourriez-vous nous raconter la manière dont s'est déroulé votre premier contact avec Twilight *et vos premières impressions lors de la découverte d'un des livres ou du premier film ?*

C'était en décembre 2008, un ami m'avait donné le film. Il n'était pas encore sorti mais il l'avait téléchargé, et me l'avait donné en me précisant que la qualité n'était pas bonne. Je ne le lui avais pourtant pas demandé. Et honnêtement, je l'ai gardé un moment sur mon ordinateur, et je n'étais pas motivé. Alors, il est fort probable qu'il me l'ait donné avant ça. Et le 22 décembre, c'était un samedi soir, il était minuit, et je n'avais pas envie d'aller dormir, alors je me suis dit pourquoi pas ? J'ai adoré. Le lendemain, j'achetais le premier tome, je l'ai lu en deux jours, et ensuite, j'ai commandé les suivants. Malgré mon travail, j'ai lu la totalité en 10 jours malgré les fêtes de fin d'année.

Pourriez-vous nous détailler ce qui vous a accroché aussi fortement dans la lecture de Twilight, *au point d'en perdre presque le sommeil ?*

L'histoire. C'est une histoire qui ne devrait pas être autorisée. Vampires et humains n'ont jamais fait bon ménage. Les sentiments sont très bien décrits. Les répliques d'Edward sont tellement belles et intenses. C'est quasiment improbable que quelqu'un vous dise ça un jour. Et puis, Bella est une fille tout ce qu'il y a de plus banal. Et Edward tombe amoureux d'elle, et Edward, c'est quelqu'un.

Vous avez donc commencé par le film, avant les livres. Quelles différences avez-vous noté ?

Énormément de différences, j'ai trouvé le film trop vite expédié. Au lieu d'un film d'1 h 45, ils auraient pu nous faire un film de 2 h 30. Mais, tout ça, dû au budget, d'ailleurs ça se sent et se voit dans le film. Il manque énormément de moments, leur histoire se passe beaucoup trop vite, et Kristen ne m'a pas convaincue dans ce premier film.

Quels étaient vos livres de chevet avant de découvrir la quadrilogie de Stephenie Meyer ? Par exemple, est-ce que vous vous intéressiez déjà aux vampires et à la littérature fantastique ? Ou à une série telle que Harry Potter, *à laquelle on compare souvent* Twilight *(vous pouvez aussi nous dire ce que vous pensez de cette comparaison) ?*

Fantastique peut-être pas, mais oui j'ai tous les livres de *Harry Potter.* D'ailleurs, au départ, ma petite sœur voulait aller voir le premier, je n'y ai pas été car je trouvais que c'était pour enfants, j'avais dix-sept ans je crois ou dans ces eaux-là. J'ai vu le deuxième, j'ai adoré, et j'ai donc acheté les livres. Je lis quelques Stephen King, donc c'est assez fantastique, tout dépend du livre bien entendu. Je ne m'intéressais pas aux vampires en lecture, mais durant mon adolescence, j'ai suivi *Buffy* et *Angel*, et j'ai également vu *Blade*.

Qu'est-ce qui vous a vous-même autant touchée dans cette série, au point de consacrer de nombreuses heures à développer un site autour de l'univers et des personnages de Stephenie Meyer ?

C'est surtout l'histoire entre Edward et Bella qui est une magnifique histoire d'amour. Les sentiments sont très bien décrits, et disons qu'étant fan de Robert à la base, ça a précipité les choses. Je crois qu'étant une femme, toutes les femmes sont touchées par cette histoire.

Pourriez-vous expliquer à nos lecteurs le fonctionnement de votre site, le type de contenus que vous publiez par exemple, et nous parler par la même occasion de vos échanges avec vos visiteurs ?

C'est très simple, le site contient toutes les dernières news de la saga, infos, trailers, photos promos, candids. Il y a également toutes les news des acteurs, Robert, Kristen, Ashley Kellan et Nikki et aussi des personnages secondaires. Il y a un concours tous les mois, qui vise à remporter quelque chose de la saga. Début septembre, c'était la biographie. Mes visiteurs, ça se passe bien, il y a bien évidemment quelques jaloux, mais on n'y peut rien. C'est la dure réalité. Beaucoup de personnes qui me suivent sont celles de mon blog (http://youaremylifenow.skyrock.com, pour vous donner une idée), mais ce ne sont que des bonnes relations.

En parlant de vos visiteurs, est-ce qu'il y a un profil particulier ? Est-ce que vous avez par exemple plus de visiteuses que de visiteurs, l'idée que l'on a généralement du lectorat de Twilight, *plus féminin que masculin ?*

Oui, il est davantage féminin. Il y a des garçons, mais très peu. Car il ne faut pas se leurrer, si les filles aiment autant *Twilight*, Robert Pattinson y est pour beaucoup. Je crois que s'ils avaient choisi un autre acteur, la saga n'aurait pas ce succès. Et puis les histoires d'amour ça ne passionne pas tellement les garçons, ou alors, une minorité.

De manière générale, ne pensez-vous pas que l'impact de cette œuvre soit lié à ce qu'elle touche à des valeurs essentielles, telles que l'amour, l'honnêteté, le romantisme, la tolérance, la fidélité... Des valeurs qui font peut-être défaut dans le monde actuel et que les lectrices et lecteurs de Stephenie Meyer retrouvent dans ses romans ?

Oui, c'est évident. Il faut tout de même être honnête, un homme comme Edward n'existe pas. Et pourtant, on le voudrait toutes. De nombreuses personnes s'identifient à Bella, car elle ne se met pas en avant, et quand c'est le cas, elle est mal à l'aise, c'est le cas pour un grand nombre de personnes. Et leur histoire est un peu une histoire interdite. Les humains et les vampires ne sont pas censés être ensemble, et là, c'est le cas. Un peu un Roméo et Juliette, mais plutôt différent. Et puis, ce que dit Edward à Bella, ça ne se verra jamais dans la société d'aujourd'hui. Je l'attends toujours celui qui me dira : '« Tu es toute ma vie, je ne pourrais pas vivre dans un monde ou tu n'existerais plus. »

Que pensez-vous du personnage de Jacob ? Seriez-vous attirée de la même manière par Jacob que par Edward ?

Jacob est un bon personnage. Celui de l'ami qui tombe amoureux de l'héroïne. Personnellement, je n'aurais jamais rien ressenti pour Jacob. À peine Edward est-il parti, qu'ils se rapprochent. Je ne comprends pas son hésitation entre les deux, ils sont tous les deux très différents, et c'est peut-être justement ça qui "attire. Moi, je l'aurais toujours vu comme un ami, mais je ne suis pas Bella.

Interview de Jennifer

Pour commencer, puis-je vous demander de vous présenter ? Selon votre inspiration, cette présentation ne doit pas nécessairement être très détaillée. Vous êtes libre de choisir la forme et les termes qui vous conviennent.

Tout d'abord, je m'appelle Jennifer, j'ai dix-neuf ans et je vis dans l'Est de la France. Je travaille dans la coiffure.

Pourriez-vous nous raconter la manière dont s'est déroulé votre premier contact avec Twilight *et vos premières impressions lors de la découverte d'un des livres ou du premier film ?*

Quelques personnes m'avaient parlé de cette saga vampirique, mais n'étant pas une grande fan de lecture, je ne m'y étais pas intéressée. Je regardais déjà pas mal de films avec des vampires, j'ai toujours aimé cet univers. Lorsque *Twilight* est sorti au cinéma, je me suis dit: « Pourquoi ne pas y aller? », et je suis totalement tombée sous le charme. Contrairement au premier *Harry Potter*, avec lequel on le compare souvent, je trouve que *Twilight* pourrait plus refléter la réalité (mis à part les vampires): les secrets que l'on peut avoir envers les gens, les histoires d'amour, le romantisme.

Après ça, j'ai vraiment voulu savoir la suite de l'histoire, et j'ai donc acheté les quatre tomes! Je les ai lus en peu de temps, j'étais totalement captivée par l'histoire.

Est-ce que vous vous souvenez du temps qu'il vous a fallu pour lire les quatre tomes qui totalisent plus de 2 500 pages ? Arriviez-vous à dormir ou était-ce difficile de lâcher les livres, y compris en soirée ?

Trois mois environ. J'avais beaucoup de mal à lâcher les livres, tous les soirs, je me plongeais dedans, ou dès que j'avais un moment de libre. L'histoire était vraiment prenante. Par contre, quand j'ai vu que j'arrivais à la fin du quatrième tome, j'ai essayé de ne lire qu'un chapitre par jour, voire moins... J'étais tellement rentrée dans l'histoire que je ne voulais pas que ça se finisse.

Quels sont les films de vampires que vous appréciez avant Twilight *? Et est-ce que* Twilight *ne vous a pas semblé un peu gentil, par rapport à la violence habituelle de ce genre de films ?*

Je ne saurais dire les titres, mais un qui m'a vraiment interpellée, c'était *Entretien avec un vampire.* Je l'avais étudié en cours d'espagnol, et cela m'a donné envie de le voir en français, et j'ai vraiment aimé. C'est vrai que pour *Twilight*, par rapport aux autres films de ce genre, cela peut paraître gentil. Mais justement, ça change, il y a un autre type d'histoire autour de cet univers.

Qu'est-ce qui vous a vous-même autant touchée dans cette série, au point de consacrer de nombreuses heures à développer un site autour de l'univers et des personnages de Stephenie Meyer ?

Je ne suis pas la fondatrice du site, je suis arrivée environ un mois et demi après l'ouverture du site. Je recherchais pas mal d'informations sur la saga en visitant plusieurs sites. Et je suis tombée sur celui de Céline (http://twilight-central.com). Ayant beaucoup aimé son site, je me suis permis de lui envoyer un mail lui demandant si elle avait besoin d'aide, et sa réponse a été favorable. Je n'avais encore jamais vraiment travaillé sur un site, mais je voulais tenter l'expérience et je me suis prise au jeu. Cela permet de tenir les gens au courant des dernières nouvelles des acteurs, du tournage des films. Et lorsqu'on reçoit des commentaires disant que l'on fait du bon boulot, cela fait vraiment plaisir et donne vraiment envie de continuer à informer les internautes.

Ces échanges m'intéressent beaucoup. Quelles sont les réactions des internautes à votre travail ? Et quel genre de personnes communique avec vous au travers du site ?

Ce sont beaucoup les fans de la saga qui nous écrivent, leurs réactions sont diverses, ils nous remercient de pouvoir les informer des dernières nouvelles des acteurs, et surtout des tournages des films, avec quelques photos qui filtrent sur le net. Ils nous disent aussi que l'on fournit un sacré travail, la plupart du temps, les mises à jour se font très très souvent, et même plusieurs fois par jour. Et quelquefois ce sont des gens qui demandent des informations au sujet du site, le type d'hébergement (payant ou non), le codage html, mais dans ces occasions, s'ils m'écrivent à moi, je les renvoie vers Céline qui est la fondatrice première du site.

De manière générale, ne pensez-vous pas que l'impact de cette œuvre soit lié à ce qu'elle touche à des valeurs essentielles, telles que l'amour, l'honnêteté, le romantisme, la tolérance, la fidélité... Des valeurs qui font peut-être défaut dans le monde actuel et que les lectrices et lecteurs de Stephenie Meyer retrouvent dans ses romans ?

Comme j'ai pu en parler un peu plus haut, je pense que oui, les gens peuvent se retrouver dans les romans de Stephenie. Ils reflètent des choses qui, quelquefois, ne sont pas vraiment là dans la vie réelle. Cela nous permet de nous évader, de rêver d'un autre monde, *ce* monde qu'est *Twilight* ; où presque tout est parfait, à quelques exceptions près. L'amour entre deux personnes, qui au départ paraît impossible, né très vite entre eux, une relation quasi fusionnelle s'installe aussitôt. Il y a toujours quelques exceptions, des gens qui ne s'intéressent pas à l'histoire du film, mais plutôt à ses acteurs, et cela est une autre histoire...

Espérez-vous rencontrer votre Edward, évidemment humain et non vampire, dans la vie réelle ?

Bien sûr, qui ne rêve pas de rencontrer le prince charmant un jour ? Avoir ce fameux coup de foudre au premier regard, on en rêve toutes...

Quiz géographique

01. Où se situe la ville de Forks ?

a. Dans l'État de New York
b. En Louisiane
c. Dans l'État de Washington
d. En Floride

02. Quelle est la ville d'origine d'Edward Cullen ?

a. Chicago, Illinois
b. New York City, New York
c. Miami, Floride
d. Houston, Texas

03. Dans quel pays se situe la ville de Volterra, quartier général des Volturi ?

a. Espagne
b. Roumanie
c. Grèce
d. Italie

04. Dans quelle ville des USA, Rosalie Hale a-t-elle été transformée en vampire par Carlisle Cullen ?

a. Galveston, Texas
b. Rochester, New York
c. San Francisco, Californie
d. Scottsdale, Arizona

05. Dans quelle ville est née Stephenie Meyer, l'auteur de *Twilight* ?

a. Phoenix, Arizona
b. Hartford, Connecticut
c. Seattle, Washington
d. Brooklyn, New York

Bonnes réponses : 01 – C, 02 – A, 03 – D, 04 – B, 05 – B

Quiz historique

01. Quel est le siècle de la naissance de Carlisle Cullen ?

a. XVIIIe siècle
b. XVIIe siècle
c. XIXe siècle
d. XVIe siècle

02. Jasper Cullen a participé à une guerre, laquelle ?

a. La Seconde Guerre mondiale
b. La guerre d'Indépendance des États-Unis d'Amérique
c. La guerre de Sécession
d. La guerre du Vietnam

03. Quels sont la date et le lieu de naissance d'Alice Cullen ?

a. 1901 à Biloxi, dans le Mississippi
b. 1895 à Aztec, dans l'Arizona
c. 1905 à Newark, dans le New Jersey
d. 1901 à la Nouvelle-Orléans, en Louisiane

04. De quelle période date la fameuse Grippe espagnole qui aurait tué Edward Cullen sans l'intervention de Carlisle ?

a. 1921-1927
b.1918-1919
c.1894-1914
d.1918-1921

05. Quel était l'âge d'Emmett Cullen lorsqu'il s'est fait attaquer par un ours dans le Tennessee ?

a. Quinze ans
b. Vingt ans
c. Dix-huit ans
d. Vingt et un ans

Bonnes réponses : 01 – B, 02 – C, 03 – A, 04 – B, 05 – B

Quiz Bella

01. Quel est le prénom du père de Bella ?

a. Andrew
b. Robert
c. Charlie
d. Jeremy

02. Quelle est la marque et le modèle de la voiture blindée qu'Edward impose à Bella ?

a. Porsche 911 Turbo
b. Chevrolet 1953 Pickup Truck
c. Mercedes S600 Guard
d. BMW 118D

03. Quel est le livre de chevet de Bella à son arrivée à Forks ?

a. *Anne... la maison aux pignons verts* de Lucy Maud Montgomery
b. *Les Hauts de Hurlevent* d'Emily Brontë
c. *Orgueil et préjugés* de Jane Austen
d. *Roméo et Juliette* de William Shakespeare

04. De quelle couleur sont les cheveux de Bella ?

a. Bruns
b. Roux
c. Blonds vénitiens
d. Blancs

05. La mère de Bella quitte Phoenix et l'Arizona pour aller vivre à Jacksonville. Dans quel État se trouve cette ville ?

a. La Floride
b. Le New Hampshire
c. La Caroline du Nord
d. L'Oregon

Bonnes réponses : 01 – C, 02 – C, 03 – B, 04 – A, 05 – A

Quiz Edward

01. Quel est le don d'Edward ?

a. La chiropractie
b. La télépathie
c. La nécromancie
d. La chiromancie

02. Edward Cullen conduit une Aston Martin, un modèle de voiture popularisé par un autre héros de fiction. Qui est-il ?

a. L'inspecteur Harry dans *Magnum Force*
b. James Bond, l'agent 007, dans *Meurs un autre jour*
c. L'inspecteur Jacques Clouseau dans *La Panthère rose*
d. Bruce Lee dans *Opération Dragon*

03. Quelle est la nationalité de Robert Pattinson, le comédien qui incarne Edward Cullen au cinéma ?

a. Nationalité américaine
b. Nationalité française
c. Nationalité anglaise
d. Nationalité irlandaise

04. Quel est l'âge d'Edward au moment où Carlisle Cullen le transforme en vampire afin de lui sauver la vie ?

a. Vingt-trois ans
b. Dix-sept ans
c. Quatorze ans
d. Vingt et un ans

05. Quand Edward croit que Bella s'est suicidée, il quitte l'Amérique du Nord pour un autre continent. Lequel ?

a. L'Europe
b. L'Asie
c. L'Amérique du Sud
d. L'Afrique

Bonnes réponses : 01 – B, 02 – B, 03 – C, 04 – B, 05 – A

Quiz Jacob

01. Quel est le nom de la tribu à laquelle appartient Jacob ?

a. Les Quileutes
b. Les Navajos
c. Les Iroquois
d. Les Sioux

02. Quel est le nom de l'émission préférée de Jacob ?

a. Monster Garage
b. Pimp My Ride
c. Punk'd
d. Secret Story

03. Quelle est la marque de la moto conduite par Jacob Black dans le second tome de la saga ?

a. Honda
b. Triumph
c. Harley Davidson
d. Vespa

04. Quel est le nom de la réserve de la tribu Quileute ?

a. La Chuch
b. La Putch
c. La Push
d. La Sush

05. Quel est le titre français du roman dans lequel Jacob subit sa première transformation ?

a. *Fascination*
b. *Tentation*
c. *Hésitation*
d. *Révélation*

Bonnes réponses : 01 – A, 02 – A, 03 – C, 04 – C, 05 – B

Quiz généraliste 01

01. Quel est le nom du camarade ou de la camarade de classe de Bella qui manque de l'écraser dans le premier volume de la saga ?

a. Lauren Mallory
b. Tyler Crowley
c. Renée Dwyer
d. Mile Newton

02. Seth est le prénom d'un membre de la meute de loups-garous de La Push, de l'un des frères de Stephenie Meyer, mais aussi d'une divinité antique. À quelle mythologie appartient cette divinité ?

a. Mythologie grecque
b. Mythologie égyptienne
c. Mythologie slave
d. Mythologie celtique

03. Quel rôle occupe le personnage de Samuel Uley?

a. Samuel est le père de Seth Clearwater
b. Samuel est le chef de la tribu Quileute
c. Samuel est le père de Jacob
d. Sam Uley est le leader de la meute de loups-garous

04. Quel est le nom de l'ancêtre vampire de la famille Cullen, dont le personnage fut inventé par l'écrivain Bram Stoker?

a. Carmilla
b. Lestat
c. Blackula
d. Dracula

05. Quel est le nom du réalisateur qui adapte le troisième volet de la saga?

a. Martin Scorcese
b. David Slade
c. Francis Ford Coppola
d. Catherine Hardwicke

06. Quel est le nom de la seconde fiancée de Samuel Uley?

a. Emily Young
b. Kristen Setwart
c. Paula Young
d. Petula Clark

07. Quel est le sport d'équipe favori de la famille Cullen?

a. Le football américain
b. Le rugby
c. Le softball
d. Le base-ball

08. Bella étudie en cours d'anglais un roman de l'écrivain britannique George Orwell. Mais de quel roman s'agit-il ?

a. *1984*
b. *La Ferme des animaux*
c. *Et vive l'Aspidistra !*
d. *Hommage à la Catalogne*

09. Stephenie Meyer prête un portrait de Carlisle Cullen aux côtés des Volturri à un peintre italien de la période baroque. Quel est son nom ?

a. *Le Caravage*
b. *Agostino Carracci*
c. *Annibale Carracci*
d. *Francesco Solimena*

10. Pour quelle raison est-ce que les Cullen se sont installés à Forks ?

a. Son climat
b. Son aéroport
c. Son artisanat local
d. Son architecture

Bonnes réponses : 01 – B, 02 – B, 03 – D, 04 – D, 05 – B, 06 – A, 07 – D, 08 – B, 09 – D, 10 – A

Table

Cet ouvrage a été imprimé par
CPI Firmin Didot à Mesnil-sur-l'Estrée
pour le compte des Éditions du Rocher
en octobre 2009

Composition et mise en pages réalisées par
Sud Compo - 66140 - Canet en Roussillon
026/2009

Éditions du Rocher
28, rue du Comte-Félix-Gastaldi
98000 Monaco
www.editionsdurocher.fr

Imprimé en France
Dépôt légal : octobre 2009
N° d'impression : 97201